Autogenes Training

Methodik, Didaktik und Psychodynamik

Hartmut Kraft

2., überarbeitete und erweiterte Auflage

8 Abbildungen, 5 Tabellen

Hippokrates Verlag Stuttgart

CIP-Titelaufnahme der Deutschen Bibliothek

Kraft, Hartmut:
Autogenes Training – Methodik, Didaktik und Psychodynamik /
Hartmut Kraft. – 2., überarb. u. erw. Aufl. – Stuttgart :
Hippokrates-Verl., 1989
ISBN 3-7773-0942-7

Anschrift des Verfassers:

Dr. med. Hartmut Kraft
An der Ronne 196
5000 Köln 40 (Lövenich)

1. Auflage 1982
2. Auflage 1989

ISBN 3-7773-0942-7

Printed in Germany 1989.
Satz: Fotosatz Sauter, 7334 Süssen.
Druck: Brönner+Daentler, Eichstätt
Schrift: 9/10 Punkt Times (Berthold)

Inhaltsverzeichnis

Vorwort zur 2. überarbeiteten und erweiterten Auflage

Die Überarbeitung und erhebliche Erweiterung dieses Buches liegt nicht nur darin begründet, daß neuere Literatur zu berücksichtigen war, sondern sie ist auch Ausdruck der eigenen psychotherapeutisch-psychoanalytischen Fortbildung und Weiterentwicklung der letzten Jahre. Wie für viele Therapeuten, so war auch für mich das Autogene Training Mitte der siebziger Jahre ein Einstieg in die psychotherapeutische Arbeit. Eigene nachhaltig positive Erfahrungen mit der Grund- und Oberstufe führten damals zu dem Wunsch, das A.T. selber zu vermitteln. Unter besonderer Betonung der methodischen und didaktischen Aspekte im A.T. gingen die gewonnenen praktischen Erfahrungen in die erste Auflage dieses Buches ein. Die Reaktionen auf die Hervorhebung der Schwierigkeiten wie auch Möglichkeiten bei der Vermittlung des A.T. waren außerordentlich ermutigend, das Buch hat in den Kreisen der Kursleiter für A.T. eine sehr gute Resonanz gefunden.

Psychodynamische Aspekte blieben auf Grund der erst im Anfang stehenden eigenen psychoanalytischen Weiterbildung im Hintergrund. Dies habe ich in den folgenden Jahren zunehmend als einen Mangel empfunden. Während einige Kollegen im Rahmen ihrer psychotherapeutischen Weiterbildung sich vom A.T. abwenden, entwickelte sich bei mir eine Faszination für die psychodynamischen Faktoren im A.T. selber sowie für die Kombinationsmöglichkeiten von A.T. und analytisch orientierter Psychotherapie. Neuere Diskussionen um die Einbeziehung des Körpers in Theorie und Praxis der Psychoanalyse geben der Beschäftigung mit dem A.T. einen zusätzlichen Stellenwert (vgl. hierzu auch *Becker,* 1981; *Moser,* 1986, 1987; *Müller-Braunschweig,* 1986, 1987; *Pesso* 1986). Bei der Schilderung der »Stellung des Autogenen Trainings (Grundstufe) in der psychosomatischen Medizin« (Kapitel 1.5) und bei der Darstellung »Psychodynamische Aspekte der offenen, analytisch orientierten Vermittlung des Autogenen Trainings« (Kapitel 1.8) bin ich näher auf dieses Thema eingegangen. Es schien mir in diesem Zusammenhang notwendig, unterschiedliche Schwerpunkte in der Art der Vermittlung des A.T. herauszustellen; dies führte dazu, einem strukturierend stützenden Stil einen offenen, analytisch orientierten Stil der Vermittlung gegenüberzustellen. Je nach Art und Ausbildung des Therapeuten und den entsprechenden Bedürfnissen der Patienten ist das A.T. – bei prinzipieller Wahrung seiner Eigenheiten und seiner spezifischen, im Laufe der Jahrzehnte bewährten Struktur – offen für eher diesen oder jenen Stil der Vermittlung, wobei Übergänge möglich sind und speziell der offene, analytisch orientierte Stil der Vermittlung eine Kombination mit der analytisch orientierten bzw. tiefenpsychologisch fundierten Psychotherapie ermöglicht. Daß dies nach den gegenwärtig geltenden Richtlinien der Kassenärztlichen Vereinigungen als inkompatibel und dementsprechend als nicht abrechnungsfähig angesehen wird, entspricht einer überholten Einschätzung des A. T. als eines »zudeckenden Verfahrens«. Hier soll dies Buch auch eine Grundlage für eine erneut aufzunehmende Diskussion darstellen. Neben psychodynamischen Aspekten wurden – in Fortführung der von *J.H. Schultz* begonnenen Arbeit – auch kulturhistorische Aspekte neu gewürdigt. Kulturhistorische und analytische Fragen erhalten eine praktische Relevanz, wenn sie die »gesellschaftliche Produktion von Unbewußtheit« *(Erdheim,* 1982) herausstellen und so über rein individuell zu verstehende Schwierigkeiten beim A.T., wie auch bei der psychotherapeutischen Arbeit insgesamt, hinausweisen. Was hat z.B. der Schamanismus mit der Herzübung (vgl. Kapitel 2.5), was haben z.B. Mozarts Mutter und Ingmar Bergmann mit der »vegetativen Funktionslust« und der Sonnengeflechtsübung (vgl. Kapitel 2.6) zu tun? Daneben wurde die Bedeutung der einzelnen Übungen der Grundstufe für das psychische Erleben stärker als bisher herausgestellt: Was bedeutet es für den Übenden, z.B. sich fallen zu lassen, sich loslassen zu können - oder »stets Haltung zu bewahren« (vergl. »Schwereübung«, Kap. 2.2.1)?.

Vollkommen neu gestaltet wurde schließlich auch das Kapitel »Theorie und Praxis der Autogenen Imagination« (s. Kapitel 4.4), wobei ich in Weiterführung der Ansätze von *Rosa* (1975) und besonders auch *Wallnöfer* (1973, 1978, 1987) eine themenzentriert-interaktionelle und analytisch orientierte Konzeption einer Gruppenpsychotherapie unter besonderer Berücksichtigung des »Initialwachtraums« vorstelle. In Abgrenzung zu dem inzwischen differenziert ausgearbeiteten katathymen Bilderleben ergeben sich auf diese Weise wieder neue Möglichkeiten für eine Intensivierung dieses lange vernachlässigten Bereichs des A.T. Die Abänderung des Untertitels für die Neuauflage dieses Buches (»Methodik, Didaktik und Psychodynamik«) entspricht der neuen, zusätzlichen Schwerpunktsetzung. Ich hoffe, daß die Therapeuten, die bereits mit dem A.T. arbeiten oder sich in diese Methode einarbeiten wollen, diese Überarbeitung und Erweiterung der Neuauflage ebenso positiv aufnehmen und diskutieren werden, wie es bei der Erstveröffentlichung 1982 der Fall war.

Köln im Juli 1988 *Hartmut Kraft*

Vorwort zur 1. Auflage

Unter dem speziellen Blickwinkel der Praxis der Vermittlung, der Methodik und Didaktik des Autogenen Trainings, soll dieses Buch einen Gesamtüberblick über das A.T. geben. Das Buch wendet sich in erster Linie an zukünftige oder auch bereits praktizierende Kursleiter; es soll ihnen die physiologischen Grundlagen sowie die Art und Weise des Umgangs mit der Standardmethode wie insbesondere auch mit speziellen Schwierigkeiten in übersichtlicher Form darstellen. Die vielfältigen Literaturverweise ermöglichen eine schnelle Einarbeitung in spezielle weitere Fragestellungen. Aber auch interessierten Laien soll dieses Buch eine verläßliche Hilfe als Begleitlektüre zu einem A.T.-Kurs sein.

Die physiologischen Grundlagen und psychosomatischen Bezüge, die jedem Kapitel vorangestellt sind, können selbstverständlich nicht als eine auch nur annähernd komplette Darstellung der vielfältigen psychosomatischen Bezüge aufgefaßt werden. Hierzu ist auf die Lehrbücher der Psychosomatischen Medizin zu verweisen; diese Einführungen sollen dem Arzt die in Frage stehenden Zusammenhänge lediglich noch einmal ins Gedächtnis rufen sowie klinisch tätigen Psychologen eine Anregung zum weitergehenden Studium psychosomatischer Zusammenhänge geben. Auf medizinische Fachbegriffe wurde weitgehend verzichtet, um – entsprechend dem praxisorientierten Anliegen des Buches – den Text für Nicht-Mediziner nicht überflüssigerweise zu erschweren.

Wenn heute Psychologen mit entsprechender Ausbildung zu psychotherapeutischen Verfahren, speziell der psychoanalytischen Behandlung, zugelassen werden, steht es vollkommen außer Frage, daß Kurse im Autogenen Training auch von Psychologen geleitet werden können. Hier – wie immer – ist eine entsprechende Einarbeitung notwendig, die für Psychologen im Hinblick auf das A.T. ganz besonders die psychophysiologischen Zusammenhänge betreffen muß. Sobald das A.T. jedoch mit körperlich Kranken durchgeführt wird oder aber körperliche Störungen bei einem Kursteilnehmer auftreten, muß m.E. wegen des körperlichen Teilaspekts die Kursdurchführung durch einen Arzt gefordert werden. Für die Autogene Imagination/Oberstufe des A.T. als einer analytischen Technik sind jedoch Psychologen mit analytischer Zusatzausbildung zweifellos ebensogut gerüstet wie Ärzte mit der entsprechenden Zusatzausbildung.

Das Buch entstand aus der praktischen Arbeit in vielen Einzel- wie auch Gruppensitzungen. Den Kursteilnehmern, die mich mit ihren Fragen immer wieder zu weiterem Nachdenken angeregt haben, danke ich besonders.

Mein Dank gilt natürlich auch jenen Kollegen, die mich Anfang der 70er Jahre ins Autogene Training eingeführt haben, insbesondere Herrn Dr. *G. Grünholz,* Herrn Prof. Dr. *R. Lohmann* und Herrn Dr. *H. Binder;* Herr Kollege *Binder* hat sich freundlicherweise der Mühe unterzogen, das Manuskript vor Drucklegung noch einmal kritisch durchzusehen. Dafür gilt ihm mein ganz besonderer Dank.

Frau *Theda Rieken* danke ich für die so rasche und verläßliche Niederschrift des Diktats.

Die spezielle Thematik dieses Buches ergab sich aus der steten Zusammenarbeit mit meiner Frau, die als Pädagogin meinen Vermittlungsstil kritisch beobachtete und mich zu Verbesserungen anregte. Die Fragen zum Abschluß des Buches sind ebenfalls in Zusammenarbeit mit meiner Frau entstanden.

Köln im Mai 1982 *Hartmut Kraft*

1 Grundlagen des Autogenen Trainings

1.1 Die Stellung des A.T. in der Arzt-Patient-Beziehung

Es gibt keine »psychotherapeutischen Methoden an sich« mit diesen oder jenen Erfolgen und Mißerfolgen, sondern immer nur die Anwendung einer bestimmten Methode durch eine bestimmte Person in Absprache mit derjenigen Person, die der Adressat des anzuwendenden Verfahrens ist. Eigentlich ist dies eine Selbstverständlichkeit und beinahe schon eine Banalität. Und trotzdem: selbst ein nur oberflächlicher Blick in die medizinische Fachliteratur zeigt, daß der »subjektive Faktor«, der ursprünglich von Sigmund *Freud* mit der psychoanalytischen Behandlungstechnik in die Medizin eingeführt wurde (vgl. hierzu auch *Weizsäcker,* 1947), oft nur ungenügend oder gar nicht berücksichtigt wird.

Auf das A.T. bezogen, gilt es also - vor einer Anwendung und Vermittlung der Methode - darüber zu reflektieren, welche Stellung dem A.T. in der Beziehung zwischen Arzt und Patient zukommt. Die Antwort darauf kann nicht einheitlich ausfallen. Ich möchte statt dessen zwei Schwerpunkte in der Art der Vermittlung herausstellen, die sich in dieser Form auch durch das ganze Buch hindurchziehen und seine Eigenart bestimmen. Die Vermittlung des A.T. beginnt nicht im »Grundstufenkurs für das A.T.« sondern im ersten Gespräch, das Therapeut und Patient miteinander über das A.T. als Therapieangebot führen.

Je nach Überzeugung, Ausrichtung und Ausbildung des Therapeuten sowie seiner Fähigkeit zur Wahrnehmung der Bedürfnisse der Patienten fällt hier zumeist schon die Entscheidung über eine strukturierend-stützende Vermittlung einerseits oder eine offene, analytisch orientierte Vermittlung andererseits.

Im konkreten Fall kann z.B. der Therapeut dem Patienten das A.T. als alleiniges Therapieangebot oder auch als Einstieg in eine umfassendere psychotherapeutische Behandlung vorschlagen und ihm vermitteln, daß er als Therapeut dies für die Methode der Wahl halte, gute Erfahrungen in vergleichbaren Fällen gemacht habe, gute Chancen bei den vom Patienten geklagten Beschwerden sehe, kurzum: das A. T. sei genau das richtige therapeutische Verfahren, und zudem eines, mit dem der Patient seine eigene Sache selbst zu vertreten lerne. Dies entspräche, in pointierter Form dargestellt, dem strukturiert-stützenden Einstieg in die Vermittlung des A.T. Eine derartige Vorgehensweise hat den Vorteil, einem Patienten, der sich stark verunsichert fühlt, einen Halt zu geben, ggf. seinen starken anaklitischen (anklammernden) und depressiven Bedürfnissen zu entsprechen. Das Verhalten des Therapeuten wäre hier also als empathische Reaktion auf die von ihm gespürten oder auch vom Patienten direkt zum Ausdruck gebrachten Bedürfnisse zu verstehen. Der hierbei in Kauf genommene Nachteil besteht darin, daß nach der Entscheidung für diesen Vermittlungsstil das subtile Geschehen von Übertragung und Gegenübertragung in einer spezifischen Weise vorstrukturiert ist.

Durchaus anders gestaltet sich der Einstieg in eine offene, analytisch orientierte Vermittlung des A.T. Der Therapeut wird sich neutraler und zurückhaltender verhalten, sofern er erkennen kann, daß der Patient in konstruktiver Weise mit diesem non-direktiven Angebot umgehen kann. Auf diese Weise wird mehr Raum gegeben für die aus unbewußten

Ängsten und Beziehungsmustern heraus sich spontan konstellierende Art einer Übertragungsbeziehung. Eine solche Übertragungsbeziehung erreicht zwar nicht die Intensität einer Übertragungsneurose wie im klassischen psychoanalytischen Setting, erlaubt aber doch einen sehr weitgehenden Einblick in die unbewußten Konflikte des Patienten. So kann z.B. die Reaktion eines Patienten auf das Angebot des A.T. als eines autosuggestiven Verfahrens bereits sehr aufschlußreich sein. Übergeht der Patient dieses Angebot - oder fragt er nach? Ist es ihm wichtig, ob der Therapeut selbst das A.T. vermittelt oder ihn an einen anderen Therapeuten verweist? Ist eher eine Neugier oder eine ängstliche Zurückhaltung gegenüber dem Neuen und Unbekannten zu spüren? Und was sagt das ggf. aus in Hinblick auf die Beschwerden und deren Genese, die den Patienten zum Therapeuten geführt haben (vgl. hierzu Kapitel 1.8)?

Entsprechend der zum großen Teil psychoanalytisch orientierten psychotherapeutischen Weiterbildung in der Bundesrepublik Deutschland kommt m. E. der offenen, analytisch orientierten Art der Vermittlung des A.T. eine zunehmend größere Bedeutung zu. Sie hat den Vorteil, die unpassende und doch sich zäh haltende Unterscheidung von »zudeckender« und »aufdeckender Therapie« zu überwinden, die sich auch heute noch in der Überzeugung wiederfindet, daß analytisch orientierte Psychotherapie und A.T. unvereinbar seien (vgl. hierzu auch 2.9). Diese Auffassung trifft allenfalls auf die strukturierend-stützende Vermittlung des A.T. zu, obwohl auch bei Kennzeichnung dieses Schwerpunkts des Vermittlungsstils im weiteren Verlauf noch Übergänge zu einer mehr analytisch-orientierten Arbeit möglich sind. Die offene, analytischorientierte Vermittlung des A.T. führt nicht nur zu einer Integration des A.T. in psychodynamische Betrachtungsweisen, sondern enthält umgekehrt auch die Aufforderung an eine sich oft als »orthodox« verstehende Psychoanalyse, den »unbeachteten Körper auf der Couch« (*Moser,* 1987) wieder in das psychoanalytische Denken und Handeln zu integrieren (vgl. hierzu auch *Becker,* 1981; *Müller-Braunschweig,* 1986,1987; *Pesso,* 1986).

1.2 Geschichtliche Entwicklung

Der Begründer des Autogenen Trainings, *Johann Heinrich Schultz,* wurde am 20. Juni 1884 in Göttingen geboren. Er habilitierte sich 1915 für das Fach Neurologie und Psychiatrie in Jena, wo er einige Jahre später zum außerordentlichen Universitätsprofessor ernannt wurde. Nachdem er in verschiedenen Positionen und Institutionen gearbeitet, u.a. neun Jahre das »Berliner Institut für Psychotherapie« geleitet hatte, ließ er sich als Nervenarzt in freier Praxis in Berlin nieder. Hier starb er am 19. September 1970.

Im umfangreichen Lebenswerk von *J. H. Schultz* (ca. 400 Publikationen) nimmt das Autogene Training die herausragende Stellung ein. Zur Entwicklung seiner Vorstellungen, gerade auch in Weiterführung wesentlicher Ansätze von *Oskar Vogt* (1870 bis 1959), schreibt *J. H. Schultz* selber: »Die Konzeption der diesem Verfahren zugrundeliegenden Anschauungen reicht ziemlich weit zurück; sie wurde in den Jahren 1908 bis 1912 vollzogen, es waren namentlich Arbeiten von *Oskar Vogt,* die mir damals den Blick für die in Frage stehenden Möglichkeiten öffneten. *O. Vogt* hat in seinen grundlegenden hypnotischen Studien darauf hingewiesen, daß es bei gebildeten und kritischen Versuchspersonen angängig sei, die Umschaltung in den hypnotischen Ausnahmezustand der Selbstentscheidung der Versuchspersonen zu unterstellen, und teilte eine Reihe von Beobachtungen mit, nach denen Versuchspersonen der geschilderten Art in der Lage waren, sich selbst durch eine Ganzumschaltung in den hypnotischen Zustand zu versetzen, eine ›*Autohypnose*‹ bei sich herbeizuführen. *O. Vogt* betonte schon damals (1893 bis 1900) die praktische Bedeutung dieser Befunde und konnte neben Allgemeinwirkungen positiver Art insbesondere auch die erhöhte Fähigkeit seiner Versuchspersonen zu aufklärender psychologischer Selbstbeobachtung dartun« (*Schultz,* 1932/1976).

Schultz ging also, wie die meisten anderen damals psychotherapeutisch tätigen Nervenärzte, von der Hypnose aus. Es war ihm aufgefallen, daß in den Berichten seiner Hypnose-Patienten folgende Angaben häufig wiederkehrten: Schwere- und Wärmeerlebnisse in allen Gliedmaßen; ein Gefühl der Ruhigstellung von Herz und Atmung. Diese körperlichen Empfindungen liefen den aus der Hypnose bekannten Empfindungen der Entspannung, der angenehmen Müdigkeit, der Angstfreiheit und Ausgeglichenheit parallel. Während andere Hypnose-Ärzte die Angaben über körperliche Empfindungen als Nebenerscheinungen der Hypnose abtaten, stellte *J. H. Schultz* sie in den Mittelpunkt seiner Überlegungen. Er gelangte zu der Überzeugung, daß durch ein Herbeiführen dieser »Nebenerscheinungen« ein der Hypnose vergleichbarer Zustand zu erreichen sei. Erste Ansätze zu dieser Entwicklung von der Hypnose als einem passiv-autohypnoiden Verfahren zum Autogenen Training als einem aktiv-autohypnoiden Verfahren finden sich bereits in seiner 1920 erschienenen Arbeit »Über Schichtenbildung im hypnotischen Selbsterleben« (*Schultz,* 1920), auf die er späterhin immer wieder gerne Bezug nahm (s. hierzu auch *Langen,* 1976). Am 3. März 1926 berichtete *Schultz* in einem Vortrag in der Medizinischen Gesellschaft in Berlin erstmalig öffentlich über seine neue Methode, die er damals »Autogene Organübungen« nannte (*Schultz*, 1926). 1927 bezeichnete er sie als »Rationalisiertes autosuggestives Training« (*Schultz*, 1927), bis dann im Jahre 1928 erstmalig der Name »Autogenes Training« verwendet wurde (*Schultz*, 1928). Das grundlegende Werk von *J. H. Schultz* »Das autogene Training – konzentrative Selbstentspannung« erschien 1932; es liegt, von seinem Verfasser bis zu seinem Tode 1970 mehrfach ergänzt und überarbeitet, jetzt in 18. Auflage vor. *Schultz* faßt hier seine Entwicklungsschritte von der Hypnose zum Autogenen Training und damit das Grundprinzip des Autogenen Trainings folgendermaßen zusammen: »Lag es doch bei dieser Auffassung nahe, den bei der Fremdhypnose spontan und nur teilweise kontrolliert ablaufenden Vorgang der Entspannung zum Gegenstand systematischer übender Versuche zu machen. Bestand die Annahme zu Recht, daß in der Entspannungskomponente nicht, wie ältere schematisch-dualistische psychologische Auffassungen meinten, lediglich eine ›Begleiterscheinung‹, sondern ein wesentliches Moment zutage trat, so mußte erwartet werden, daß richtig angesetzte und systematische Entspannungsübungen die gewünschte Umschaltung herbeiführen mußten. Dies ist im eigentlichen Sinne das Prinzip unseres Trainings« (*Schultz*, 1932).

In den 60er und 70er Jahren fand das Autogene Training eine weite Verbreitung, worauf die Vielzahl der erschienenen populär-wissenschaftlichen Bücher ein deutlicher Hinweis ist (*Binder,* 1964, 1972; *Brenner,* 1978; *Eberlein,* 1973; *Krapf,* 1973; *Rosa,* 1973; *Thomas,* 1967).

Neben der psychotherapeutischen Anwendung im engeren Sinne richtete sich das Interesse zunehmend auch auf die der Methode eigenen psychohygienischen Möglichkeiten. Die Vorträge und Kurse an Volkshochschulen und vergleichbaren Institutionen haben viel zur Kenntnis und Anerkenntnis des Verfahrens in breiten Kreisen der Bevölkerung beigetragen. Trotzdem bestehen zum Teil noch sehr unklare und falsche Vorstellungen. Sie reichen von magischen Vorstellungen, die das Autogene Training in die Nachbarschaft des Spiritismus rücken, bis hin zu der Vorstellung, das

Autogene Training sei ein Sport. Vielen ist auch unbekannt, daß das Autogene Training seit Jahren zu den von den Krankenkassen als psychotherapeutisches Verfahren anerkannten und damit honorierten ärztlichen Leistungen gehört.
Seine Anerkennung und Würdigung als ein zentrales psychotherapeutisches Verfahren erhielt das Autogene Training schließlich auch noch durch die 1981 verabschiedeten Weiterbildungsordnungen der Ärztekammern in der Bundesrepublik Deutschland, worin für den Zusatztitel »Psychotherapie« wie auch »Psychoanalyse« der Nachweis eigener *Kenntnisse und Erfahrungen mit dem Autogenen Training* gefordert wird. Die Anzahl der geforderten Doppelstunden variiert bei den einzelnen Ärztekammern (ca. 20 Doppelstunden).
Das vorliegende Buch soll zukünftigen Kursleitern eine schnelle Orientierung und Einarbeitung in die Methodik und Didaktik des A.T. ermöglichen und dieses Basis-Psychotherapeutikum in diejenigen psychodynamisch relevanten Zusammenhänge hineinstellen, die zum Verständnis der Methode selbst wie auch ihrer spezifischen Wirkungsweise im Arzt-Patienten-Verhältnis notwendig sind (s. dazu besonders 1.5, 1.8, 2.9 und 4). Dieses Buch versteht sich nicht nur als ein Begleiter während des Lernens, sondern auch während des Lehrens, der praktischen Anwendung dieser Methode in der Arbeit mit Patienten.

1.3 Wirkungsweise

J. H. Schultz definiert das Autogene Training als »ein vom Selbst (autos) sich entwickelndes (gen=werden) und das Selbst gestaltendes systematisches Üben, ›Training‹ (*Schultz*, 1932)«. Ziel dieses Übens ist eine Selbstentspannung, der Weg dorthin bedarf der Konzentration, des konzentrierten Übens, womit bereits der zunächst befremdlich wirkende Begriff der »Konzentrativen Selbstentspannung«, wie es im Untertitel zum Standardwerk »Das autogene Training« heißt, verständlich wird.
»Das Prinzip der Methode ist darin gegeben, durch bestimmte physiologisch-rationale Übungen eine allgemeine Umschaltung der Versuchsperson herbeizuführen, die in Analogie zu den älteren fremdhypnotischen Feststellungen alle Leistungen erlaubt, die den echten suggestiven Zuständen eigentümlich sind« (*Schultz,* 1932). Um zu einem besseren Verständnis des Autogenen Trainings zu gelangen, sollen hier die angesprochenen physiologischen Grundlagen (siehe »Physiologisch-rationale Übungen«) sowie die Grundzüge suggestiver Therapie dargestellt werden.

1.3.1 Das Hypnoid und der sogenannte »Posthypnotische Auftrag«

Auf die enge Beziehung des Autogenen Trainings zur Hypnose wurde bereits mehrfach verwiesen, *Schultz* selbst bezeichnete das Autogene Training als die »legitime Tochter der Hypnose«.
Das Wort »Hypnos« stammt aus dem Griechischen und bedeutet »Schlaf«. Mit Schlaf hat aber die Hypnose wie auch das Autogene Training nur bedingt zu tun. Es handelt sich vielmehr um einen davon abgrenzbaren Bewußtseinszustand, der als Bewußtseinseinengung auf eine (zunächst) begrenzte und kontrollierte Anzahl von Vorstellungen, Gefühlen und Gedanken, die mit einer Entspannung und vegetativen Umstimmung des Körpers einhergeht, beschrieben werden kann (vergleiche dazu *Langen,* 1974). Dieser spezifische Zustand der Bewußtseinseinengung wird als Hypnoid bezeichnet; er kann durch eine Hypnose wie auch mit Hilfe des Autogenen Trainings erreicht werden, wobei der wesentliche Unterschied darin besteht, daß das Hypnoid im Autogenen Training vom Übenden selbst in voller Eigenverantwortlichkeit hervor-

gerufen wird. Diese Unterscheidung ist jedoch nicht so grundsätzlich, wie es zunächst erscheinen mag, da längst bekannt ist, daß jede Fremdsuggestion (Hypnose) letztlich erst durch eine Autosuggestion angenommen wird (sogenannte »2. Schule von Nancy«, s. *Baudouin,* 1972; *Coué,* 1972). Diese Feststellung ist u.a. von forensischem Interesse, da sie besagt, daß niemand vollkommen gegen seinen Willen hypnotisiert werden kann, schon gar nicht, wenn der Inhalt der Suggestion sich zudem auch gegen seine ethischen und moralischen Vorstellungen richtet.
Der autohypnoide Zustand wird durch die Selbstbeeinflussung mit Hilfe der Formeln im A. T. erreicht; die körperliche und psychische Entspannung sowie während dieses Zustands sich selbst erteilte Vorsätze (sogenannte »formelhafte Vorsatzbildungen«, s. Kapitel 3) wirken über die reine Übungszeit hinaus weiter fort. Dies ist aus der Hypnose als sogenannter *»Posthypnotischer Auftrag«* bekannt (posthypnotisch bezieht sich darauf, daß der während der Hypnose oder des Autogenen Trainings gegebene Auftrag nach Beendigung der Übung empfunden bzw. erledigt wird). Es handelt sich hier um das Phänomen, daß Anordnungen über den zeitlich begrenzten Zustand der Hypnose hinaus wirksam bleiben, und zwar in Abhängigkeit vom erreichten Versenkungszustand in der Hypnose über viele Stunden hinaus. In Hinblick auf das Autogene Training betrifft dies zunächst die physische und psychische Entspannung im allgemeinen und spezielle Vorsätze im besonderen. Hier sind - im Vorgriff auf Kap. 3 - das Terminerwachen, die Regulierung physiologischer Vorgänge wie z. B. der Verdauung, die Behandlung von Examensängsten usw. zu nennen. Hierin besteht ein wesentlicher Unterschied des Autogenen Trainings zum Schlaf. Ein etwa 15minütiger Schlaf ist zweifellos erfrischend und erquickend, er beinhaltet jedoch nicht die Möglichkeit, die eigenen physiologischen Bedürfnisse sowie unsere Einstellungen für die Zeit nach dem Aufwachen in einem gewünschten Sinne positiv zu beeinflussen.

1.3.2 Der Mensch als psychophysische Einheit

Es stellt sich die Frage, wie und warum es überhaupt zu dem beschriebenen Bewußtseinszustand des Hypnoids kommen kann. Wir greifen hier zurück auf die bereits zitierten Äußerungen von *J. H. Schultz,* der darauf verwies, daß den seelischen Zuständen in der Hypnose körperliche Empfindungen und Reaktionen entsprechen (vgl. 1.1). Es ist kennzeichnend für das Werk von *J. H. Schultz*, daß er die psychophysische Einheit des Menschen so sehr betonte. Ihn interessierten die körperlichen Veränderungen, die psychische Veränderungen bedingen (z.B. anhaltender körperlicher Schmerz → Unlust, Griesgrämigkeit) als umgekehrt auch die psychischen Veränderungen, die ihre Korrelate im Körperlichen haben (z.B. Freude → Puls- und Atemfrequenzerhöhung; Angst → kalter Schweiß). Körper (Soma) und Psyche wurden von ihm stets und immer als aufeinander bezogen dargestellt, der Mensch somit als eine psychosomatische Ganzheit gesehen.
Dieser Ansatz ermöglichte ihm, die Arbeiten von *O. Vogt* fortzuführen, indem er die psychische Entspannung über den bis dahin noch nicht beschrittenen Weg der körperlichen Entspannung zu erreichen suchte. In Verkennung dieser fundamentalen Zusammenhänge erscheint vielen Laien das Autogene Training als eine »Glaubenssache« bzw. als »pure Einbildung«. Dabei sind beide Begriffe in einem positiv verstandenen Sinne sogar durchaus zutreffend. Der Lernende muß auf das Autogene Training, d.h. aber letztlich sich selber vertrauen, »einwilligen in naturhafte Verläufe gewünschter Richtung, vergleichbar dem Einschlafen« (*Schultz*, 1976). *G.R. Heyer* formulierte

Tabelle 1: Wirkungen des Sympathikus und des Parasympathikus

Organ	Wirkung des Sympathikus	Wirkung des Parasympathikus
	Tendenz zur Erregungsausbreitung, zur gesamten organismischen Wirkung	Tendenz zu umschriebener Wirkung
Blutgefäße	im allgemeinen Tonuserhöhung (also Verengung der Gefäße)	im allgemeinen Tonusabnahme (also Gefäßerweiterung)
Bronchien	Erweiterung	Zusammenziehung
Herz	Frequenzerhöhung	Frequenzabnahme
Herzkranzgefäße	Verengung	Erweiterung
Darm	Hemmung der Darmmotilität	Anregung der Darmmotilität und der Verdauung
Drüsen der Magen- und Darmschleimhaut		Förderung der Sekretion
Leber	Abbau von Glykogen (also Erhöhung des Blutzuckerspiegels)	
Inseln der Bauchspeicheldrüse		Insulinausschüttung (also Erniedrigung des Blutzuckerspiegels)

dies folgendermaßen »Wer es gelernt hat, im Autogenen Training ›sich-zu-lassen‹, wird ›ge-lassen‹« (zitiert nach *Schultz*, 1976). Einbildung als »Sich-ein-Bild-Machen« ist in einem positiv verstandenen Sinne ebenfalls charakteristisch für das Autogene Training und führt uns zu den Mechanismen, die als *Carpenter-Effekt* bzw. *Ideoplasie* beschrieben sind und der Wirkungsweise des Autogenen Trainings zugrunde liegen.

Der *Carpenter-Effekt* besagt, daß bei der Vorstellung einer Bewegung unwillkürlich Bewegungsimpulse entstehen. Diese können zu sichtbaren Bewegungen führen (man denke nur an Fußballzuschauer), können aber bei bloßer Beobachtung auch unsichtbar bleiben. Die Impulse sind dann jedoch mit Hilfe der Elektromyographie (Ableitung von Muskelströmen) nachweisbar.

Dieser sogenannte *Carpenter-Effekt* wurde von *Auguste Forel* zum Gesetz von der *Ideoplasie* (wörtlich: Formung durch die Idee) erweitert, womit gemeint ist, daß die »Idee« (allgemeiner: die Vorstellung) nicht nur Bewegungen, sondern auch alle Arten von vegetativen Funktionen auslösen kann. Im Autogenen Training wird also zum Zwecke der zunächst körperlichen Entspannung und Ruhigstellung die Reaktionsmöglichkeit des Körpers auf rein gedankliche Vorstellungen ausgenutzt. Wenn wir nun hinzunehmen, daß Körperliches und Psychisches nicht getrennt voneinander funktionieren können, sondern eine unlösbare Einheit bilden, so ist der Mechanismus und die Wirkung des Autogenen Trainings hiermit im wesentlichen bereits dargestellt.

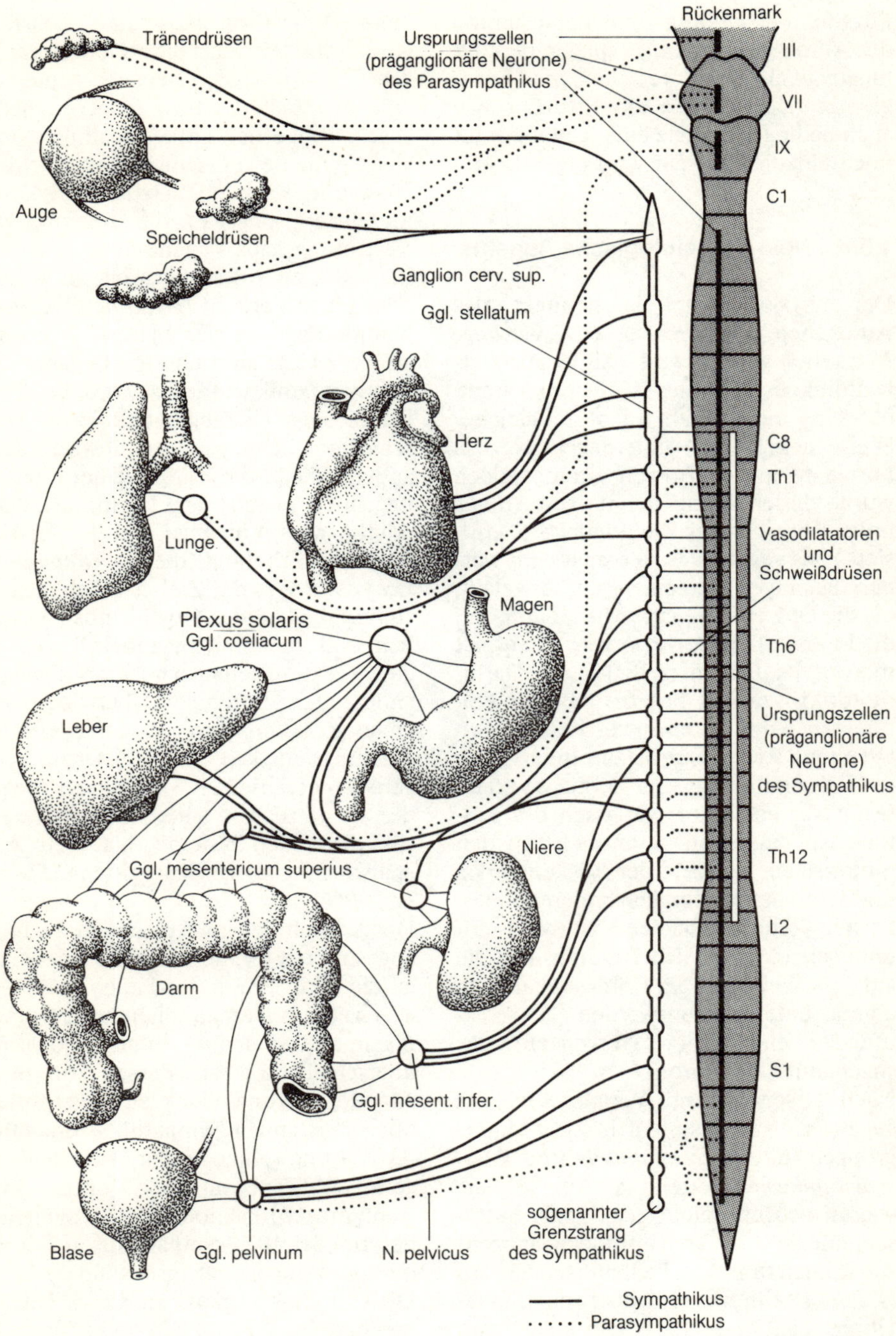

Abbildung 1: Schema des vegetativen Nervensystems (gepunktet: Parasympathikus; gestrichelt: Sympathikus). Nach *Stark* u. *Frick*, 1976, Seite 502; modifiziert

Für die Verstärkung und Stabilisierung des Autogenen Trainings spielen darüber hinaus natürlich die verschiedenen Lerngesetze (z.B. Lernen am Erfolg) sowie auch bedingte Reflexe eine Rolle, worauf noch einzugehen sein wird (vgl. 1.3.4).

1.3.3 Neurophysiologische Aspekte

Der physiologische Ansatzpunkt des Autogenen Trainings ist das *vegetative Nervensystem.* (Es wird häufig auch als »autonomes Nervensystem« bezeichnet, da seine Funktionen nicht in gleicher Weise dem Willen unterliegen wie das übrige periphere Nervensystem, jedoch wurde dieser Begriff bereits von *Schultz* unter Hinweis auf die Ideoplasie kritisiert.) Als vegetatives Nervensystem werden diejenigen Nerven zusammengefaßt, die die Drüsen, die glatte Muskulatur und die inneren Organe versorgen; es enthält motorische Fasern (z.B. für die Darmmotorik), sensible Fasern (z.B. zur Leitung von Schmerzreizen von den inneren Organen) sowie Fasern zur Innervation der Drüsen. Die Nervenfasern des vegetativen Nervensystems verlassen das zentrale Nervensystem zusammen mit den motorischen Wurzeln der Rückenmarks- und Hirnnerven. Von den anderen motorischen und sensiblen Nervenfasern unterscheiden sie sich dadurch, daß sie auf dem Weg zu ihrem Erfolgsorgan noch einmal unterbrochen werden (Umschaltung auf eine weitere Nervenzelle, das sogenannte 2. Neuron).

Nach Ursprung und Verlauf wird das vegetative Nervensystem in zwei Untergruppen, u. zw. *Sympathikus* und *Parasympathikus,* unterteilt (s. Abb. 1); sie weisen neurophysiologische (z.B. unterschiedliche Transmittersubstanzen) sowie auch funktionelle Unterschiede auf (s. Tab. 1). Ein wesentlicher funktioneller Unterschied besteht z.B. darin, daß beim Sympathikus eine Neigung zu diffuser Erregungsausbreitung vorliegt, zur Auswirkung als Gesamtsystem, wohingegen beim Parasympathikus die lokalisierte Reaktion überwiegt. Bis zu einem gewissen Grade verhalten beide Systeme sich antagonistisch, letztlich jedoch synergistisch: »Bei erhöhtem Sympathikustonus werden die Bewußtseinshelligkeit erhöht, Herz und Kreislauf aktiviert, Glykogen mobilisiert, dagegen die Aktivität des Verdauungskanals gehemmt, also die Fähigkeit zu Arbeitsleistung, zu Angriff oder Flucht, erhöht *(ergotrope Reaktion).* Nimmt dagegen der Sympathikustonus ab, überwiegt an mehreren Organen der Parasympathikustonus, so wird die Kreislaufleistung herabgesetzt, das Herz schlägt im ›Schongang‹, dafür wird auf der anderen Seite die Tätigkeit der Verdauungsdrüsen und der Darmmuskulatur erhöht, alles Vorgänge, die der Restitution, der Erholung, dienen *(trophotrope Reaktion).* Was das Ziel, nämlich die Leistungsfähigkeit des Organismus zu erhöhen und zu erhalten, anbetrifft, ist die eine Reaktion genauso notwendig wie die andere. Ein einseitiges Überwiegen der einen Reaktion wird auf die Dauer die Leistungsfähigkeit des Organismus genauso herabsetzen wie ein Überwiegen der anderen. Auf einer höheren Ebene sind die beiden Systeme nicht mehr Antagonisten, sondern Synergisten« (*Schneider,* 1966).

Hinsichtlich der im Autogenen Training angestrebten trophotropen Reaktionslage ist die Aktivierung des Parasympathikus also weder isoliert zu sehen noch als etwa maximal (und damit - unphysiologisch - überschießend); statt dessen kommt es zur Regulierung eines zuvor eventuell überschießenden Sympathikustonus und Aktivierung eines zuvor eventuell zu geringen Parasympathikustonus. Eine trophotrope Reaktionslage ist nicht isoliert mit dem Parasympathikus in Verbindung zu bringen (vgl. insbesondere 2.6.1). Die Umschaltvorgänge sind zum Teil gut meßbar (vgl. 2.2 und 2.3) und können im Laufe des Autogenen Trainings immer schneller beherrscht werden, bis schließlich innerhalb von Sekunden nach Beginn des Trainings eine *»organismische Umschaltung«* von einer ergotropen auf eine trophotrope Reaktionslage möglich ist.

1.3.4 Lerntheoretische Ansätze

Die auf den Arbeiten von *Ivan P. Pawlow* (1849–1936) zurückgehenden lerntheoretischen Überlegungen haben durch ihre weitere Ausarbeitung, speziell das »operante Konditionieren«, eine breite theoretische und auch praktische Anwendung (Verhaltenstherapie) gefunden. Da auch das Autogene Training aus lerntheoretischer Sicht verstanden werden kann, soll hier eine kurze Darstellung erfolgen.
Grundlegende lerntheoretische Prinzipien sind das klassische Konditionieren, das operante Konditionieren sowie das Lernen am Modell.

Klassische Konditionierung

Im Jahre 1897 verlegte der russische Physiologe *Ivan P. Pawlow* bei einem Hund operativ den Ausführungsgang der Speicheldrüse nach außen und konnte so die Speichelmenge messen, die beim Fressen sezerniert wurde. Dieser Vorgang der Speichelsekretion beim Fressen beruht auf einem angeborenen (unbedingten) Reflex des vegetativen Nervensystems. Wenn man nun bei dieser experimentellen Anordnung gleichzeitig mit dem Fressen z.B. eine Glocke ertönen läßt und dies mehrere Tage wiederholt, so wird bald auch allein schon bei diesem akustischen Signal Speichel abgesondert, obwohl überhaupt kein Futter angeboten wird. Der ursprünglich neutrale Reiz (Glockenton) ist zu einem bedingenden Reiz, einem konditionierten Stimulus und der unbedingte Reflex zu einem bedingten geworden. Hull (1943) erweiterte diese Theorie durch die Grundannahme, daß ein Individuum besonders diejenigen Aktionen auf Reize erlerne, die zur Reduktion eines Spannungszustandes führen.
Eine Variation des klassischen Konditionierens stellt das *semantische Konditionieren* dar. Darunter wird die Konditionierung einer Reaktion auf ein Wort oder einen Satz verstanden, sogar unabhängig von dem Buchstaben oder dem Klang des Wortes oder dem speziellen Satzinhalt *(vgl. Razran,* 1961).

Operantes Konditionieren (Lernen am Erfolg)

Hierbei gibt es – im Gegensatz zum klassischen Konditionieren – keine unkonditionierte (physiologische) Reaktion. Es wird vielmehr ein komplexes Verhalten dadurch erlernt, daß es eine Konsequenz nach sich zieht. Diese kann in Belohnung bestehen (Eintreten von positiven Verstärkern und/oder Wegfall von negativen Verstärkern) oder in Bestrafung (Eintreten von negativen Verstärkern und/oder Wegfall von positiven Verstärkern). Belohnungen haben sich als bessere Verstärker erwiesen als die Bestrafungen.

Lernen am Modell

Das Nachahmungslernen oder Lernen durch Imitation fußt nun bereits auf mehreren, untereinander verschiedenen Ansätzen zu kognitiven Lerntheorien, die die Komplexität menschlichen Verhaltens befriedigender zu klären versuchen als dies mit den beiden erstgenannten lerntheoretischen Konstrukten möglich ist.

Lerntheorien und Autogenes Training

Die Anweisungen für das Autogene Training (»set and setting«, s. 2.1.3) verlangen vom Übenden die Einnahme einer bestimmten (bequemen) Haltung, das Sicherstellen einer Außenreizverarmung

und schließlich eine konzentrative Hinwendung auf körperliche Vorgänge. Dies alles führt zu einer affektiven Einstellung der Ruhe und Entspannung, die trophotrope Reaktionen wie Muskel- und Gefäßentspannung ansatzweise bereits bewirkt. Wir können hier von unbedingten Reflexen auf die Außenreizverarmung und die Einnahme der in sich ruhenden Übungshaltungen sprechen.
Durch Hinwendung der Aufmerksamkeit auf diese physiologischen Reaktionen und gleichzeitige Verwendung der Formeln kommt es zu einer Kopplung der physiologischen Reaktion an diese Formeln, zu einer klassischen Konditionierung, wobei die Grundannahme von *Hull* - besondere Lernfähigkeit für Reize, die eine Reduktion eines Spannungszustandes bewirken - hier ebenfalls als zutreffend erachtet werden kann.
Da der bedingende Reiz ein Wort bzw. Satz ist, kann von einer semantischen Konditionierung gesprochen werden. Allerdings weisen die praktischen Erfahrungen darauf hin, daß der Erfolg nicht etwa unabhängig vom Satzlaut ist, eine semantische Konditionierung nicht beliebig durchgeführt werden kann. Im Rahmen der Lerntheorien können wir sagen, daß vorangegangene Konditionierungen stets zu beachten sind; so können einzelne Worte z. B. eine negative Besetzung erfahren haben, bestimmten Begriffen können eindeutige Reaktionen vorstellungsmäßig bereits zugeordnet sein usw.
Die einzelnen Übungen können jeweils so verstanden werden, daß eine ansatzweise trophotrope Umschaltung als unbedingter Reiz jeweils gekoppelt wird mit einer speziellen Vorstellung, die dann als bedingender Reiz im Sinne der klassischen Konditionierung wirkt.
Hinzu kommen im weiteren Übungsverlauf die positiven Verstärker (Erfolg, Lob des Kursleiters usw.) sowie der Wegfall negativer Verstärker (z. B. Verminderung einer vegetativen Symptomatik). Es findet also ein operantes Konditionieren, ein Lernen am Erfolg statt. Hierzu bietet eine Gruppe durch den intensiven Austausch untereinander besonders gut Gelegenheit, wobei hier noch ein Nachahmungslernen durch Vergleich mit dem Kursleiter und anderen Kursteilnehmern hinzukommt, ein Lernen am Modell also.

1.4 Indikation und Kontraindikation

Die *Indikation* für das Autogene Training kann sehr breit gestellt werden. *Absolute Kontraindikation* in dem Sinne, daß ein regelrecht vermitteltes und auf die individuellen Bedürfnisse des Lernenden zugeschnittenes Autogenes Training einen *Schaden* zufügen würde, gibt es überhaupt nicht: »Mit der Erörterung der Indikation ist auch die Frage ihrer Kontraindikation gestellt. Es ist mir bis jetzt nicht gelungen, eine solche zu finden, wenn der Versuchsleiter im Auge behält, daß die Dosierung, besonders für die selbsttätige Verfügung über die Vasomotoren, vorsichtig und individuell erfolgen muß« (*Schultz*, 1987). Anstelle der Frage nach den Kontraindikationen stellt sich die nach den begrenzenden und prognostisch ungünstigen Faktoren.

1.4.1 Begrenzende Faktoren für die Vermittlung des Autogenen Trainings

Hier sind die vom Willen und Engagement des Lernenden unabhängigen, den Erfolg des Lernenden im A.T. jedoch begrenzende Faktoren zu besprechen.
Zunächst ist über eine *altersmäßige Begrenzung* zu sprechen (Autogenes Training mit Kindern, Autogenes Training mit geriatrischen Patienten). Ein Mindestalter ist schwer zu bestimmen. *Kruse* (1984) gibt an, daß Kinder ab dem achten Lebensjahr, »aufgeweckte Kinder« ab dem sechsten Lebensjahr in der Lage seien, das A.T. zu erlernen (vgl. hierzu auch *Biermann*, 1975; *Gerber*, 1987). Für

die Vermittlung des Autogenen Trainings ergeben sich hier natürlich einige Besonderheiten. So ist eine »Schulsituation« zu vermeiden, statt dessen kann ggf. reichlich von Phantasiebildern, die der kindlichen Vorstellungswelt entsprechen, Gebrauch gemacht werden (*Eberlein,* 1976), was von *Kruse* (1980) allerdings mit dem Hinweis abgelehnt wird, daß Kinder heutzutage naturwissenschaftlich-biologisch interessiert und Märchen oder Kinderspiele für eine Selbstzuwendung eher hinderlich seien. Wahrscheinlich ist es für Kindergruppen im Autogenen Training ratsam, die Treffen nicht nur wöchentlich oder gar zweiwöchentlich abzuhalten, sondern zwei Termine pro Woche anzubieten. Auch wird bei sehr jungen Teilnehmern ein anfängliches Vorsprechen wohl nicht zu umgehen sein (*Gebhardt,* 1973).

Im allgemeinen kommen Kinder nicht aus eigener Motivation zum Autogenen Training, sondern werden geschickt. So muß sich der Therapeut natürlich die Frage stellen, welches Interesse die Eltern haben, ihr Kind das Autogene Training lernen zu lassen. Oft ist es ja gerade das schwächste Glied in einer Familie mit krankmachenden Interaktionsmustern, das zum Symptomträger wird. Sehr aufschlußreich in diesem Zusammenhang ist die Mitteilung *Binders,* daß er die *Mütter* dreier Kinder mit Enuresis nocturna in das Autogene Training einführte, während die Kinder weder psychotherapeutisch noch sonstwie behandelt wurden. Bei allen drei *Kindern* verschwand das Symptom (*Binder,* 1971)!

Die Altersgrenze nach oben ist wohl kaum je scharf zu ziehen. Hier kommt es nicht so sehr auf das reale Alter als auf den Allgemeinzustand an, die noch erhaltene Flexibilität und Möglichkeit, sich Neues anzueignen (vgl. *Huppmann,* 1977; *Steinfeld,* 1974); *Barolin* und *Wöllersdorfer* (1987) berichten von der Engagiertheit und der großen Regelmäßigkeit ihrer Alterspatienten beim Besuch der Kurse für A. T., verglichen mit Kursen, an denen Patienten mittleren Lebensalters teilnahmen (vgl. hierzu auch *Stucke,* 1987); außerdem verbindet *Barolin* seit Jahren mit gutem Erfolg das A. T. mit einer analytisch orientierten Gruppenpsychotherapie. *Hoffmann* (1977) berichtet u. a. von einer 82jährigen Patientin, die das Autogene Training in früheren Jahren einmal gelernt, dann aber nicht mehr weiter geübt hatte und nach einer erneuten kurzen Einführung von nur zwei Stunden mit dem Autogenen Training ihre Einschlafstörungen erfolgreich in den Griff bekam.

Des weiteren müssen gewisse *intellektuelle Voraussetzungen* gegeben sein. Das Autogene Training stellt keine hohen Anforderungen an den Intellekt, jedoch muß der Lernende zumindest in der Lage sein, das Autogene Training in seinen Grundzügen zu begreifen sowie auch ein gewisses Maß an (entwicklungsfähigem) Konzentrationsvermögen mitbringen. Ein instruktives Beispiel gibt *Trojan:* »Das Autogene Training wurde bei asylierten epileptischen Kindern in Gruppen durchgeführt. Die Kinder waren 7 bis 15 Jahre alt. Alle litten unter schweren Anfällen oder epileptischen Verhaltensstörungen. Wie zu erwarten war, schlug das Verfahren bei den älteren Kindern schneller und besser an. Die stärker Intelligenzgestörten lernten langsamer, verwirklichten aber schließlich die Übungen auch, manchmal durch Nachahmung. Der Durchschnitts-IQ war 62 und entsprach also demjenigen eines normalen achtjährigen Kindes. Die Anforderungen an die Intelligenz bei der Durchführung des Autogenen Trainings sind also recht bescheiden« (zitiert nach *Hoffmann,* 1977). Angaben zum Autogenen Training bei epileptischen Kindern finden sich bei *Barolin* und *Dongier* (1962).

Durch einen *Verlust der Selbstverfügbarkeit* kann auch unabhängig von angeborenen oder frühkindlich erworbenen Minderbegabungen ein Erlernen des Autogenen Trainings krankheitsbedingt unmöglich sein. Dies kann der Fall sein bei akuten und chronischen Psychosen organischer (z.B. nach Schädelhirntrauma oder auch bei präseniler Demenz) oder ungeklärter, »endogener« Genese. Diese sogenannten »endogenen Psychosen« (Schizophrenie und Zyklothymie) als »körperlich noch nicht begründbare Psychosen« werden immer wieder als absolute Kontraindikationen angeführt. Akut oder chronisch psychotische Patienten mit schweren Antriebs-, Konzentrations- und Denkstörungen, möglicherweise unter dem Einfluß akustischer Halluzinationen, sind sicher nicht in der Lage, den Anforderungen des Autogenen Trainings zu »konzentrativer Selbstentspannung« nachzukommen. Für sie würde das Ansinnen, ihnen das Autogene Training vermitteln zu wollen, eine Überforderung ihrer Leistungsfähigkeit darstellen. Demgegenüber sind Patienten mit schizophrenen Defektsyndromen, insbesondere, sofern es sich um Remissionstypen und nicht um Defizienztypen der Erkrankung handelt, durchaus in der Lage, die Grundstufe des Autogenen Trainings zu erlernen (siehe hierzu *Kraft* und *Schötzau,* 1982). Ob hier für die sogenannte Oberstufe des Autogenen Trainings (autogene Imagination) überhaupt eine Indikation besteht, erscheint fraglich. Was für die Schizophrenie gesagt wurde, gilt in gleicher Weise auch für die Zyklothymie. Außerhalb der akuten Erkrankungsphasen besteht kein hinreichender Grund, den Patienten die Teilnahme am Autogenen Training zu verwehren, vielmehr ist zu erwarten, daß die positiven Wirkungen des Autogenen Trainings hier genauso wirksam und heilsam sind wie sonst (wenngleich auch sicher nicht behauptet werden soll, etwa eine spezifische Behandlung der Psychose hier vornehmen zu wollen oder zu können, vgl. hierzu auch *Wallnöfer,* 1973). Für reaktive depressive Verstimmungen hingegen ist das A.T. natürlich durchaus auch während des akuten Verstimmungszustandes geeignet (*Iversen,* 1976).

1.4.2 Prognostisch ungünstige Faktoren

Personen mit einer starken *Anspruchshaltung,* die stets etwas von ihren Bezugspersonen, also auch vom Arzt und Kursleiter erwarten, ohne selber eine Leistung vollbringen zu müssen, sehen im Autogenen Training mit seiner Forderung an die Eigenverantwortlichkeit und das persönliche Engagement einen an sie gerichteten Anspruch, den zu erfüllen sie eher als Zumutung, zumindest aber als übergroße Last empfinden. Derartige Personen sind eher von der Hypnose oder anderen passiv-autohypnoiden Verfahren fasziniert, die ihnen Zuwendung verheißen. Patienten, die im Zusammenhang mit einer in Augenschein genommenen psychotherapeutischen Behandlung mehrmals danach fragten, ob bei ihnen nicht eine Hypnose indiziert sei, habe ich nur äußerst selten erfolgreich das Autogene Training erlernen sehen.

Erlebnis- und vorstellungsarmen Personen (die in der klassischen Psychiatrie vielleicht am ehesten als »gemütsarme Psychopathen« einzuordnen wären) dürfte ebenso die Motivation, vielleicht sogar die rechte Möglichkeit fehlen, das A.T. zu erlernen (vgl. *Laberke,* 1976). Sollten derartige Personen, z.B. im Rahmen einer stationären Behandlung, doch in einen Kurs für A.T. aufgenommen werden, so kommt es der Erfahrung nach darauf an, die Theorie nur knapp abzuhandeln und statt dessen möglichst instruktive Beispiele zu geben. Auch ist es bei diesem Personenkreis zu empfehlen, recht bald und im Verlauf der Gruppensitzung ggf. zweimal zu üben.

Zwanghaft strukturierte Persönlichkeiten haben oft Schwierigkeiten loszulassen, geschehenzulassen, einzuwilligen in naturhafte Verläufe gewünschter Richtung (vgl. *Langen,* 1974; *Huppmann,* 1977). Auch hier ist jedoch wieder nicht von einer absoluten Kontraindikation zu sprechen, vielmehr ist es oft erstaunlich, auf welchen Wegen Lernende zum Erfolg gelangen. So zählte z.B. eine zwangsneurotische Patientin in einem meiner Kurse die einzelnen Formeln mit den Fingern mit, da ich - wie üblich - gesagt hatte, die Formeln seien am besten ungefähr 5- bis 6mal zu vergegenwärtigen. Diese Patientin erlernte das Autogene Training zwar langsamer und etwas mühsamer als andere, jedoch durchaus erfolgreich.

Auch darf nicht vergessen werden, daß ein mäßig ausgeprägter zwanghafter Persönlichkeitsanteil sich während des Erlernens sogar recht positiv auf die Übungskonstanz auswirken kann. Erst beim Vorliegen einer manifesten, schweren Zwangsneurose besteht die erhebliche Gefahr, daß aus dem Autogenen Training ein pedantisches Zwangsritual wird. Der Hauptakzent wäre hier auf die entspannende, lösende Wirkung des Autogenen Trainings zu setzen (vgl. *Prokop,* 1979).

Personen mit hysterisch-demonstrativen Charakterzügen sind ebenfalls für das Autogene Training als nicht sehr geeignet zu bezeichnen. Sie haben manchmal - in positiver Übertragung auf den Therapeuten - scheinbar recht erstaunliche Anfangserfolge vorzuweisen, die sich bei bleibender »wohlwollender Neutralität des Therapeuten« bald als Strohfeuer erweisen können.

Obwohl eine gewisse Leistungsbereitschaft eine unabdingbare Voraussetzung zum Erlernen des Autogenen Trainings darstellt, stellt ein *übersteigertes Leistungsbedürfnis* eine ungünstige Voraussetzung dar. Gerade in Gruppenkursen versuchen diese Kursteilnehmer die Besten, Schnellsten, Erfolgreichsten zu sein. Letztlich versuchen sie, die Wirkung des Autogenen Trainings zu erzwingen. Sollten Anfangserfolge vorhanden sein, verschwinden meist sogar auch diese bei einer derartigen Einstellung. So gelang einem meiner Patienten keine Übung des Autogenen Trainings mehr, nachdem er in seinem Urlaub seine Übungsfrequenz von 3mal auf 6mal täglich erhöht hatte, um seine die Übungen des Autogenen Trainings besser und schneller realisierende Ehefrau »einzuholen und zu überholen«. Erst als die Konkurrenzsituation zwischen den Ehepartnern besprochen und - zumindest vorläufig - ausgeräumt worden war, konnte er fortfahren, d.h.: wieder ganz am Anfang mit der Schwereübung beginnen (vgl. *Laberke,* 1976; *Stokvis* und *Wiesenhütter,* 1961).

Manche Autoren raten bei einer hypochondrischen, *»krankhaften Fixierung der Aufmerksamkeit« (Stokvis* und *Wiesenhütter,* 1961) von der Anwendung des Autogenen Trainings ab. *Badura* (1973) fand bei einigen Patientinnen, die in der Realisierung des Autogenen Trainings größere Mühe hatten, eine signifikante Erhöhung der Hypochondrie-Skala im MMPI (zugleich mit einer Erhöhung der Hy-D-Skalen, »neurotische Trias«). *Schultz* (1976) vertritt hier eine andere Position: »Gelegentlich begegnet man bei Kollegen der Besorgnis, es könne die konzentrative Hinwendung auf das Körpererleben zu hypochondrischen Störungen führen. Genau das Gegenteil ist der Fall; die von der Hypochondrie regellos und lebenswidrig in Betrieb gesetzte Funktionserregung der Organe wird im Verlauf des Trainings zu zielbewußt beherrschtem Persönlichkeitseigentum.« *Langen* (1965) berichtet über die Verwendung von Indifferenzformeln, wie z. B. »Herz in jeder Situation vollkommen gleichgültig«, die meiner Erfahrung nach nicht nur bei funktionellen Störungen, sondern auch bei hypochondrischen Ängsten geeignet sind.

Kaum je ist Erfolg zu erwarten, wenn ein Symptom einen großen *sekundären Krankheitsgewinn* beschert, wie es z.B. bei »Rentenneurosen« so deutlich der Fall ist.

In diese Kategorie gehören auch viele der *geschickten Patienten,* die bewußt oder unbewußt ihren Angehörigen lediglich beweisen wollen, daß auch mit dieser Methode ihnen nicht zu helfen sei.

Bei *schweren körperlichen Erkrankungen* (z.B. Karzinom im fortgeschrittenen Stadium) wird das Autogene Training aufgrund der krankheitbedingten Beschwerden (z. B. Schmerzen) kaum zu erlernen sein. Andererseits kann ein bereits früher erlerntes Autogenes Training in solchen schweren Situationen evtl. eine große Hilfe sein.

1.4.3 Indikationen

Nachdem die die Anwendung des Autogenen Trainings begrenzenden sowie die prognostisch ungünstigen Faktoren besprochen worden sind, soll nun die Indikation des Autogenen Trainings zusammenfassend dargestellt werden. Dies kann bei den äußerst vielfältigen Anwendungsmöglichkeiten nur im Sinne eines Überblicks geschehen (vgl. hierzu auch *Haring,* 1979; *Hoffmann,* 1977; *Prokop,* 1979; *Schultz*, 1979).

Generell ist eine ehrliche Bereitschaft zur Mitarbeit bei gleichzeitigem Wissen um die Anforderungen, die das Autogene Training an die Lernenden stellt, die Voraussetzung für den Erfolg. Auf die weiterführenden Fragen nach der Motivation wird noch einzugehen sein (s. 1.5).

Das Autogene Training wird heute sehr häufig an Volkshochschulen und vergleichbaren Institutionen gelehrt, die das Autogene Training ausschließlich zur *Psychohygiene* und *Psychoprophylaxe* vermitteln. Sicherlich ist das Autogene Training - in Zeiten des relativen Wohlbefindens gelernt - bei akut auftretenden seelischen (aber auch körperlichen) Belastungen (Examenssituationen usw.) eine große Hilfe.

Auf Grund empirischer Forschungen stellt *Mann* (1987) fest, daß Patienten mit leichteren psycho-vegetativen Störungen besonders gut auf das A.T. ansprechen: »Der Anteil dieser Personen an der Gesamtbevölkerung beträgt nach neuesten epidemiologischen Studien zwischen 15 und 25% (*Schepank:* Mannheimer Kohortenprojekt, 1984). Sie sind nicht behandlungsbedürftig und haben in der Regel nicht das Gefühl, manifest krank zu sein. Vom A.T. können sie eine Verbesserung der Befindlichkeit mit der Reduktion von Angst und ein positiv verändertes Selbstkonzept erwarten. Hieraus leitet sich die sozialmedizinische Bedeutung des A.T. als Vorbeugemaßnahme ab.«

Die allgemeinen Wirkungen beim sogenannten gesunden Kursteilnehmer sind Erholung, Entspannung, Erhöhung der Konzentration sowie eine *»Resonanzdämpfung der Affekte«*. Um Mißverständnissen vorzubeugen, schlage ich vor, von einer »Resonanzdämpfung überschießender Affekte« zu sprechen. Manche Kursteilnehmer äußern nämlich die Sorge, durch das Autogene Training gleichgültig oder gar abgestumpft zu werden (vgl. 1.4.3). Hier ist vielleicht am ehesten mit einem Zitat von *J. H. Schultz* zu antworten: »Das A.T. macht gelassen, aber nicht gleichgültig.«

Hiermit im Zusammenhang steht eine Selbstschau im Sinne der *Vertiefung der Selbsterkenntnis.* Dies gilt ganz besonders für die autogene Imagination (Oberstufe des Autogenen Trainings), (s. hierzu auch das 4. Kapitel).

Haring (1979) schreibt hierzu: *»Der Übende sollte sich nur einstimmen in die Grundstrebungen seiner Persönlichkeit. Die Übung gelingt am besten, wenn sie mit spielerischer Neugier durchgeführt wird. Vermieden werden sollte, daß man dabei in eine selbstquälerisch-angestrengte Haltung gerät. Man soll nichts verändern wollen. Deshalb auch der Hinweis, daß der Übung keine direkte psychotherapeutische Funktion zukommt. Man soll nicht fragen ›was mache ich falsch?‹, sondern ›wer bin ich?‹ oder ›wo stehe ich?‹ oder (noch stärker eingeschränkt) ›was bestimmt mich in diesem Augenblick?‹. Die veränderte Fragestellung macht den Unterschied zwischen Therapie und Selbsterkenntnis deutlich. Zweifellos setzt Psychotherapie immer auch die Bereitschaft zur Selbsterziehung und zum In-Frage-Stellen der eigenen Position voraus. Häu-*

fig ist der erste Schritt zur Therapie die Erkenntnis der eigenen Einstellung und Reaktionsbereitschaft. Erst dann kann man fragen, welche Gewohnheiten diese Einstellung stützen und unter welchen Bedingungen diese Gewohnheiten entstanden sind. Wir bewegen uns also mit der Selbstschau im Vorfeld solcher für eine Psychotherapie wichtigen Fragen.«

Mit einer Vertiefung der Selbsterkenntnis ist oft auch bereits ein Ansatz zu einer *Beeinflussung störender Gewohnheiten* gegeben. Sofern dies nicht schon durch die dem Training eigene »Resonanzdämpfung überschießender Affekte« geschieht, können sogenannte »formelhafte Vorsatzbildungen« (s. 3. Kap.) angewandt werden. Auch hier bewegen wir uns noch nicht im Bereich des Krankhaften, zu denken ist vielmehr z. B. an die Gewohnheit, einem Gesprächspartner ins Wort zufallen.

Emotionale Dauerspannung führt durch ständige – unphysiologische – Aktivierung des vegetativen Nervensystems (vgl. 1.3.3) zu sogenannten *funktionellen Störungen,* die einen chronischen Verlauf nehmen können (dann kann von einer *»Organneurose«* gesprochen werden) und evtl. in eine *psychosomatische Erkrankung* mit Organdefekt einmünden (vgl. *Alexander,* 1951).

In der Therapie psychosomatischer Erkrankungen ist die Kombination organmedizinischer und psychotherapeutischer Vorgehensweisen zumeist eine zwingende Notwendigkeit (Übersichten z. B. bei *Bräutigam* und *Christian,* 1974; *von Uexküll,* 1986). Sowohl die rein organmedizinische Behandlung als auch die klassische Psychoanalyse geraten bei psychosomatischen Patienten an Grenzen, die sie allein nur partiell, therapeutisch letztlich nicht befriedigend bewältigen können. Die auf der präverbalen Ebene ansetzenden Therapieverfahren wie die konzentrative Bewegungstherapie (z. B. *Becker* 1981; *Stolze,* 1984), Bioenergetik (z. B. *Lowen,* 1979) und natürlich auch die Grundstufe des A. T. mit ihrer primären Zentrierung auf körperliches Erleben und körperlichseelische Zusammenhänge bieten wesentliche Hilfen für die Patienten, deren seelische Entwicklung bereits in der präverbalen Dyade von Mutter und Kind (*Spitz,* 1980) entgleist ist (vgl. auch Bittner, 1986; *Bräutigam,* 1978; *Kraft,* 1987; *Müller-Braunschweig,* 1986, 1987; *Moser,* 1986; *Pesso* 1986). Entsprechend der jeweiligen psychosomatischen Störungen werden einzelne Übungen des A. T. besonderes Gewicht bekommen (zu den Einzelheiten s. Kapitel 2.2 bis 2.7).

Als weitere – weitgefaßte – Indikation gilt das Symptom »Angst«. Angst spielt als »ängstliche Gestimmtheit« auch außerhalb der Nosologie der Neurosen eine weitverbreitete Rolle. Bei der sogenannten »Angstneurose« ist sie das zentrale Symptom. Entspannungsübungen wie die Grundstufe des A. T. können zu Beginn der Therapie einen Einstieg in die analytisch orientierte Arbeit mit diesen Patienten ermöglichen. Entsprechend der »Blässe der Objektimagines« verlangen diese Patienten zunächst – und oft nachdrücklich – nach Erfahrungen auf der Handlungsebene (z. B. Realpräsenz des Partners oder Fragen wie: »Was soll ich tun?«) und sind für Erfahrungen auf der Bedeutungsebene – z. B. für analytische Deutungen – kaum aufnahmebereit (vgl. hierzu z. B. *Mentzos,* 1985). Das A. T. kommt damit im Beginn der Behandlung der Tendenz des angstneurotischen Patienten entgegen, in emotional angespannten Situationen zunächst (!) auf das Physiologische auszuweichen; auf dieser körperlichen Ebene fühlt sich der Patient relativ sicher, es ist dies zumeist diejenige Interaktionsebene zwischen Mutter und Kind, die noch ausreichend stabil war, während im Affektbereich keine genügende Interaktion möglich war. Durch die »Resonanzdämpfung überschießender Affekte« kommt es zumeist zu einer deutlichen Angstverminderung. In Hinblick auf die bewußte oder auch verleugnete Abhängigkeit von der Realpräsenz anderer Personen (meist Eltern, Ehepartner oder auch Kinder) stellt das A.T. auch insofern eine wertvolle »erste Hilfe« dar, als der Patient erlebt, allein etwas für sich tun zu können. Dieser Ansatz steht einer begleitenden oder anschließenden analytisch-orientierten oder analytischen Psychotherapie nicht im Wege.

An dieser Stelle sei eingefügt, was *J. H. Schultz* über eine Unterhaltung mit dem Begründer der Psychoanalyse, *Sigmund Freud,* berichtete: »Bei unserer ersten Begegnung blickte *Freud* mich prüfend an und sagte: ›Sie glauben doch nicht, daß Sie damit heilen können?‹ Worauf ich erwiderte: ›Keinesfalls, aber ich meine doch, daß man wie ein Gärtner Hindernisse wegräumen kann, die der echten Eigenentwicklung im Wege stehen!‹ – ›Dann werden wir uns schon verstehen!‹ erwiderte *Freud!*« (zitiert nach *Krapf,* 1973).

Auch bei rein *organischen Störungen* kann das Autogene Training Verwendung finden. So kann z.B. gegenüber Zahnschmerzen, schmerzenden Wunden usw. durch eine formelhafte Vorsatzbildung eine weitgehende Unempfindlichkeit erreicht werden. Es ist immer zu beachten, daß Schmerz etwas subjektiv Erlebtes ist und dieses Erleben sehr vielfältigen Einflüssen unterliegt. Dies gilt insbesondere auch für chronische Schmerzzustände, z. B. rheumatische Schmerzen. Die Indifferenzformel »Schmerz ganz gleichgültig« kann zwar nicht den organisch bedingten Schmerz beseitigen, wohl aber die Erlebnisqualität ändern. *Langen* hat dies auf die treffende kurze Bezeichnung gebracht: »Man hat den Schmerz, aber er tut nicht mehr weh« (zitiert nach *Krapf* 1987; s. hierzu auch die »formelhaften Vorsatzbildungen« in Kapitel 3).

Neben Schmerzzuständen sprechen auch Durchblutungsstörungen (z.B. Morbus Raynaud) gut auf das Autogene Training an (s. hierzu *Surwit* u. Mitarb. 1978; *Höfle,* 1980). Weiterhin ist hier auch die Beeinflussung quälenden Juckreizes bei chronischem Ekzem und anderen Hauterkrankungen zu erwähnen. Die Liste einzelner spezieller Indikationen bei organischen Störungen ließe sich noch lange fortsetzen (vgl. hierzu *Schultz*, 1987). Nie darf jedoch ein evtl. vorliegender organischer Befund vernachlässigt werden. Als Warnung möge eine Mitteilung von *Müller-Hegemann* (1976) dienen, der darüber berichtete, daß eine Patientin, bei der später ein Hirntumor diagnostiziert wurde, zunächst in der Lage war, die als psychogen interpretierten Schwindel- und Schwächezustände eine Zeitlang durch Übungen des Autogenen Trainings günstig zu beeinflussen. Sicherlich darf man die Fähigkeit mancher Patienten, körperlich begründete Beschwerden im positiven oder negativen Sinne zu beeinflussen, nicht unterschätzen.

Abschließend soll nicht vergessen werden zu erwähnen, daß es auch außerhalb krankhafter Störungen Ereignisse und Zustände gibt, die eine Anwendung des Autogenen Trainings sinnvoll erscheinen lassen: *Schwangerschaft und Geburt.* »Eine im fünften oder sechsten Monat Schwangere, die im Hinblick auf ihre kommende Entbindung an einem Kurs teilnahm, fand nach einigen Wochen der Übung die für sie passende Formulierung: ›Wir sind ganz ruhig.‹ Sie erlebte dabei aus ihrem Autogenen Training heraus die wohl einzige echte Wir-Bindung, nämlich die einer Mutter zu ihrem ungeborenen Kind« (*Krapf,* 1973).

Das während der Schwangerschaft erlernte Autogene Training kann für die Geburt eine wesentliche Erleichterung darstellen, da ängstlicher Verkrampfung usw. aktiv entgegengewirkt werden kann (*Schultz,* 1951; *Prill,* 1956, 1965). Auch außerhalb der direkten Anwendung des Autogenen Trainings finden sich deutliche autohypnoide Verfahrensweisen, so z. B. bei der »Child-birth without fear« von *Dick-Read* (1950).

1.5 Die Stellung des Autogenen Trainings (Grundstufe) in der psychosomatischen Medizin

1.5.1 Die zentralen Fragen der Psychosomatik

Die Grundfragen einer zeitgemäßen Psychosomatik lautet: »Unter welchen physiologischen und psychosozialen Bedingungen entwickelt ein Individuum mit einer bestimmten biologisch-genetischen und psychischen Ausstattung welche Gesundheitsstörung, die unter welchen Bedingungen rasch abklingt, krisenhaft verläuft oder chronifiziert?« (*Rad,* 1980). Wir sind weit entfernt davon, schlüssige und verbindliche Antworten auf diese Frage nach den disponierenden, auslösenden und krankheitserhaltenden Faktoren geben zu können; die Vielzahl diskutierter Hypothesen und Theorien zeigt die bestehenden Verständnisschwierigkeiten deutlich an.

Die eingangs gestellte Frage muß allerdings auch umformuliert werden zu der Frage, unter welchen Bedingungen ein Mensch eigentlich gesund bleibt oder wieder gesund wird. In der nachfolgenden Tabelle *(Tab. 2)* sind diese Grundfragen der psychosomatischen Medizin und die jeweils entsprechenden Einflußmöglichkeiten des A.T. als eines Basis-Psychotherapeutikums zusammengefaßt.

Die aufgelisteten disponierenden Faktoren für eine psychosomatische Erkrankung sind weder vollständig noch etwa unabhängig voneinander. Die Interaktionen der einzelnen Faktoren, z.B. die wechselseitigen Einflüsse psychischer und sozialer Faktoren, führen in den einzelnen wissenschaftlichen Forschungsrichtungen stets zu einer Betonung des einen oder anderen Faktors unter Vernachlässigung der übrigen Einflußgrößen. Es muß eine Disposition zu einer psychosomatischen Erkrankung geben, sonst tritt sie nicht auf - aber nicht jeder, der disponiert ist, wird auch krank! Damit stellt sich die Frage nach den auslösenden Faktoren. Die z.T. groß angelegten sozialmedizinischen Untersuchungen (s. hierzu 1.5.2.1) sprechen für unspezifische Streßfaktoren als auslösende Bedingungen. Sie verweisen zugleich auch auf die engen Zusammenhänge zwischen objektiv organisch bedingten Erkrankungen (z.B. Infektionen) mit psychischen Faktoren, worauf *Michael Balint* (1965) als einer der ersten nachdrücklich anhand vieler Einzelbeispiele hingewiesen hatte. Von großem praktischen Interesse für ein weitreichendes Verständnis der bewußten und insbesondere der unbewußten seelischen Bewältigungsstrategien ist jedoch die Kenntnis der spezifischen auslösenden Situation für eine Erkrankung: warum ist dieses Ereignis (z.B. Beförderung oder Umzug in eine andere Stadt) für diesen Menschen mit seinen Dispositionen in seiner jetzigen Lebenssituation eine auslösende Situation für diese psychosomatische Erkrankung?! Sofern es gelingt, die auslösende Situation in einen verstehbaren lebensgeschichtlichen Zusammenhang zu stellen, haben wir einen ersten wesentlichen Ansatz für unser therapeutisches Verständnis und Handeln.

Die zunehmende Beachtung der krankheitserhaltenden Faktoren, die sozialmedizinisch von größtem Interesse sind, hat zu spezifischen Nachsorgetherapiekonzepten geführt (z. B. nach Herzinfarkten, vgl. auch *Mensen,* 1988). Die krankheitserhaltenden Faktoren müssen wiederum in Wechselwirkung mit den disponierenden Faktoren gesehen werden.

Angesichts dieser Komplexität haben psychosomatische Konzepte einen schweren Stand. Allenfalls in ihrer Gesamtheit sind sie geeignet, die in Frage stehenden Themen einzugrenzen. Im Rahmen dieses Buches sollen die Theorien zur Psychosomatik nur insoweit aufgegriffen werden, als sie in einem Zusammenhang mit dem A.T. gebracht

Tabelle 2

Grundfragen der psychosomatischen Medizin	Einflußmöglichkeiten durch A.T.
A Disponierende Faktoren	
– genetische Disposition (z.B. Organdefekte, immunologische oder hormonelle Abweichungen)	
– biologische Disposition (intrauterin, perinatal oder im Verlauf des weiteren Lebens erworbene Beeinträchtigungen, (z.B. durch Infektionen)	
– psychische Disposition (z.B. unbewältigte Konfliktsituationen strukturelles Ich-Defizit)	A.T.: Resonanzdämpfung überschießender Affekte, psychovegetativ ausgleichende Funktion
– Psychosoziale Disposition (Abhängigkeit der Erkrankungswahrscheinlichkeit von der sozialen Schicht, vom sozialen Umfeld wie z.B. der Familiensituation)	A.T.: Schutz gegen unspezifische Streßbelastungen
B Auslösende Faktoren	
– unspezifische Faktoren (z.B. große Streßbelastung, s. hierzu auch das »neurohumorale Streßmodell« 1.5.2.1)	A.T.: Resonanzdämpfung überschießender Affekte und psychovegetativ ausgleichende Funktion
– spezifische Faktoren: »Warum gerade hier, warum gerade jetzt?« *(Weizsäcker,* 1947 a)	
C Krankheitserhaltende Reaktionen	
– körperliche Reaktionen (z.B. Gefäßveränderungen bei Bluthochdruck, Pylorusstenose bei rezidivierenden Ulcera)	A.T.: Vorbeugung gegen Chronifizierung der psychosomatischen Erkrankung
– psychosoziale Faktoren (z.B. vermehrte Zuwendung durch Angehörige – sekundärer Krankheitsgewinn!)	A.T.: Betonung der Selbstverfügbarkeit und Selbstverantwortung im A.T.
– Fehlgewöhnung mit organischen Folgeschäden (z.B. Medikamentenmißbrauch bei Migräne oder Schmerzen anderer Genese mit nachfolgender Leber- oder Nierenschädigung)	A.T.: Änderung der Erlebnisqualität bei Schmerzen; Beeinflussung

werden und dessen Wirkung bei psychosomatischen Störungen verständlich machen können.

1.5.2 Psychosomatische Konzepte

1.5.2.1 Das neurohumorale Streß-Modell

Der aus dem Englischen stammende Begriff *Streß,* der zu einem umgangssprachlichen geworden ist, steht für Druck, Belastung, Anspannung und auch Überforderung. Der kanadische Endokrinologe *Selye* beschrieb physiologische Reaktionsmuster, die leib-seelische Funktionszusammenhänge als Ganzes in den Blick bringen. Dabei stehen das vegetative Nervensystem, die endokrinen Funktionen und humorale Faktoren im Vordergrund der Betrachtung.
Dieses ursprünglich für physiologische Vorgänge aufgestellte Modell eines »Adaptationssyndroms« wurde auch auf psychosomatische Krankheiten übertragen. Die Mehrzahl der psychosomatischen Krankheiten erscheint in dieser Betrachtungsweise als Reaktion auf Überlastungen und Überforderungen, als Antwort auf körperliche wie auch seelische Reize (vergl. auch *Eiff,* 1976).
Diese Zusammenhänge sind in einigen Untersuchungen konkret nachgewiesen worden. In einer Studie über den Verlauf des Pfeifferschen Drüsenfiebers konnten z. B. *Greenfield* u.a. (1959) zeigen, daß sogenannte »Ich- schwache« Patienten im Vergleich zu »Ich-starken« (Unterscheidung anhand der Ergebnisse des MMPI-Fragebogens) einen signifikant schwereren Krankheitsverlauf aufwiesen.
In einer Studie von *Meyer* und *Haggerty,* (1962) war die Korrelation hoher Werte auf der Streßratingskala mit der Häufigkeit streptogener Infektionen und dem Ausmaß der Antikörperreaktion gegen das Streptokokkengift nachzuweisen; je stärker die Versuchspersonen das Ausmaß ihrer chronischen Streßbelastung einschätzten, um so häufiger erkrankten sie an Streptokokkeninfektionen und um so langsamer vollzog sich der Heilungsvorgang. Unzufriedenheit, Ungleichheit und Entscheidungslosigkeit im beruflichen und sonstigen Alltag fanden *Hinkle* und *Plummer* (1973) als wichtige Elemente gesteigerter Streßbelastung bei denjenigen Mitarbeitern einer großen Telefongesellschaft, die infolge von Erkältungskrankheiten am häufigsten am Arbeitsplatz fehlten (vgl. hierzu auch *Miltner, Birbaumer* und *Gerber,* 1986, S. 99-110).
Streß wurde zunächst als ein überindividuell wirksamer Reiz aufgefaßt. Für viele Faktoren, z. B. übergroßen, anhaltenden Lärm ist dies sicherlich auch zutreffend; bald aber sah man sich doch gezwungen, nach der subjektiven Wertigkeit der einzelnen Streßfaktoren zu fragen: »Was ist wann in welcher Situation für welchen Menschen als ein ›Streß‹ erlebtes und/oder wirksames Ereignis?« Als entindividualisierter Begriff ist Streß nur sehr bedingt verwendbar. Andererseits sind die bekannten und bereits dargestellten psychophysischen Wirkungen des Autogenen Trainings (»Resonanzdämpfung überschießender Affekte«, das vegetative Nervensystem als zentraler Ansatzpunkt) im Rahmen dieses Streßmodells in einer ersten Annäherung an die psychosomatische Medizin als hilfreich zu erkennen.

1.5.2.2 Lern- verhaltenstherapeutische Konzepte

Die Lerntheorie stützt sich auf die experimentellen Studien von *I. P. Pawlow,* im wesentlichen also auf die Lehre von den bedingten Reflexen sowie - in Weiterentwicklung dieser Untersuchungen - auf das operante Konditionieren (vgl. hierzu 1.2.4). Hieran haben lerntheoretische Konzepte angeknüpft, welche die Entstehung menschlichen Verhaltens erklären und die Möglichkeit zu seiner Änderung aufzeigen sollen.

Für praktisch alle Körperfunktionen wurden bedingte Reflexe beschrieben, so für die Herztätigkeit, für Gefäßreaktion, Magen-Darm-Tätigkeit, Wärmehaushalt, Stoffwechsel usw. (vgl. *Bykow,* 1953).

In der Verhaltensmedizin wird davon ausgegangen, daß die Prinzipien des respondenten (klassischen) und des operanten (auch instrumentellen) Lernens wesentliche Faktoren bei der Entwicklung (disponierende, einschließlich auslösende Faktoren), Aufrechterhaltung und Modifikation (krankheitserhaltender Faktoren) von psychosomatischen Störungen und Erkrankungen darstellen können. Als Ergebnis seiner Studien zur Entwicklung sogenannter »experimenteller Neurosen« war bereits *Pawlow* (1941) davon überzeugt, daß seine Konditionierungslehre ein ätiologisch und auch therapeutisch relevantes Modell für eine Vielzahl klinischer Problemstellungen abgeben könne. Vor allem in den sozialistischen Ländern, wo die Verhaltensmedizin schon frühzeitig stark gefördert wurde (vgl. z. B. *Bykow* und *Kurzin,* 1966), dann aber auch in den USA, wurden vielfältige experimentelle Untersuchungen durchgeführt, um nachzuweisen, daß sich die Prinzipien des klassischen Konditionierens sowohl zur Kontrolle wie auch zur dauerhaften Veränderung oder gar völligen Ausblendung unerwünschter viszeraler Prozesse verwenden lassen (Übersichten z. B. bei *Kanfer* und *Phillips,* 1975, *Miltner, Birbaumer* und *Gerber,* 1986).

Es wurden unterschiedliche verhaltenstherapeutische Verfahren der Löschung (Extinktion), wie z. B. das Habituationstraining oder die Reizüberflutung entwikkelt. Bei der systematischen Desensibilisierung bzw. den Gegenkonditionierungsverfahren im weitesten Sinne wird heute in der Verhaltensmedizin auch das A. T. eingesetzt. Die Gegenkonditionierung beruht nach einer Theorie von *Wolpe* (1985) auf dem Prinzip der reziproken Hemmung; wird in Anwesenheit eines angstauslösenden Reizes eine damit unvereinbare Reaktion evoziert (z. B. muskuläre Entspannung in der Schwereübung des A. T.), so wird dadurch die Verknüpfung zwischen diesem Reiz und der Reaktion abgeschwächt. Es scheint mir wichtig hervorzuheben, daß es sich nur um eine Abschwächung handelt, so daß der Forderung beizupflichten ist, daß Entspannungstechniken in komplexere Therapieprogramme eingebettet werden müssen (*Miltner, Birbaumer* und *Gerber,* 1986, S. 12). Breitere Verwendung als das A. T. hat in der Verhaltensmedizin allerdings die schneller zu erlernende progressive Muskelrelaxation nach *Jacobson* (1928) gefunden, die sich speziell bei Desensibilisierungen bewährt hat (vgl. *Florin* 1978).

Gegenüber diesen klassischen Konditionierungsverfahren stützen sich die Konzepte operanten Lernens in der Therapie auf das umfangreiche Werk von *B. F. Skinner* (z. B. 1953). Hierzu gehören z. B. das Selbstsicherheitstraining und das Münzverstärkersystem (token economies). Darüber hinaus haben inzwischen die verschiedenen Biofeedbacktechniken eine weite Verbreitung gefunden und eine rege Forschungstätigkeit ausgelöst; dem respiratorischen Feedback scheint dabei insgesamt die größte praktische Bedeutung zuzukommen (vgl. 2.8).

Die Verhaltensmedizin hat auch in der Bundesrepublik Deutschland inzwischen einen großen Aufschwung genommen, verhaltenstherapeutische Maßnahmen gehören ebenso wie einige der psychodynamisch orientierten Therapieformen zu den Leistungen der gesetzlichen Krankenkassen.

1.5.2.3 Psychodynamische Konzepte

Wie bereits zu Beginn ausgeführt wurde, kann eine rein psychodynamische Betrachtung psychosomatischer Krankheitsbilder nicht befriedigen. Die nachfolgenden Schilderungen der unterschiedlichen Konzepte sind deshalb ausdrücklich unter dem Gesichtspunkt der Akzentuierung des psychischen Anteils am Krankheitsgeschehen zu betrachten.

Konversionsmodell und Aktualneurose

Als erstes psychosomatisches Modell wurde von *Breuer* und *Freud* (1895/1952) das der Konversion entwickelt (vgl. hierzu auch *Adler*, 1986). Als Konversion wird ein Symptom psychischen Ursprungs bezeichnet, das einen Kompromiß zwischen einem verdrängten Wunsch oder einer Phantasie und den ihn/sie vom Bewußtwerden abhaltenden Strebungen in der Körpersprache ausdrückt. Ein intrapsychischer Konflikt mit den Gefühlen von Wut, Scham, Ekel etc. kann dadurch einerseits vom Bewußtsein ferngehalten und andererseits doch in symbolischer Form ausgedrückt werden. So können z.B. anfallsweise auftretende Bewußtlosigkeiten (bei Ausschluß einer hirnorganischen Verursachung) als konversionsneurotisches Symptom darauf zurückzuführen sein, daß Hingabe- und Geborgenheitswünsche abgewehrt werden müssen; sie treffen bei der entsprechenden Person möglicherweise auf die damit unverträgliche Vorstellung: »Wer nicht seinen Mann steht, geht unter!« In extremen Belastungssituationen, die auch mal ein Sich-Anlehnen etc. zwingend notwendig machen würden, kann es dann zum Symptom der Bewußtlosigkeit kommen. Die darin enthaltene Aussage als »unbewußte Pantomime« könnte auf der sprachlichen Ebene lauten: »Ich kann das nicht mehr durchstehen – ich werde ohnmächtig, fühle mich ohne Macht. Aber das ist keine bewußte Entscheidung, dafür kann ich nichts, das ist krankheitsbedingt«.
In diesem geschilderten hypothetischen Beispiel könnte selbst das Erlernen des A.T. auf Schwierigkeiten stoßen. Der Hinweis auf die bestehenbleibende Selbstverfügbarkeit im A.T. (im Unterschied zur Hypnose) könnte eine hilfreiche Brücke bauen, um einem solchen Patienten doch die Möglichkeit zur Entspannung zu eröffnen.
Es wird bei diesem Konzept ein relativ intaktes Ich angenommen, also eine Ich-Struktur, die verdrängen kann, zu hoch strukturierten Abwehrprozessen fähig ist. Während *Freud* und die Mehrzahl der nachfolgenden Psychoanalytiker das Konversionsmodell auf die Hysterie mit ihren Lähmungen, Gefühlsstörungen, Gleichgewichtsstörungen etc. beschränkten, denen das organisch nachweisbare Korrelat ja fehlt, hat speziell *Groddeck* (1917, 1923) sich für eine Anwendung dieses Modells auch auf Organkranke eingesetzt. Dadurch kam es zu einer Überinterpretation des symbolischen Ansatzes (z. B. bei der Colitis ulcerosa: »Der Darm weint blutige Tränen«), der letztlich weder theoretisch haltbar war noch die Grundlage für eine suffiziente Therapie abgeben konnte.
Etwa parallel zum Konversionskonzept beobachtete und beschrieb *Freud* (1895) Körpersymptome wie Schwitzen, Schwindel, Durchfall etc. als »Äquivalente eines Angstanfalls« und grenzte sie als »Aktualneurosen« von den Konversionssymptomen ab. Das körperliche Symptom wird hier also nicht als symbolische, unbewußt pantomimische Darstellung eines verdrängten, relativ hochstrukturierten psychischen Geschehens aufgefaßt, sondern als das somatische Äquivalent eines relativ unstrukturierten Geschehens, wobei aus heutiger Sicht zugleich die Frage auftaucht, inwieweit die körperliche Symptomatik und das Fehlen der psychischen Verarbeitung als Folge eines Defizits der Ich-Struktur zu verstehen ist. Darauf wird bei der Darstellung der Modelle des Ich-Defizits als Ausdruck der sogenannten »frühen Störung« noch einzugehen sein.

Die zweiphasige Verdrängung

Alexander Mitscherlich (1954, 1969) ging in seiner Konzeption ebenfalls von einem mehr neurosentypischen Konfliktmodell aus und schlug vor, psychosomatische Krankheiten als das Ergebnis einer »zweiphasigen Verdrängung« zu verstehen. Er ging davon aus, daß ein Konflikt in der ersten Bearbeitungsphase verdrängt werde und zu neurotischer Symptombildung führe; könne der Konflikt so jedoch nur unzureichend bewältigt werden, erfolge in einer zweiten Phase die Verschiebung in die Dynamik körperlicher Abwehrvorgänge (zweite Phase der Verdrängung). *Mitscherlich* hat später die zweite Phase der Verdrängung mit der »regressiven Resomatisierung« von *Max Schur* (1955) in Verbindung gebracht. *Schur* ging von der Beobachtung aus, daß bei Säuglingen psychische Erregung sich sofort in diffusen Entladungen somatischer Art ausdrücke, wie z.B. Strampeln und Schreien, aber auch Nahrungsverweigerung und Verdauungs-Störungen. Im Laufe der Entwicklung komme es zu einer »Desomatisierung«, Spannungssituationen werden zunehmend als Gefühl bewußt erlebt und ausgedrückt. In schweren Konflikten kann es dann jedoch wieder zu einer »Resomatisierung« kommen. Eine psychische Erregung kann dann nicht mehr »im Psychischen gehalten werden«, sondern zeigt sich - wie beim Säugling und Kleinkind - wieder körperlich. Eine entscheidende Ergänzung zu dieser bestechend einfachen Betrachtungsweise der Desomatisierung als einer Reifung und Progression vom ursprünglich Leiblichen und Unbewußten/Primärprozeßhaften zum mehr Seelischen, Bewußten/Sekundärprozeßhaften gibt *Becker:* »Diese Entwicklungslinien mit der Begrifflichkeit Progression und Regression mit ihrer ausschließlichen Richtung zur Desomatisierung können jedoch den Eindruck erwecken, als seien die früher durchgemachten Entwicklungsstadien ausschließlich zu überwindende. Reifung kann jedoch in den entwicklungstheoretischen Konzepten nicht Überwindung der früheren Phasen bedeuten, sondern stellt die Integration der früheren Phase in weitere Entwicklungsschritte dar. Primärprozeßhaftes, Leibliches, Unbewußtes ist also nicht zu Überwindendes, sondern notwendiger Bestandteil des Psychophysischen Seins, steht der Zusammenhang dazu immer weniger zur Verfügung, bildet es im Gegenteil die Basis zur Symptomentstehung« (1981, S. 83). De- und Resomatisierung müssen in einem möglichst bewußt und frei verfügbaren, fluktuierenden Austauschprozeß verbleiben (vgl. auch *Pesso,* 1986, S. 93-94) - womit wir einen wesentlichen Gesichtspunkt für die psychohygienische wie auch psychotherapeutische Bedeutung des A.T. herausgestellt haben. Die Verknüpfung körperlicher und seelischer Prozesse im regressiven Geschehen bis hin zu Wachträumen in der Autogenen Imagination gehören zu den Charakteristiken des A.T.

Individuelle Konflikte und psychosomatische Erkrankungen

Die Arbeitsgruppe von *F. Alexander* (1951) hat sich - aus psychodynamischer Sicht - sehr um die Herausarbeitung individueller psychodynamischer Unterschiede bemüht. Bei dem von ihm eingeführten Begriff der *»Vegetativen Neurose«* handelt es sich um eine Beschreibung der physiologischen Reaktion der Organe auf anhaltende oder periodisch wiederkehrende emotionale Zustände. Als *»Organneurose«* bezeichnet er die dauerhafte Störung eines vegetativ gesteuerten Organs, eine chronisch gewordene vegetative Neurose. Die emotionale Dauerspannung kann schließlich durch stete Aktivierung des Sympathikus und Parasympathikus auch zu einer psychosomatischen Erkrankung mit Organdefekt führen.

Auch wenn *Alexanders* Hypothese, daß vegetative Dysfunktionen aus *spezifischen* emotionalen Konflikten resultieren, in ihrer ursprünglichen strengen Form heute nicht mehr unumschränkt aufrechtzuerhalten ist (vgl. *Rad,* 1980), bleibt

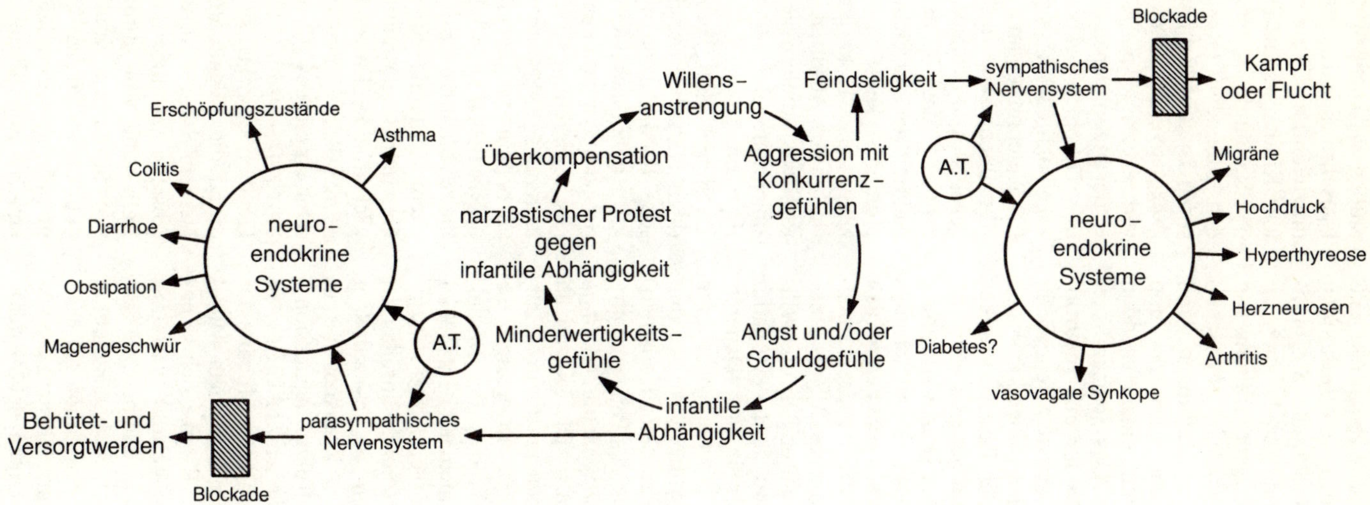

Abbildung 2: Schematische Darstellung zur Ätiologie vegetativer Funktionsstörungen/psychosomatischer Erkrankungen (nach *Alexander*, 1951; modifiziert)

seine weniger spezifische Hypothese, daß nämlich die physiologischen Reaktionen auf verschiedene emotionale Spannungen verschieden sind, gerade auch im Hinblick auf das Autogene Training von großem Interesse. *Alexander* unterscheidet dabei zwei Grundhaltungen, und zwar »kämpferischen Einsatz« und »Rückzug« mit ihren entsprechenden nervösen Substraten. Das Schicksal dieser aus äußeren oder inneren (neurotischen) Gründen blockierten Tendenzen mit einer leerlaufenden Daueraktivierung des Sympathikus oder Parasympathikus als Folge hat er in ein Schema gebracht, das den Ausgang dieser Daueraktivierung in die psychosomatische Krankheit darstellt (s. Abb. 2). Hieraus geht hervor, daß immer dann, wenn die Ausdrucksmöglichkeit von Konkurrenz-Aggressions- und Feindseligkeitshaltungen im Willkürverhalten gehemmt ist, das sympathische, adrenerge System in einen Dauererregungszustand gerät, wohingegen eine Blockierung von Abhängigkeits- und Rückzugstendenzen zu einer leerlaufenden Daueraktivierung des Parasympathikus führen kann. *Bräutigam* und *Christian* (1975) führen dazu aus: »Die vegetativen Symptome entspringen aus der festgehaltenen sympathischen Erregung, die andauert, weil der Vollzug der Kampf- oder Fluchtreaktion nicht auf dem Gebiet koordinierten Willkürverhaltens stattfindet. Dies wird von *Alexander* anschaulich gemacht durch den an essentiellem Hochdruck leidenden Kranken, der in seiner Oberflächenstruktur aggressionsgehemmt und beherrscht erscheint. In gleicher Weise kann bei der Migräne der Schmerzanfall innerhalb weniger Minuten enden, wenn der Kranke sich seines aggressiven Affektes bewußt wird und ihm offenen Ausdruck verleiht. Eine weitere Gruppe von neurotischen Patienten reagiert auf die sich ergebende Notwendigkeit konzentrierter Selbsterhaltungsanstrengungen mit einem gefühlsmäßigen Sich-Zurückziehen vor der Handlung in einen Abhängigkeitszustand. Statt der rauhen Wirklichkeit ins Auge zu sehen, ist es ihre erste Regung, sich hilfesuchend umzukehren, wie sie es taten, als sie hilflose Kinder waren. Dieser Rückzug vor der Handlung ist eine Haltung, die für den ruhenden Organismus charakteristisch ist und kann mit dem Ausdruck ›Vegetativer Rückzug‹ belegt werden. Ein verbreitetes Beispiel für dieses Phänomen ist der Mann, der in einer Gefahrensituation Durchfall bekommt, statt in einer angebrachten Weise zu handeln.«

In Anlehnung an das Konzept der Aktualneurosen und in Abgrenzung gegen das konversionsneurotische Konzept ist das Modell von *Alexander* dadurch gekennzeichnet, daß den Symptomen keine Entlastungsfunktion zukommt. Die körperlichen Symptome sind nicht Ausdruck eines verdrängten Konflikts, sondern sie sind normale physiologische Begleiterscheinungen einer Emotion.

Zweifellos kann das Autogene Training (krankheitsspezifische?) psychodynamische Konflikte nicht lösen, wohl aber kann es zunächst einmal eine Regulierung des Sympathikus und Parasympathikus bewirken, gewissermaßen ein »heißlaufendes System« vorübergehend abkoppeln (siehe »Resonanzdämpfung überschießender Affekte«). Es stellt sich hier ja auch die kritische Frage, ab welchem Zeitpunkt ein psychosomatisches Geschehen autonome Tendenzen entwickelt, eine Hinwendung der Aufmerksamkeit auf einen migränösen Kopfschmerz diesen z. B. verstärkt, ein Hypertonus irreversible Folgeschäden an den Gefäßen bewirkt usw. Die Möglichkeit, durch die Regulierung des vegetativen Nervensystems vorübergehend etwas Abstand gewinnen zu können, durch die Entlastung von unmittelbaren vegetativen Störungen Konflikte noch einmal neu bedenken zu können, stellt eine manchmal wesentliche Grundlage für eine Neuorientierung dar. Es sei an dieser Stelle noch einmal an das Gespräch von *J. H. Schultz* mit *S. Freud* erinnert. *Schultz* behauptete eben nicht, mit dem Autogenen Training heilen zu können (also einen psychodynamischen Konflikt lösen zu können), sondern den Boden zu bereiten, auf dem echte Selbstverwirklichung und Entfaltung - ggf. im Rahmen einer tiefenpsychologischen Therapie - oft erst möglich werde. »Die moderne Psychosomatik - auch psychoanalytischer Prägung - ist dabei, die Bedeutung somatischer Funktionsabläufe in ihrem Eigengewicht wieder ernstzunehmen, anzuerkennen und in ihrer Verflechtung mit psychosozialen Einflüssen zu studieren« (*Rad,* 1980). Damit steht die psychosomatische Forschung an der Stelle, die *J. H. Schultz* in seinem Lebenswerk immer wieder betont hat und die im Autogenen Training eine praktisch relevante Anwendungsmöglichkeit gefunden hat.

Modelle des Ich- und Selbst-Defizits

Der Kern dieser Vorstellung ist, daß eine seelische Bearbeitung einer psychischen Erregung nicht genügend zustande kommt; es wird ein Ich-strukturelles Defizit angenommen, also eine mangelhafte bzw. früh gestörte Entwicklung der Ich-Funktionen. Anders ausgedrückt heißt das, daß sich das Ich nicht soweit hat entwickeln können, um entweder bewußt mit Konflikten umzugehen oder zumindest durch Verdrängung, Reaktionsbildung etc. neurotische Symptome als »unteroptimale Scheinlösung« zu produzieren. Aus diesem Grunde werden die psychosomatischen Erkrankungen heute den sogenannten »frühen Störungen« zugerechnet, gemeint sind die frühen Störungen der Ich-Entwicklung.

Damit im Zusammenhang steht die zu beobachtende Tatsache, daß echte Objektbeziehungen auf Gegenseitigkeit oft nicht aufgenommen werden können. Der entsprechend beeinträchtigte Patient verhält sich anklammernd-abhängig oder auch, als Spiegelbild dazu, narzißtisch-vereinnahmend. Andere Menschen werden als Ich-Stütze bzw. Hilfs-Ich gebraucht, was bei der narzißtisch-vereinnahmenden Objektbeziehung oft nicht auf den ersten Blick zu erkennen ist. Der andere wird in seiner Eigenständigkeit und mit seinen eigenen Wünschen und Bedürfnissen nicht genügend wahrgenommen, evtl. sogar als »Selbst-Objekt« phantasiert, als ein Objekt also, über das man verfügen kann wie über einen Teil des Selbst. Entzieht sich ein derartiges Selbst-Objekt mit seinen Hilfs-Ich-Funktionen (z. B. durch Tod, Scheidung) , wird die labile Ich-Organisation gestört, Trieb- und Konfliktspannungen können weniger als sonst ertragen werden,, und es kann zur Symptombildung kommen (z. B. Ausbruch einer Colitis ulcerosa oder einer Herzneurose in einer Trennungssituation).

Die geschilderten Objektbeziehungen lassen auch erkennen, daß ein abgegrenztes, kohärentes Selbst oft nicht besteht, statt dessen die Tendenz vorliegt, andere Objekte als Teile des Selbst zu vereinnahmen. Auch dies kann als Hinweis auf eine psychogenetisch »frühe Störung« angesehen werden, auf die Zeit also, als Mutter und Kind - vom Kind aus gesehen - in ihrem psychischen Erleben noch nicht als getrennt wahrgenommen und erlebt wurden; in dieser Zeit ist das Selbst im wesentlichen noch ein körperlich erlebendes (vgl.*Moser,* 1986; *Pesso,* 1986, S. 168 ff.). Im Unterschied zum Konversionsmodell, zur zweiphasigen Verdrängung bei *Mitscherlich,* zum Modell der spezifischen Konflikte bei *Alexander,* wird hier also ein viel stärker gestörtes, d. h. nicht genügend entwickeltes Ich angenommen. Es ist dann auch nicht von regressiven Prozessen zu sprechen, sondern von einer ausgebliebenen oder zumindest mangelhaften Progression.

Als konkretes Beispiel für entwicklungshemmende Einwirkungen beschreibt *Krause* (1983) ein sechs Monate altes Kind, das an somatisch nicht erklärbarem Husten und Erbrechen litt. Genaue Beobachtung der Mutter-Kind-Interaktionen, der frühen Objektbeziehungen also, zeigte, daß die Mutter »auf jede negative Affektäußerung, gewissermaßen als Routinehandlung getarnt, ihre Brustwarze in den Mund des Kindes steckte, und zwar in einer sehr aggressiven Art, so daß die Luftversorgung nicht immer gewährleistet war. Das Schreien des Kindes intensivierte diese Versuche.« Gegenüber einer derart uneinfühlsam handelnden Mutter kann schließlich die Abspaltung der Affekte die einzige autoplastische Möglichkeit zur Veränderung sein, um der ewigen Qual des Mißverstanden-Werdens und der Frustration zu entrinnen. Eine Abspaltung der Affekte beim Kind führt aber zur inneren Leere, die dadurch kompliziert wird, daß die zunächst diffusen Affektvorläufer sich nicht in fördernden Interaktionen ausdifferenzieren können. Infolge der Gefühllosigkeit gegenüber den eigenen Impulsen und Bedürfnissen, was auch als »Alexithymie« beschrieben wurde, können diese nicht mehr als »Kompaß« dienen, um sich in der Welt zu orientieren (vgl. hierzu auch *Müller- Braunschweig,* 1986, S. 27). Durch die Hinwendung im A. T. auf körperliches Empfinden kann ggf. mit der Zeit eine neue Grundlage sich bilden, indem körperlich- vegetative Reaktionen wahrgenommen und sekundär in situative Zusammenhänge (Reaktion auf...) gestellt werden können.

1.5.3. Therapeutische Ansätze

Die Möglichkeit einer Koordination von analytisch-orientierter Behandlung und den Entspannungsübungen des A.T. in der Therapie psychosomatischer Störungen wurde von *Stephanos, Biebl* und *Plaum* (1976) überzeugend als »relaxation analytique« dargestellt. Das von ihnen entwickelte Konzept soll abschließend im Zusammenhang mit dem Konzept der »zweigleisigen Psychotherapie« nach *Langen* (1973) vorgestellt werden.

Mit Hilfe des Autogenen Trainings können Arzt und Patient sich »dosiert« auf das körperliche Geschehen einstellen. Dies erscheint wichtig, da psychosomatische Symptome oft isoliert sind, der Patient diese in keinen Kontext zu seinem Körper als Ganzem, zu seiner psychischen Befindlichkeit und zu seiner psychosozialen Situation bringen kann. Dieses häufige Phänomen wird von der französischen Schule der Psychosomatik auch als »Alexithymie« (*Sifneos,* 1973) beschrieben, als auffällige Schwierigkeit, ja Unfähigkeit, Gefühle zu benennen und auszudrücken. Das A. T. mit seinem »körperlichen Einstieg« eröffnet dem Patienten erst einmal eine Möglichkeit, sich seines Körpers bewußt zu werden. Gleichzeitig wird auch dem labilen energetischen Gleichgewicht des Patienten Rechnung getragen.

In der schrittweise beginnenden Auseinandersetzung mit dem Therapeuten kommt es oft schnell zu einer Mobilisierung von Spannungen, zu einem Aufflammen psychophysischer Mechanismen, also zu Krankheitssymptomen. Das A.T. kann hier eine Milderung dieser Spannungen bewirken und gibt dem Patienten die Möglichkeit zu einem partiellen Rückzug. So wird auch der Therapeut jedesmal, wenn der Patient in eine schwere Labilisierungsphase gerät, vorübergehend von seiner mehr deutenden Technik Abstand nehmen. Er fordert den Patienten dann auf, sich für eine gewisse Zeit im Laufe der Sitzungen mehr den Entspannungsübungen zu widmen. Auf diese Weise kann der Patient rasch wieder zu einem Sicherheitsgefühl zurückfinden. Das Prinzip dieses Vorgehens ist also darin gegeben, daß über das Autogene Training ein psychophysischer Einstieg in die Therapie, zunächst unter Betonung des somatischen Zugangs, gewählt wird; im weiteren Therapieverlauf verliert das Autogene Training nach und nach an Bedeutung, bleibt aber in schwierigen therapeutischen Situationen eine wichtige Stütze.

Es wurde hier speziell der Einsatz des Autogenen Trainings hervorgehoben, eine umfassendere, auch das analytische Vorgehen berücksichtigende Darstellung findet sich bei *Stephanos, Biebl* und *Plaum* (1976).
Einen ähnlichen Ansatz verfolgt *Langen* (1973) mit seiner *»zweigleisigen Psychotherapie«,* wenngleich auch die von ihm vorgeschlagene »steuernde Analyse« einerseits sowie die spezielle Modifikation der Entspannungsübungen in Richtung der gestuften Aktivhypnose andererseits deutlich mehr auf ein aktives, fokussierendes Vorgehen ausgerichtet sind. Ziel dieses Vorgehens ist es, den Zustand zu erreichen, der vor der Symptommanifestation bestand; eine Strukturänderung ist nicht intendiert.
Weitere Angaben zur Verwendung des A. T. in der analytisch orientierten Psychotherapie sind in den Kapiteln 1.8 und 2.9 zusammengestellt.

1.6 Möglichkeiten des Mißbrauchs

Jede psychohygienisch/psychotherapeutisch wirksame Methode kann auch mißbraucht werden. Ein Mißbrauch des Autogenen Trainings ist dabei durch den Lernenden wie auch durch den Lehrenden möglich.

1.6.1 Mißbrauch des Autogenen Trainings durch Lernende

Wenn einzelne Personen das Autogene Training verwenden wollen, um ihre Leistungsfähigkeit zu steigern, so ist dies zunächst ein zu akzeptierendes Anliegen. Einige jedoch wollen das Autogene Training als eine Art Doping-Mittel, als Aufputschmittel also, verwenden, um über ihre eigentlichen körperlichen und geistigen Grenzen hinauszugelangen. Hier ist von einem Versuch des Mißbrauchs der Methode zu sprechen. Versuch deshalb, weil das Autogene Training eine ganz und gar physiologische Methode ist, die lediglich hilft, unser Leistungsvermögen voll auszuschöpfen, die darüber hinaus jedoch keine zusätzlichen Möglichkeiten eröffnet (wie es eine Droge - vorübergehend und mit allen damit verbundenen Risiken - vermag). Wer z. B. das Autogene Training als Konzentrationshilfe bei Examensvorbereitungen verwendet, was einer typischen Indikation entspricht, wird schließlich, wenn er die Grenzen seiner Leistungsfähigkeit erreicht hat und evtl. dann noch einmal eine A. T.-Übung macht, um weiterarbeiten zu können, statt dessen lediglich einschlafen. Das A. T. als eine physiologische Methode verhilft den körperlichen Bedürfnissen zu ihrem Recht.
Manche Kursteilnehmer versuchen das A. T. zu einem *»autistischen Rückzug«* aus der Realität zu benutzen. *Schultz* (1976) berichtet z. B. von einem 26jährigen Ministerialbeamten, der die Frage stellte, wieweit es möglich sei, mit dem Autogenen Training »lästige sinnliche Anwandlungen abzustellen«. Daß hier eine Klärung in der Gruppe und ggf. weitere Gespräche unter vier Augen angebracht sind, dürfte sich von selbst verstehen. Für die Vermittlung des Autogenen Trainings an schizophrene Patienten (außerhalb akuter Erkrankungsschübe) wird immer wieder die Befürchtung geäußert, daß ein autistisches Verhalten sich ausprägen oder verstärken könne. Während *E. Bleuer* den »Autismus« genannten Rückzug des Patienten als eine Grundstörung der Schizophrenie auffaßte, die nicht aus anderen Störungen ableitbar sei, erwog *Kraepelin* die Möglichkeit, daß es sich um eine Reaktion auf die Erkrankung handeln könne; wir könnten dann von einem »sekundären Autismus« als einem Schutz gegen Reizüberflutung mit der Gefahr der nachfolgenden Dekompensation sprechen. Aus diesen Überlegungen heraus scheint es durchaus möglich zu sein, daß Patienten von einer autistischen Form der Reizabschirmung zu einer

differenzierteren, selbstgesteuerten Reizabschirmung mittels des Autogenen Trainings gelangen (vgl. hierzu *Kraft* und *Schötzau,* 1982). Da bislang jedoch mit dieser Patientengruppe nicht genügend Erfahrungen vorliegen, muß die mögliche Gefährdung einer Forcierung des autistischen Rückzugs aber zumindest diskutiert werden.

Manifeste Störungen sind nicht nur durch das Autogene Training zu befürchten im Sinne von unerwünschten Nebenwirkungen, sondern können unter bestimmten Umständen natürlich auch bewußt provoziert werden. Dies gilt bei vasolabilen Personen mit Neigung zu vasomotorischen Kopfschmerzen und Migräne im Hinblick auf die Wärme- und Stirnkühleübung, allgemein gilt es insbesondere für die Herzübung (vgl. hierzu 2.3, 2.5, 2.7). Ein eindrucksvolles Beispiel schildert *Thomas:* »Ein 23jähriger Student z.B. erinnerte sich während seines Wehrdienstes 1969 in der Bundesrepublik an diese Warnung und stellte absichtlich falsch seinen Herzschlag langsam ein. Vier Wochen später wurde er mit einer ›Bradykardie‹ (Puls unter 40 in der Minute) und einer ›Angina pectoris‹ ins Lazarett eingeliefert. Von dort schrieb er dem Verfasser einen Brief, in dem es u. a. heißt: ›Meinem ärgsten Feind wünsche ich die Angstanfälle nicht, unter denen ich seither leide.‹ Er flog dann zu einer kurzen hypnotischen Behandlung nach Berlin und leistete danach seinen Wehrdienst bis zum Ende.« (1967)

Auch ein halb weltanschaulicher Mißbrauch des Verfahrens bzw. auch die Verwendung als eine Art »Religionsersatz« ist bekannt. Hier ist immer wieder darauf hinzuweisen, daß das AutogeneTraining lediglich die Beschreibung eines Weges, nicht aber die Definition eines Zieles ist. *Was* wir mit der Resonanzdämpfung der Affekte, der Erholung, der Entspannung anfangen, ist und bleibt unserer eigenen Entscheidung überlassen.

1.6.2 Mißbrauch des Autogenen Trainings durch Lehrende

Eigentlich sollte es eine Selbstverständlichkeit sein, daß nur derjenige eine Methode verwendet, der sie auch beherrscht. Dazu gehört auch, daß der Kursleiter das Autogene Training selbst vollständig beherrscht und zumindest über ca. ein Jahr ausübt.

Für die offene, analytisch orientierte Form der Vermittlung ist es selbstverständlich Voraussetzung, daß der Therapeut eine entsprechende psychotherapeutische Weiterbildung durchlaufen und mit Übertragungs- und Gegenübertragungsphänomenen umzugehen gelernt hat.

Die scheinbar so einfache, didaktisch straff gegliederte Grundstufe des Autogenen Trainings verführt möglicherweise manche Kursleiter dazu, die immer wieder auftretenden Schwierigkeiten dabei zu unterschätzen. Jedenfalls halte ich es für einen methodisch-didaktischen Kunstfehler, wenn ein Kursleiter seine Kursteilnehmer mit ihren Fragen während des Kurses immer wieder auf die nächste Stunde vertröstet, da er erst nachlesen müsse (erlebt bei einem Volkshochschulkurs). Eine eingehende Kenntnis mit einem entsprechenden Literaturstudium haben jeder praktischen Anwendung selbstverständlich vorauszugehen. So sprach z. B. ein anderer Kursleiter die Formeln stets vor; daraufhin angesprochen stellte sich heraus, daß er es nicht in durchaus möglicher Abwägung des Für und Wider des Vorsprechens getan hatte, sondern, weil er überhaupt nicht wußte, daß das Autogene Training auch in der Übungsgruppe in vollkommenem Stillschweigen geübt werden solle: »... vielleicht ist es nicht überflüssig, hier mit größtem Nachdruck zu betonen, daß nur eine Behandlung, bei der die Patienten systematisch angeleitet werden, die sechs Übungen völlig exakt zu übernehmen und in *völligem Stillschweigen, besonders auch von seiten des Arztes,* anzuwenden, den Namen Autogenes Training beanspruchen darf. Sobald der Arzt, geschieht dieses auch aus bester Absicht, die Arbeit des Patienten mit guten Reden begleitet, handelt es sich nicht mehr um Autogenes Training, sondern um eine suggestiv herbeigeführte hypnotische Umschaltung. Selbstverständlich ist dagegen, was die praktische Anwendung betrifft, nichts einzuwenden, nur muß sich der Arzt darüber klar sein, daß er dann den Bereich des Autogenen Trainings verläßt und seine Behandlung mit fremdhypnotischen Einwirkungen durchsetzt. Man sollte bei solchen Verfahren aber nicht von einer Modifikation des Autogenen Trainings sprechen, sondern unumwunden zugeben, daß hier eine Mischung autogener und fremdhypnotischer Behandlung stattfindet. Nur die systematische, selbständige, im Stillschweigen durchgeführte Übung erreicht autohypnotische Umschaltung und darf als Autogenes Training gelten« (*Schultz,* 1966).

Während bei einem gelegentlichen Vorsprechen vielleicht noch von einer »Akzentverschiebung« vom Autogenen Training zur Hypnose gesprochen werden darf, die in dem einen oder anderen Falle durchaus auch einmal hilfreich sein kann - z. B. bei Patienten mit hirnorganischen Anfallsleiden - (vgl. *Binder,* 1979), wird der Boden des Autogenen Trainings vollends verlassen, wenn Kursteilnehmer oder einzelne Patienten in einer Praxis mit Hilfe von Schallplatten oder Kassetten »berieselt« werden. Für die Autogene Imagination (Oberstufe des Autogenen Trainings, siehe dazu das 4. Kapitel) gilt schließlich, daß ihre Anwendung an eine Ausbildung des Lehrenden als Psychotherapeut oder Psychoanalytiker gebunden sein sollte. Der Umgang mit den auftauchenden Erlebnissen und Bildern bedarf eines Wissens und eines Verständnisses um tiefenpsychologische Zusammenhänge, anderenfalls kann nicht von einem verantwortungsvollen Umgang mit den Patienten und dieser Methode gesprochen werden.

1.7 Methodisch-didaktische Aspekte in der strukturierend-stützenden Vermittlung des Autogenen Trainings

Das Autogene Training als ein »Übungsverfahren in sachlicher Arbeitsgemeinschaft« (*Schultz,* 1976) und »standardisierter Lernprozeß« (*Rosa,* 1973) ist didaktisch straff gegliedert. Während gruppendynamische/-therapeutische Gesichtspunkte gelegentlich diskutiert wurden (z. B. *Binder,* 1964), fanden methodisch-didaktische Aspekte und Schwierigkeiten lange Zeit keine Beachtung (siehe hierzu *Kraft* und *Kraft,* 1977).

Eine Brücke zwischen den zunehmend als eng aufeinander bezogen erkannten Bereichen Medizin, Psychotherapie und Pädagogik stellt die »Themenzentrierte Interaktion« (TZI) nach *Ruth Cohn* (1975) dar. Teile daraus hat bereits *Krapf* (1973) für die Vermittlung des Autogenen Trainings in Gruppen übernommen. Die speziellen Eigenarten des Autogenen Trainings ermöglichen jedoch weitere Differenzierungen methodisch-didaktischer Art. Sie sollen in Hinblick auf die Vermittlung des Autogenen Trainings deshalb hier in den Mittelpunkt unserer Betrachtung gerückt werden. Ich gehe dabei von der Hypothese aus, daß eine optimale Vermittlung des Autogenen Trainings nur ein Minimum an Problemen für Kursleiter und Kursteilnehmer entstehen läßt und eine zunehmend ungünstige Vermittlungsform eine stetig wachsende Zahl von Problemen und den Kurs nicht beendender Kursteilnehmer bedingt. Es sollen hier also nicht so sehr neurotische Störungen und Widerstände einzelner Kursteilnehmer beachtet werden, sondern statt dessen diskutiert werden, wie bei einem zu einer Kursteilnahme Motivierten diese Motivation aufrechterhalten bzw. gestärkt werden kann, welche Kursform dies unterstützt, welche Lernhilfen für ein schnelles und optima-

les Lernen gegeben und wie die Lern- und Übungserfolge in geeigneter Form überprüft werden können.
Konflikte und Widerstandsphänomene im A. T. werden im folgenden Kapitel »psychoanalytische Aspekte der offenen, analytisch orientierten Vermittlung des A. T.« (1.8) im einzelnen dargestellt werden.

1.7.1 Motivation

A. von Schirndings Plädoyer für motivationsstützende Maßnahmen bei Psychotherapie-Patienten sowie die Absage an die »positive Funktion der Hindernisse« (1975) trifft im wesentlichen auch für die Bedingungen von A. T.-Kursen zu. Bei den sich freiwillig zur Kursteilnahme entschließenden Erwachsenen kann zunächst ein Motiviertsein vorausgesetzt werden. Dieses besteht im wesentlichen aus einer Mischung von mehr oder weniger großem Leidensdruck und Neugier. 20 Prozent der Kursteilnehmer kommen lediglich aus Neugier. Selbst dieser Ansatz kann durchaus positiv verwendet werden. Neugier als eine der wesentlichen Triebfedern menschlichen Verhaltens sollte auch in A. T.-Kursen immer wieder geweckt werden. Dazu eignen sich kurze Hinweise auf den Inhalt und die Möglichkeit der nächsten Übung, auf die formelhaften Vorsatzbildungen, auf die Autogene Imagination (Oberstufe des Autogenen Trainings) usw.
Die Ausgangsfragen des Kursleiters lauten also: »Wie und wo leben die Kursteilnehmer? Welche besonderen Schwierigkeiten und Probleme haben sie? Welche Erwartungen haben sie?«
Die Aufrechterhaltung und Entwicklung der Motivation ist eine der wesentlichen Aufgaben des Kursleiters. Von meist ausschlaggebender Bedeutung hierfür ist die Einführung in das Autogene Training, also die erste Kursstunde (siehe dazu *Binder,* 1964; *Langen,* 1965). So sinnvoll und notwendig es ist, die Grundlagen des A. T. in kurzer, knapper Form zu vermitteln, sollte aus dieser Einführung kein starrer Vortrag gemacht werden. Die Kursteilnehmer müssen sich von Anfang an persönlich angesprochen fühlen. Der Anreiz der Aufgabe, die einzelnen Übungen des Autogenen Trainings zu erlernen, liegt im wesentlichen darin begründet, daß der Kursteilnehmer erkennt, daß er mit dem Autogenen Training entscheidend seine eigene Sache vertritt. Durch geeignete Wahl von Beispielen, die nicht standardisiert, sondern dem Lebens- und Erfahrungsraum der jeweiligen Kursteilnehmer angepaßt sein müssen, sollen sie sich angesprochen fühlen. Verbales und insbesonders nonverbales Feedback ist dabei für den Kursleiter schon im Verlauf der Einführung ins Autogene Training sehr wichtig. *Eberlein* (1973) hat dies einmal treffend als *»Situationsbälle«* bezeichnet, die je nach Art und Zusammensetzung des Kurses sowie der jeweiligen Reaktion den Teilnehmern zugeworfen werden in Form von praktischen Beispielen, als ihre, der Kursteilnehmer tägliche Schwierigkeiten, z. B.: »Wir alle stehen unter den verschiedensten Belastungen. Da kann in dem einen oder anderen Fall auch einmal die Schwelle des Erträglichen überschritten werden. Das äußert sich dann häufig in Kopfschmerzen, Schlafstörungen, allgemeiner Nervosität...« Da die weit überwiegende Zahl der Kursteilnehmer aufgrund immer der gleichen funktionellen Störungen sich zur Teilnahme an einem Kurs für Autogenes Training entscheidet, erscheint es nicht unbedingt erforderlich, jeden einzelnen nach seinen Gründen zu befragen. Die Kursteilnehmer fühlen sich meist durchaus auch angesprochen, wenn ihre Probleme und Beschwerden durch den Kursleiter genannt werden.
Den Kursteilnehmern das Autogene Training vorzustellen als ihr eigener und spezieller Weg zu ihrer Streßreduzierung und Behebung ihrer Symptome, nicht nur als eine Methode, die dieses oder jenes zu leisten vermag, dies ist die zentrale Auf-

gabe der Einführung in das Autogene Training.
Im weiteren Verlauf des Kurses steht die *Aufrechterhaltung der Motivation* im Mittelpunkt. Während diejenigen, die die Übungen realisieren, kaum weiterer Unterstützung bedürfen, da sie durch die bereits erreichten Erfolge gut motiviert sind, bedürfen die »Erfolglosen« besonderer Aufmerksamkeit. Sollten sich nicht einmal Teilerfolge eruieren lassen, muß die »Hoffnung auf Erfolg« (*Heckhausen,* 1972) aufrechterhalten werden. Hierzu eignen sich entsprechende Beispiele von Spätrealisationen. Sollte es nach guten Anfangserfolgen zu einem gewissen Lernstillstand kommen, sind häufig schon die Erklärung der bei Lernprozessen häufig auftretenden *»Plateaubildung«* bzw. der *»Bajonettkurve des Lernens«* eine ausreichende Vorbeugung gegen die mögliche Resignation. Unter »Plateaubildung« verstehen wir, daß es nach anfänglich gut fortschreitenden Lernerfolgen trotz weiteren Bemühens zu keinen weiteren Lernerfolgen kommt, diese sich erst nach einer mehr oder weniger längeren Zeit erneut einstellen. Unter der »Bajonettkurve des Lernens« verstehen wir, daß es zwischenzeitlich während des Lernens sogar zu einer Verschlechterung des Lernergebnisses kommen kann, eine Übung, die bereits realisiert werden konnte, z.B. für einige Tage nicht mehr realisierbar ist. Derartige Phänomene finden sich in abgeschwächter Form bei fast allen Kursteilnehmern, in ausgeprägter Form bei denjenigen, die stark leistungsorientiert sind (vgl. 1.4.2). Wenn die Schwierigkeiten, die zum Teil im Lernprozeß selbst begründet liegen, überwunden sind, kommt es häufig zu einer schnellen Entwicklung der Lernerfolge (sogenannter *»Evidenzknick der Lernkurve«*).
Resignation kann aber auch durch die »Spitzenleistung« einzelner bei den weniger erfolgreichen Kursteilnehmern entstehen. Jede Art von Wettbewerb sollte deshalb in A.T.-Kursen vermieden werden. Gute Leistungen dienen ebenso wie Beispiele aus früheren Kursen und entsprechender Literatur lediglich als »Demonstration des Erreichbaren«. Wünschenswert ist es hingegen, wenn die Berichte der einzelnen Kursteilnehmer über positive Erlebnisse in gewisser Weise »ansteckend« und auf Skeptiker überzeugend wirken.
Eine gelungene Motivierung zeigt sich nicht erst in der regelmäßigen Teilnahme am Autogenen Training. Einen aufschlußreichen Hinweis ergibt auch schon die Frage nach der gekauften Literatur sowie, evtl. daran anschließend, die Frage, welches der empfohlenen Bücher der Kursteilnehmer denn nun gekauft habe. Kursteilnehmer mit nur geringer Motivation kaufen meist kein Buch oder wissen von einem möglicherweise doch gekauften weder Verfasser noch Titel, da sie es nicht gelesen haben. Diesen Kursteilnehmern sollte sich der Kursleiter vermehrt zuwenden, insbesondere, wenn weitere Anzeichen einer unzureichenden Motivierung wie unregelmäßiges Üben, verspätetes Erscheinen zu den Kursen usw. vorhanden sind. Hier sind dann meist über den methodisch didaktischen Aspekt hinausgehende Fragen zu erörtern.

1.7.2 Sozialform des Kursunterrichts

Eine Sitzanordnung im Kreis ist bei A.T.-Kursen allgemein üblich. Sie ermöglicht in besonderem Maße Diskussionsgespräche, und zwar nicht nur zwischen Kursleiter und einzelnem Kursteilnehmer, sondern gerade auch der Kursteilnehmer untereinander. Dies entspricht einem gruppenzentrierten »demokratischen Führungsstil« im Gegensatz zu einem leiterzentrierten »autokratischen Führungsstil« (*Brocher,* 1967).
Die »latenten Dominanzbedürfnisse« (*Moeller,* 1975) des Arztes müssen beim Gruppenunterricht im Autogenen Trai-

ning zurückstehen. Sie würden zu einer infantilen Abhängigkeit der Kursteilnehmer führen, aus der diese sich schon nach kurzer Zeit zu befreien versuchen würden. Zu diesen Befreiungsversuchen gehören zunehmende Unaufmerksamkeit, Gespräche mit den Nachbarn, Gähnen, »vorwitzige« Bemerkungen usw. Führungsstil und daraus resultierendes Verhalten der Kursteilnehmer können nicht isoliert betrachtet werden. Eine mangelhafte Verarbeitung des Aufgabenprogramms und Verringerung der Lernfähigkeit stellen für den Kursleiter Warnzeichen bezüglich seines Unterrichtsstiles dar.

Die Sitzordnung ist zwar für den demokratischen, gruppenzentrierten Unterrichtsstil sehr förderlich, bedingt ihn natürlich aber nicht per se. Es ist eine häufige Feststellung, daß in Kursen jeweils nur Gespräche zwischen Kursleiter und einem Kursteilnehmer stattfinden, oft kommt es nicht oder nur für kurze Zeit zu einem Gruppengespräch. Gerade aber bei den Gruppengesprächen, ausgelöst z.B. durch die Selbstberichte einzelner Teilnehmer (ohne daß der Kursleiter direkt mit einer Antwort pariert!), kann ein positives Gruppenmilieu geschaffen und einzelne können aus ihrer Isolation gelöst werden. Sehr erstaunt sind die Kursteilnehmer auch, wenn sie durch diese Berichte untereinander erkennen, wie verschieden sie einzelne Aussagen aufgefaßt haben, wie verschieden sie auch das an sich doch so standardisierte Autogene Training handhaben. So ist es z.B. aufschlußreich für alle zu erfahren, in welchem Zeitraum wieviel Formeln »aufgesagt« werden. Wird dies nebenbei einmal gefragt, so stellen manche Kursteilnehmer betroffen fest, daß sie die Formeln in einem enormen Tempo (gedanklich) heruntergeleiert haben, so daß es schließlich nicht verwundert, daß der erwartete Erfolg ausblieb. In dieser Gruppe von Kursteilnehmern finden sich oft auch Personen, die das Autogene Training am liebsten wie ein Medikament einnehmen möchten (vgl. 1.4.2, »Anspruchshaltung«). Andere wiederum stehen deutlich unter einem Leistungsdruck, wiederum andere haben einfach den Charakter des Autogenen Trainings mißverstanden. In jedem Falle sollte versucht werden, im Gruppengespräch den richtigen (individuellen) Weg zu finden. Meiner Erfahrung nach ist es nur relativ selten zwingend notwendig, außerhalb der Gruppe Einzelgespräche zu führen. Bei taktvoller Leitung der Gruppe können die meisten Probleme (sofern sie nicht ganz ausschließlich einer sehr persönlichen, zum Teil intimen Problematik entstammen) besprochen werden. Dabei geraten immer wieder neue Kursteilnehmer in die Rolle »auxiliärer Therapeuten« (siehe *Battegay,* 1972; *Binder,* 1971). Es wäre eine narzißtische Selbsttäuschung, wenn der Kursleiter sich selbst als den alleinigen oder auch nur entscheidenden therapeutischen Faktor ansähe. Hingewiesen sei an dieser Stelle auch auf die Untersuchung von *Ernst* (1964), in der sich der Mitpatient als der wichtigste therapeutische Faktor darstellte.

Auch auf die Gesamtheit der Gruppe bezogen, erweist sich letztlich ein Erarbeiten des Themas oder eines Lösungsweges einer Problematik als wirkungsvoller, als es ein Vortrag oder eine Mitteilung »ex cathedra« sein kann. Ein überzeugendes Beispiel, das diesen Sachverhalt illustriert, berichtet *Hoffmann* (1977): »Zwei sich entsprechende Gruppen von Hausfrauen wurden in zwei verschiedene Situationen gebracht. Die erste Gruppe diskutierte über den Wert eines bestimmten Fruchtsaftes für Kinder und gelangte zu dem Schluß, daß er als Kindernahrung zu empfehlen sei. Die zweite Gruppe hörte einen Vortrag mit überzeugenden Argumenten für den Wert desselben Saftes. In den vier Wochen, die dem Experiment folgten, benutzten 32 Prozent der Frauen der ersten Gruppe im Vergleich zu 3 Prozent der Frauen der zweiten Gruppe diesen Saft.«

Natürlich trägt der Kursleiter die Verantwortung für den Ablauf der Kursstunden, die Vermittlung des Lernstoffes. Er hat auch Sorge zu tragen für den Verlauf des Gruppenprozesses, damit z. B. etwas unsichere Kursteilnehmer nicht durch das Dominanzstreben anderer gehindert werden an der Entfaltung ihres Selbsthilfepotentials. Der Kursleiter sollte deshalb schon zu Beginn und mehrfach während der Gruppenarbeit die Kursteilnehmer auf die beiden Postulate der themenzentrierten Interaktion (TZI) nach *Ruth Cohn* (1975) hinweisen:

1. *Sei Dein eigener Chairman,* d.h., sei Dir Deiner inneren Gegebenheiten und Deiner Umwelt bewußt, äußere Deine Gedanken und Gefühle, entscheide selbst, wann Du reden und wann Du schweigen willst.

Ohne das Autogene Training zu erwähnen oder auch nur darauf abzuzielen, ist die folgende Aufforderung *Ruth Cohns* doch direkt auf die Belange des Autogenen Trainings zugeschnitten: »Sei Dein eigener Therapeut; vertraue Dich Dir an und warte auf Deine verstehende und aktivierende Antwort. Diese mag die Wünschbarkeit für Hilfe mit einbeziehen. Suche sie auf, laß sie ein und wähle, was Dir entspricht...

2. *Störungen haben Vorrang.* Wer sich gestört fühlt durch eine unbequeme Sitzposition, Geräusche, unverständliche Ausführungen des Kursleiters, aber auch durch die eigenen immer wieder abschweifenden Gedanken, der sollte diese Mißempfindungen nicht unterdrücken, sondern mitteilen.

Neben diesen ich-bezogenen und ichstützenden Aufforderungen besteht die Aufgabe des Kursleiters wesentlich darin, ein dynamisches Gleichgewicht herzustellen zwischen den drei Faktoren jeder Gruppeninteraktion, die man sich bildlich als Eckpunkte eines Dreiecks vorstellen kann: Das *Ich* (die Persönlichkeit des einzelnen Kursteilnehmers), das *Wir* (die Gruppe) und das *Es* (das Thema). Aus der Beachtung dieses einfachen Schemas ergeben sich einige praktische Konsequenzen für die Durchführung von A. T.-Kursen:

1. Autogenes Training ist nicht nur als ein »standardisierter Lernprozeß« zu betrachten, sondern gruppendynamische Faktoren sowie die Persönlichkeit des einzelnen Kursteilnehmers mit all seinen Wünschen, Ängsten und Hoffnungen erhalten zunehmend mehr Bedeutung. Methodisch wichtig ist, die Gespräche nach Möglichkeit nur zeitlich befristet um das A. T. kreisen zu lassen, damit der Schwerpunkt der analytisch-orientierten Gesprächsführung frei schwebend gehalten werden kann und nicht von vornherein in eine Richtung gelenkt wird.
2. Längere Monologe (über sechs bis acht Minuten) des Kursleiters oder gar eines Gruppenmitgliedes bedingen ein Ungleichgewicht der drei Faktoren Ich, Wir, Es. Die Aufmerksamkeit der Kursteilnehmer sinkt rapide. Dies ist besonders zu beachten bei dem schon besprochenen Einführungsvortrag und bei den jeweils notwendigen Erklärungen und Erläuterungen der nächsten Übung.
   Sollte ein Kursteilnehmer zu lange Erfahrungsberichte vortragen, das Ich also ein Übergewicht erhalten, so sollte der Kursleiter die Gruppe (Wir) wieder einbeziehen durch eine Zwischenfrage, z. B.: »Herr/Frau ... hat es so erlebt; wie ist es bei den anderen gewesen?«
3. Da es als normalpsychologisch zu betrachten ist, daß einige Kursteilnehmer sich in Gruppen nicht zu äußern getrauen (*Richter,* 1976), ergibt sich daraus für den Kursleiter, diese Kursteilnehmer immer wieder zu ermuntern und anzusprechen. Nur wer

genügend von seinem eigenen Erleben in die Gruppe einbringt, kann für den Lernprozeß wie auch für das Gruppengeschehen die notwendige Aufmerksamkeit aufbringen. Sicherlich ist es in diesem Zusammenhang günstig, die Kursteilnehmer mit Namen ansprechen zu können: »Remember that a man's name is to him the sweetest and most important sound in the English language« (*Carnegie,* 1936). Auch wenn ein einzelner Kursteilnehmer einmal sich deutlich zurückzieht aus dem Gruppengeschehen, erweist sich häufig ein Einwurf oder Hinweis des Kursleiters als hilfreich z.B.: »Wie Herr/Frau...schon in der letzten Stunde uns mitteilte...«; um den abgeschweiften Kursteilnehmer wieder am Gruppen- und Lernprozeß zu beteiligen, was er anscheinend trotz Chairman und Störungsregeln aus eigener Kraft nicht schafft, kommt es nicht so sehr auf das an, was der Kursleiter von ihm zitiert oder erwähnt, sondern darauf, daß er es überhaupt tut.

Das frühzeitige Sich-Zurücknehmen des Kursleiters und die Beachtung einiger Grundregeln aus der themenzentrierten Interaktion ermöglichen eine baldige Verselbständigung der Kursteilnehmer im Autogenen Training. Eine Selbständigkeit, die *Rosa* (1973) mit der einfachen Frage der Kursteilnehmer an sich selbst charakterisiert: *»Ein neues Problem, eine Störung – was mache ich jetzt autogen?«*

1.7.3 Überlegungen zur Methodik

Die zentralen Lernziele des Autogenen Trainings sind Ruhe und Entspannung. Sie müssen ebenso wie die einzelnen Lernziele jedes einzelnen Abschnittes klar formuliert werden: »Wer nicht genau weiß, wohin er will, braucht sich nicht zu wundern, wenn er ganz woanders ankommt« (*Mager,* 1965).

Störungen in der Aneignung neuen Lernstoffes durch zuvor Gelerntes sind häufig. Dies gilt in zweierlei Hinsicht. Zum einen sollte jeder Kursleiter eine spezielle Anamnese für das Autogene Training erheben. Viele Kursteilnehmer hatten bereits einmal Kontakt mit dem Autogenen Training, und es ist von grundlegender Wichtigkeit zu wissen, wie dieser ausgesehen hat, und wie er ausging. Nicht selten wurde ein Kurs aufgrund unerwünschter Nebenwirkungen abgebrochen. Andere Kursteilnehmer wiederum verwendeten vollkommen falsche Formeln, wiederum andere geben an, Autogenes Training gelernt zu haben, obwohl sie lediglich entsprechend besprochene Schallplatten gehört hatten.

Andererseits sind Erfahrungen mit anderen Entspannungstechniken zu beachten, insbesondere, wenn deren Technik der des Autogenen Trainings zuwiderläuft. Dies gilt relativ häufig für Yoga, und zwar speziell für die Atemübung (vgl. 2.4).

Jeder Lernstoff muß wiederholt werden. Ein pädagogischer Grundsatz, gegen den dabei immer wieder verstoßen wird, besagt, daß jede Repetition zu einer neuen Lernsituation gestaltet werden soll (vgl. *Katz,* 1972; *Vester,* 1975). Eine kopierende oder nur gering modifizierte Wiederholung hat nur geringen Nutzen. Zumindest sollte bei einer Wiederholung ein anderes Beispiel verwendet werden, um so neue Assoziationen zu wecken. Je mehr Assoziationen geweckt werden, desto größer ist die Wahrscheinlichkeit, daß ein Lernerfolg eintritt. Die Beispiele sollten dem Lebens- und Erfahrungsraum der Kursteilnehmer entstammen, wobei gleichzeitig auf einige ausgefallene (z.B. *Lindemann* 1972, 1975) und insbesondere amüsante Beispiele nicht verzichtet werden sollte. Daß Beispiele nicht ausschließlich durch den Kursleiter referiert werden müssen, sondern auch die Kursteilnehmer Beispiele beisteuern sollten, versteht sich aus dem bisher Gesagten von selbst.

Spezielle Aufgabe des Kursleiters ist ein adäquater Medieneinsatz. Während die eine Gruppe von Kursteilnehmern am besten durch verbale, theoretische Ausführungen lernt, lernen mehr visuell ausgerichtete Kursteilnehmer am ehesten durch Beobachtung. Wenn eine Wandtafel vorhanden ist, sollte sie zum Anschreiben der Formeln, zur anschaulichen Schilderung der Lage des Sonnengeflechts usw. verwendet werden. Im gleichen Sinne können, falls vorhanden und technisch möglich, Schautafeln, Diapositive oder sogar auch ein Film eingesetzt werden (z. B. Video-Film von *Binder).* Ein Medieneinsatz erscheint auch angezeigt, um die meßbaren körperlichen Auswirkungen des Autogenen Trainings (zusammengestellt von *Luthe,* 1965; *Polzien,* 1974) zu demonstrieren. Für theoretisch interessierte Kursteilnehmer und insbesondere Skeptiker ist dies eindrucksvoller als eine rein verbale Information. Auf diesem Sektor werden die entsprechenden Möglichkeiten noch längst nicht genutzt. Wieder andere Kursteilnehmer lernen am besten durch Erklärungen in allgemeinverständlicher Umgangssprache sowie durch das (evtl. gemeinsame) Auffinden eindrucksvoller Beispiele.

Der Einsatz von Schallplatten, Kassettenrecorder usw. wird meist wegen des fremdsuggestiven Effekts abgelehnt bzw. nur unter besonderen Voraussetzungen im Einzelfall empfohlen (siehe dazu *Binder,* 1971; *Krapf, 1976; Schultz,* 1976).

Auch das Lernen durch die eigene Erfahrung und Anwendung des theoretisch Vermittelten sollte in den Kursen nicht vernachlässigt werden. Schon beim Droschkenkutschersitz (siehe hierzu 2.1.3) zeigt sich, daß einige ihn trotz aller Erklärungen, Abbildungen und Vorführung durch den Kursleiter so lange nicht nachvollziehen können, bis sie ihn nicht selbst versucht haben und durch den Kursleiter entsprechend korrigiert worden sind. Dementsprechend muß dem gemeinsamen Üben genügend Zeit zugemessen werden. Ebenso muß genügend Zeit eingeplant werden, um die Ergebnisse der gemeinsamen Übung zu besprechen, da gerade hier häufig gute Übungserfolge auftreten und es ein großer Nachteil wäre, wenn diese positiven Ansätze nicht entsprechend verstärkt würden.

Der Kursleiter muß in seinen Ausführungen immer wieder versuchen, die verschiedenen beschriebenen »Eingangskanäle« für den Vermittlungs- und Lernprozeß umfassend und variierend zu nutzen. Ein Nicht-Verstehen oder Nicht-Behalten beruht sicherlich häufig auf nur kopierender Repetition bei zusätzlich geringem oder gar völlig fehlendem Medieneinsatz (und nicht etwa nur auf der Unfähigkeit der Kursteilnehmer!).

1.7.4 Feedback und Übungserfolg

Je eher den Kursteilnehmern die Charakteristika des Autogenen Trainings durch Mitteilung, Lektüre, Beispiel und Wiederholung einsichtig sind, desto schneller wird das »Selbsthilfepotential« (*Moeller,* 1975) gefördert und auch nutzbar. Im stetigen Austausch zwischen Kursleiter und Kursteilnehmern sowie insbesondere auch der Kursteilnehmer untereinander sollen Lösungsmöglichkeiten aufgetretener Probleme erarbeitet und nicht dirigistisch zugewiesen werden.

Einen Höhepunkt in der gemeinsamen Erarbeitung von Lösungsmöglichkeiten kann das Bemühen um die Erarbeitung der formelhaften Vorsatzbildungen darstellen (siehe hierzu Kap. 3). *Kruse* (1984) berichtet, daß Kinder dies manchmal direkt als »Erfinden eigener Übungen« bezeichnen. Darin kommt sehr schön der Stolz angesichts eigener kreativer Leistungen zum Ausdruck.

Geäußerte falsche bzw. ungünstige Vorschläge und Vorstellungen sollten keinesfalls als gänzlich falsch eingeordnet und der Kursteilnehmer dadurch entmutigt werden, sondern als Ansatz für adäquate Lösungen verwendet werden. Für den Kursleiter ergeben sich gerade auch in den Diskussionen der Problemlösungsversuche wesentliche Informationen darüber, ob das bisher Gesagte und die gesamte Eigenart des Autogenen Trainings verstanden worden sind oder nicht. Er übt auf diese Weise eine unauffällige Kontrolle aus: Einerseits ist ein Feedback dringend erforderlich, andererseits sollte es sowenig wie möglich schulmäßig im althergebrachten Sinne sein. Über direkte Kontrollen im A. T. wie Armhebeversuch und Analgesieversuch bestehen unterschiedliche Ansichten. »Solche Kontrollen scheinen mir eher der Eigenkontrolle oder auch der Selbstbestätigung des Gruppenleiters zu dienen .« (*Krapf,* 1973). Sicherlich lassen sich gleichwertige Informationen über den Übungsstand der Kursteilnehmer aus ihren Berichten sowie während des gemeinsamen Übens aus der Beobachtung der Körperhaltung, der Stirn (Falten?), des Mundes (leicht geöffnet?), der Schultern (noch hochgezogen?) und auch aus der Art des Zurücknehmens gewinnen. Die Berichte der Kursteilnehmer in »Man«-Form sind ebenfalls aufschlußreich für den Kursleiter als Ausdruck einer noch distanzierten Haltung gegenüber dem Autogenen Training. Die Frage nach dem Zeitempfinden während der Übungen (die Übungszeit erscheint zunehmend kürzer als die reale Zeit) wird kaum als schulmäßige Kontrolle empfunden werden können. Sollte bei aufgetretenen Schwierigkeiten einmal direkt nach der verwendeten Formel gefragt werden müssen, so erweist es sich nachträglich als günstig, wenn den Kursteilnehmern zwei oder noch mehr gleichwertige Formeln angeboten worden sind, wie z. B.: »Mein (rechter) Arm ist (ganz/angenehm) schwer« (vgl. hierzu 2.2.2). Die Frage nach der verwendeten Formel stellt dadurch kein Abfragen dar, sondern eine Bitte um Information darüber, welche der angebotenen Formeln der Kursteilnehmer ausgewählt habe. Dies gilt um so mehr, wenn immer wieder darauf hingewiesen wird, daß selbst geringfügige Abweichungen der Formeln im Autogenen Training große Wirkungen bzw. Nebenwirkungen haben können.

Eher einem schulmäßigen Abfragen als einer unauffälligen Kontrolle ähnelt die Bitte des Kursleiters an einen Kursteilnehmer vor dem gemeinsamen Üben, seinen Übungsstand mit dazugehörigen Formeln noch einmal zusammenfassend kurz zu referieren. Stellt der Kursleiter dies aber so dar, daß nicht immer er die vielleicht doch notwendige Wiederholung machen wolle, sondern besser von einem Kursteilnehmer eine individuelle Darstellung erfolgen könne, so verwandelt der Kursleiter über diese »Vertrauensvorgabe« den Charakter des Abfragens ganz erheblich. Ein solches verstecktes Abfragen erscheint gerade ab der 3./4. Übungsstunde recht zweckmäßig. Nicht selten finden sich erhebliche Formelabänderungen, an die sich sofort wieder Gruppendiskussionen anknüpfen lassen. Es darf aber nicht übersehen werden, daß nicht nur die Kursteilnehmer Informationen falsch auffassen können, sondern daß Informationen auch in undeutlicher oder unverständlicher Art und Weise gegeben werden können. Die Gefahr, den Patienten durch Begriffe der eigenen Sekundärsprache zu überfordern, ist größer als man denkt. Neben der entsprechenden Wortwahl ist auch auf eine deutliche Aussprache zu achten. Was in der Sprechstunde dem Patienten vis-à-vis gerade noch verständlich ist, kann für eine Gruppe zu leise, zu undeutlich usw. sein. Beides erscheint vollkommen selbstverständlich, jedoch sind die Selbstkontrollmöglichkeiten jedes Menschen diesbezüglich sehr begrenzt. Es erscheint deshalb angebracht, sich von Zeit zu Zeit durch einen Außenstehenden auf derartige sprachliche Dinge aufmerksam machen zu lassen. Die Beachtung methodischer Aspekte bei der Vermittlung des Autogenen Trainings soll der Resignation und dem Abbruch des Trainings vorbeugen. Gerade bei einem didaktisch so klar gegliederten und durchdachten Verfahren wie dem Autogenen Training können methodische und pädagogische Fragestellungen leicht als nebensächlich verkannt werden. Es wäre aber einseitig, nur bei den Kursteilnehmern nach Fehlern und Widerständen zu suchen, die eigene Vermittlungspraxis jedoch nicht immer wieder in Frage zu stellen und stetig zu verbessern. Von Ausnahmen abgesehen, kann die Anzahl der einen Kurs vorzeitig abbrechenden Kursteilnehmer als Maßstab für die eigene Vermittlungspraxisfähigkeit gelten. Bei einem Kurs, für den die Kursteilnehmer nicht eigens ausgewählt wurden (z. B. Volkshochschulkurs), sollte die Zahl der vorzeitig den Kurs beendenden Kursteilnehmer die 50-Prozent-Marke keinesfalls überschreiten; sollten nur 20 bis 30 Prozent den Kurs vorzeitig beenden, so darf von einem recht guten Vermittlungsstil ausgegangen werden. Je sorgfältiger die Kursteilnehmer für einen Kurs ausgesucht werden, desto höher ist die zu erwartende Erfolgsquote anzusetzen.

1.8 Psychodynamische Aspekte der offenen, analytisch orientierten Vermittlung des Autogenen Trainings

Obwohl von der Seite des A. T. die Beziehungen und Kombinationsmöglichkeiten mit analytischer und analytisch orientierter Psychotherapie bereits seit den vierziger Jahren mehrfach diskutiert worden sind (*Kühnel,* 1949; *Pankow,* 1959; *Wallnöfer,* 1973; *Sapir* 1975; *Stephanos* u. a., 1976; *Durand de Bousingen,* 1978) haben diese Diskussionen für die Grundstufe des A. T. – auf die hier nur Bezug genommen werden soll – bis heute im deutschsprachigen Raum kaum zu einer fruchtbaren Koexistenz geführt (vgl. auch *Hoffmann* 1981 a, 1981 b; *Kraft,* 1983, 1987).
Neu entfacht worden ist die Diskussion in den letzten Jahren besonders von seiten der Konzentrativen Bewegungstherapie (KBT), wobei der »Integrationsversuch von Körperlichkeit und Handeln in den Psychoanalytischen Prozeß«, wie *Becker* (1981) im Untertitel seines Buches zur KBT leitmotivisch ausführt, für beide Seiten einen Gewinn darstellt (vgl. auch *Pesso,* 1986). Die auf der präverbalen Ebene ansetzenden Therapieverfahren wie KBT, Bioenergetik, letztlich aber natürlich auch das A. T. mit seiner primären Zentrierung auf körperliches Erleben, bieten Hilfen für diejenigen Patienten, deren seelische Entwicklung bereits in der präverbalen Dyade von Mutter und Kind (*Spitz,* 1980) entgleist ist (vgl. hierzu auch *Becker* 1981; *Bittner,* 1986; *Bräutigam,* 1978, *Müller-Braunschweig,* 1986, 1987). Die primär verbal ausgerichtete Psychoanalyse stößt hier an eine Grenze ihrer Wirkungsmöglichkeiten. Unbestritten bleibt demgegenüber, daß die psychoanalytische Metapsychologie in ihrer gesamten Bandbreite (auch wenn sie längst kein einheitliches System mehr darstellt, vgl. *Thomä* und *Kächele,* 1986, S. 13–30) nach wie vor die differenzierteste theoretische Aufarbeitung psychischen Geschehens darstellt. So erscheint es wünschenswert, wenn die psychoanalytischen Theorien, gerade auch die aktuellen Borderline- und Narzißmuskonzepte (*Kernberg,* 1978; *Kohut,* 1973; *Rohde-Dachser,* 1982) für die anderen psychotherapeutischen Verfahren genutzt werden. Die analytische Metapsychologie könnte, das soll dabei nicht übersehen werden, selber von den neuen Informationen über Körpererleben für die eigene Weiterentwicklung profitieren. Inwieweit psychoanalytisches Wissen speziell für die Grundstufe des A. T. nutzbar gemacht werden kann, soll im Folgenden an Beispielen aufgezeigt werden. Auf die Frage der Kombinationsmöglichkeiten von A. T. und analytischer bzw. analytisch-orientierter Psychotherapie bzw. auch niederfrequenter analytischer Langzeittherapie (*Hoffmann,* 1987) wird im Kapitel 2.9. »Kombinationsmöglichkeiten der Grundstufe mit anderen Verfahren« zurückzukommen sein.
Wenn wir vom A. T. ausgehen, so genügt es aus dieser Sicht nun nicht, lediglich

von einem »standardisierten Lernprozeß« (*Rosa,* 1973) auszugehen und Methodik und Didaktik unabhängig vom interaktionellen Geschehen zu reflektieren. Entsprechend einem psychoanalytischen Ansatz als »Zwei-Personen-Psychologie« (*Balint,* 1970) möchte ich deshalb die Interaktionen zwischen Therapeut und Patient bei der Vermittlung des A. T. darstellen und damit die offene, analytisch orientierte Vermittlung des A. T. näher charakterisieren. Als Leitlinie sollen dabei die aus der psychoanalytischen Therapie (*Greenson,* 1975) geläufigen Begriffe Arbeitsbündnis, Übertragung sowie Gegenübertragung, Widerstand und Deutung dienen.

1.8.1 Arbeitsbündnis

Den zuverlässigen Kern des Arbeitsbündnisses bildet die Motivation des Patienten, seine Krankheit zu überwinden, sein Gefühl der Hilflosigkeit angesichts seiner Störung und dementsprechend seine bewußte und rationale Bereitwilligkeit, in der Behandlungssituation zweckgerichtet zu arbeiten (*Greenson,* 1975).
Im A. T. ist der Therapeut auf der rationalen, bewußten Ebene in der günstigen Lage, zunächst einmal die Minimalforderungen für das Erlernen klar benennen zu können: Es handelt sich um ein weitgehend standardisiertes psychophysisches Übungsverfahren, das wir in seinen Grundzügen - einschließlich der Bearbeitung evtl. auftretender Schwierigkeiten und Störungen - einzeln oder in Gruppen vermitteln und das von den Patienten durch regelmäßiges zwei- bis dreimal tägliches Üben in einem Zeitraum von ca. vier bis sechs Monaten realisiert werden kann. Wir bieten ein Verfahren an, bei dem der Patient nur in relativ begrenztem Umfang angeleitet wird und das überwiegend seine eigene aktive Mitarbeit erfordert. Hierbei wird aber bereits häufig übersehen, daß auch dem vordergründigen Angebot eines »standardisierten Übungsverfahrens« eine Therapeut-Patient-Beziehung zugrunde liegt, die über Gelingen oder Mißlingen der therapeutischen Arbeit wesentlich mitentscheidet (vgl. Kapitel 1.1). Um Schwierigkeiten und Mißerfolge zu vermeiden, sollte der Herstellung eines soliden Arbeitsbündnisses genügend Aufmerksamkeit geschenkt werden:

Ein Kollege berichtete, daß er aus den Patienten seiner nervenärztlichen Praxis heraus einen Kurs von zwölf Teilnehmern zusammengestellt hatte. Da er den Kurs schnell habe auffüllen wollen, habe er auf die Auswahl und die Vorgespräche mit den Patienten nicht so viel Zeit verwendet, bei den meisten das A. T. gewissermaßen »per Rezept verordnet«. Alle zwölf Teilnehmer seien zur ersten Kursstunde erschienen, ihm sei jedoch die gespannte Atmosphäre aufgefallen, ohne daß er diese hätte näher benennen können. Zur zweiten Kursstunde seien dann nur noch drei Patienten erschienen, der Kurs war damit geplatzt.

Ich möchte die Schwierigkeiten beim Zustandekommen eines Arbeitsbündnisses, denen in diesem Beispiel aus einer von mir geleiteten analytisch-orientierten Supervisions-Gruppe für Kursleiter im A. T. nicht weiter nachgegangen werden konnte, noch an einem weiteren konkreten Beispiel verdeutlichen:

Ein anderer Kollege berichtete, daß ein junger Studienrat bei ihm das A. T. habe erlernen wollen, und zwar möglichst schnell. Auf einen in ca. zwei Monaten beginnenden Kurs habe er sich auf keinen Fall vertrösten lassen wollen. Auch schien dem Patienten ein Treffen pro Woche nicht ausreichend, er bestand auf zwei Terminen pro Woche. Gleichzeitig aber präsentierte er einen Terminkalender, der für ein eigenes regelmäßiges Üben offensichtlich keinerlei Raum übrigließ! Der Kollege übernahm trotz dieser Ausgangssituation, trotz dieses »schiefen Arbeitsbündnisses«, die Einführung ins A. T.

Auf dieses Beispiel wird bei der Besprechung der Gegenübertragung (1.8.3.) noch zurückzukommen sein.

1.8.2. Übertragung

Wird eine derartige Ausgangsbasis für die Zusammenarbeit gewählt, so sind fraglos nicht mehr einfache methodisch-didaktische Fragestellungen oder Fragen nach dem Arbeitsbündnis zu diskutieren, sondern es ist diese Interaktion in Hinblick auf Übertragung und Gegenübertragung zu hinterfragen. Übertragung wird hier in der von *Freud* selber angegebenen umfassenden Bedeutung verstanden: »Die Übertragung stellt sich in allen menschlichen Beziehungen ebenso wie im Verhältnis des Kranken zum Arzt spontan her, sie ist überall der eigentliche Träger der therapeutischen Beeinflussung, und sie wirkt um so stärker, je weniger man ihr Vorhandensein ahnt. Die Psychoanalyse schafft sie also nicht, sie deckt sie bloß dem Bewußtsein auf, und bemächtigt sich ihrer, um die psychischen Vorgänge nach dem erwünschten Ziele zu lenken« (*Freud,* 1910, S. 55).

Ganz allgemein darf für das A. T. zunächst angenommen werden, daß auf den Therapeuten als einen Kundigen selbstverständlich leicht große Erwartungen gerichtet werden. Wir werden zu Beginn - von Ausnahmen abgesehen - von einer generell positiv getönten Übertragung ausgehen können, die am ehesten der Übertragung ehemals helfender, mächtiger und positiv getönter Elternimagines entspricht. Dies wird unterstützt durch das gemeinsame Üben der Gruppe im Beisein des Therapeuten, der »über die schlafenden Kinder wacht«, wie es einmal ein Kursteilnehmer scherzhaft - und so treffend - formulierte. Damit sind zugleich auch die anderen möglichen Übertragungsmuster angesprochen, wie z. B. Geschwisterrivalität oder auch ein Rivalisieren um die Gunst des Gruppenleiters. Neben diesen aus der Methode bzw. dem Setting heraus verständlichen Übertragungen stehen diejenigen, die erst aus der spezifischen psychischen Entwicklung des einzelnen Patienten zu verstehen sind und auf die der Therapeut mit einer ebenso spezifischen Gegenübertragung zu reagieren pflegt. Schwierigkeiten im Verlauf des Erlernens des A. T. lassen die Übertragungsphänomene am deutlichsten hervortreten. Störungen und Schwierigkeiten in der Vermittlung des A. T. sind also keineswegs lästige Übel, sondern hilfreiche Wegmarkierungen zum Verständnis der bislang unbewußten Konflikte und Schwierigkeiten des Patienten (vgl. hierzu auch *Hoffmann,* 1981 a, 1981 b, *Wallnöfer,* 1973). Bevor anhand von Beispielen, die ja stets auch die Schilderung der Gegenübertragung notwendig machen, dies Thema des individuell unterschiedlichen Übertragungsgeschehens weiter verfolgt wird (s. hierzu 1.8.3.), soll zunächst die Bedeutung der Formeln und die Frage des Vorsprechens diskutiert werden. Nicht nur unter Hinweis auf *J. H. Schulz* (z. B. 1966) sollte das Vorsprechen der Formeln vermieden werden - es käme einerseits auch zu einer unnötigen Standardisierung und andererseits zu einer Aufrechterhaltung und Förderung der Abhängigkeit vom Therapeuten. Diese kann bekanntlich so weit reichen, daß Patienten den Therapeuten bitten, die Formeln auf Band zu sprechen. Hier ist ein Schritt vom A. T. mit dem Bemühen um Zunahme der Selbstverfügbarkeit hin zur Hypnose mit der mehr passiv-oralen Erwartungshaltung und Befriedigung vollzogen. Nur in den Fällen, wo es gilt, die gefährdete Abwehrorganisation des Patienten rasch zu stärken, also Ich-stützend einzugreifen, wo wir uns ggf. sogar vorübergehend als »Hilfs-Ich« zur Verfügung stellen müssen, wird ein Vorsprechen der Formeln und damit auch eine strukturierend-stützende Vermittlung gut zu vertreten sein.

Die standardisierten Formeln in der Grundstufe des A. T. sollten ganz allgemein in ihrer Wertigkeit hoch eingestuft und keineswegs nur als lästiges Durchgangsstadium im Erlernen der Grundstufe betrachtet werden. *Winnicott* (1973) hat bekanntlich herausgearbeitet, welche überragende Bedeutung die Übergangs-

phänomene und Übergangsobjekte für das Kind in der Zeit des Schlafengehens haben. Wenn wir die Formeln im A. T. als »semantische Übergangsobjekte« mit einer starken, nämlich Halt gebenden Funktion betrachten, dürften wir uns von den Überlegungen Winnicotts kaum zu weit entfernt haben. Auch die Standard-Formeln gehören ja, wie die Übergangsobjekte allgemein, zunächst einer äußeren Realität, dann aber auch dem subjektiven Erleben gleichermaßen an. Für Kinder haben die Übergangsobjekte eine hilfreiche, beruhigende Funktion gerade während der Zeit des Einschlafens – was in dieser Sicht als Parallele zu den ersten Übungsschritten im A. T. aufgefaßt werden kann.
Wenn wir diese intermediären Übergangsphänomene und Übertragungsphänomene zunächst von Seiten des Patienten betrachtet haben, so ist natürlich zugleich auch die Gegenübertragung des Therapeuten zu beachten, was anhand der eben diskutierten Frage des Vorsprechens weiter verfolgt werden soll.

1.8.3 Gegenübertragung

Ein Vorsprechen bedeutet immer auch eine starke Fixierung des Patienten an den Therapeuten, eine Fixierung, die eigenen Dominanzbedürfnissen oder Versorgungswünschen entgegenkommen kann, sofern sie nicht einem Verständnis für die Haltlosigkeit und Haltbedürftigkeit des Patienten entspringt. Hinzu kommt, daß ein Vorsprechen im allgemeinen zunächst zu schnelleren Realisierungen der Übungen führt, der Kursleiter also schnellere Erfolge erlebt, die zudem auf ihn als mit ihm und seinem Vorsprechen verbunden, von der Gruppe zurückgespiegelt werden. Anders ausgedrückt ist es die Frage, inwieweit der Therapeut es ertragen kann, nicht so sehr gebraucht zu werden, er statt dessen auf die »autogene Weiterentwicklung des Patienten« abwartend vertrauen kann. Die Fallstricke der eigenen unbewußten Gegenübertragung sind oft nur schwer bewußt zu machen, die Mitarbeit in einer Balint-Gruppe oder analytisch orientierten Supervisions-Gruppe für Kursleiter im A. T. ist zu empfehlen. Indem ich auf das bereits erwähnte Fallbeispiel zurückgreife, möchte ich diese Problematik verdeutlichen:

Der Kollege ging auf die Behandlung des Studienrats ein, obwohl dieser einerseits zwei statt einer Therapiestunde pro Woche forderte und andererseits zugleich erkennen ließ, daß er zum eigenen Üben keine Zeit habe. Im Bericht des Kollegen stellte sich die Beziehung und der Therapieverlauf jedoch noch erheblich komplexer dar. So berichtete der Patient im Erstgespräch von »tollen Vorerkrankungen«, u. a. von einer Beckenvenenthrombose, von drei »Kreislaufzusammenbrüchen« in der Schule und einer Vielzahl anderer Erkrankungen. All dies wurde vom Patienten lächelnd, ja geradezu wie nebensächlich geschildert, während nun der Kollege sich Sorgen machte angesichts der offensichtlich angegriffenen Gesundheit des Patienten.
In der Behandlung konnte der Patient gewissermaßen nicht genug bekommen, schon zu Beginn verblieb er fünfundzwanzig Minuten und länger im autogenen Versenkungszustand, während er zu Hause, wie angekündigt, nie Zeit zum Üben fand. Der Kollege war sich während der Übungszeiten stets im Zweifel, ob er die Übung beenden solle oder nicht.
Die Therapie wurde durch den Urlaub des Therapeuten unterbrochen. Während dieses Urlaubs versuchte der Patient mehrfach, telefonisch den Therapeuten zu erreichen, jeweils natürlich ohne Erfolg. Beim ersten Treffen nach dem Urlaub erschien der Patient sichtlich erregt, hatte Tränen in den Augen. Er kam lediglich, um dem Therapeuten wegen dessen Nichterreichbarkeit während des Urlaubs Vorwürfe zu machen. Dem Therapeuten blieben die Worte im Ohr: »Es hat keinen Zweck, ich höre auf. Endstation.«

In den Überlegungen der analytisch orientierten Supervisions-Gruppe für Kursleiter im A. T. wurde zu diesem Fallbericht herausgearbeitet, wie sehr der Patient sich selber unter Druck setzte

(Termine, Kreislaufzusammenbrüche), gleichzeitig dies aber vor sich selber nicht wahrhaben wollte (die lächelnd-distanziert vorgetragene Vorgeschichte). Es wurde vermutet, daß der Patient eigene Allmachts- und Größenphantasien (vgl. *Kohut, 1973; Kernberg,* 1978) beizubehalten trachtete und die Angst und den Druck, die er selber nicht wahrhaben wollte, in der Gegenübertragung beim Therapeuten auslöste. Dieser sorgte sich spontan um den Gesundheitszustand des Patienten und ließ sich seinerseits unter Druck setzen, indem er trotz eines offensichtlich mangelhaften Arbeitsbündnisses und großer eigener Zweifel sich entschloß, dem Wunsche des Patienten, das A.T. zu erlernen, zu folgen.

Offensichtlich gelang es dem Patienten nur in der klar definierten Beziehung zum Therapeuten, sich auf das A.T. einzulassen, wobei er den Therapeuten als fraglos Zeit und Sicherheit gewährende Person vorauszusetzen schien. Von dem Patienten schien der Therapeut weniger als ein abgegrenztes Objekt mit eigenen Wünschen und Bedürfnissen wahrgenommen zu werden, sondern eher im Sinne eines fraglos vorhandenen und verfügbaren Selbst-Objektes (vgl. *Kernberg,* 1978). Dies könnte das unwohle Gefühl des Therapeuten verständlich machen, wenn die Übungszeiten sich zu lange ausdehnten, er also fraglos in seiner zeitlichen Verfügbarkeit benutzt wurde. Diese Überlegungen wurden insbesondere durch den Abbruch der Behandlung unterstützt: als sich das Selbst-Objekt entzog (Urlaub des Arztes, in dem er telefonisch nicht zu erreichen war), war dies für den Patienten eine nicht zu verkraftende massive Enttäuschung, die er seinerseits mit dem Abbruch der Beziehung beantworten mußte.

Zu diskutieren war an dieser Stelle außerdem, ob nicht der Patient gerade deshalb immer so wenig Zeit für sich hatte, weil er in Projektion seiner eigenen Bedürftigkeit sich für andere aufopferte, diesen dann die Fürsorge angedeihen ließ, die er so sehr benötigte, sich dies aber weder selbst noch vor anderen - mit Ausnahme der Therapiestunden zweimal pro Woche - eingestehen konnte. Daß dann der Therapeut sich entzog, muß für den Patienten aus dieser Sicht wirklich extrem schmerzlich gewesen sein.

Die Wahrnehmung der in diesem Falle besonders eindrucksvollen Verflechtung von Übertragung und Gegenübertragung hätte Therapeut und Patient möglicherweise vor einer beiderseitigen, für den Patienten sicherlich neuerlichen Enttäuschung bewahren können.

1.8.4 Widerstand und Körpererleben

In den geschilderten Beispielen wurden bereits mehrere Widerstandsphänomene angesprochen (z. B. Kursabbruch, mangelnde Zeit zum Üben). Während die Psychoanalyse wesentlich durch die Analyse der Widerstände per Deutung charakterisiert ist, gilt dies für die Methodik im A.T. in einem ersten Ansatz zweifellos nicht. Dies schließt selbstverständlich nicht aus, daß es von großem Vorteil für den Therapeuten ist, Widerstände als solche zu erkennen und ggf. hinsichtlich dessen, was abgewehrt wird, zu verstehen und dementsprechend zu handeln. So macht es natürlich einen prinzipiellen Unterschied, ob ein Widerstand einem sekundären Krankheitsgewinn entspringt oder einer Angst vor dem Loslassen, d.h. dem temporären und partiellen Aufgeben von Ich-Funktionen; ob Widerstände einer strukturellen, charakterlichen Verformung (z. B. anankastische Persönlichkeit) entsprechen oder sich aktuell, z.B. an einer Übertragung negativer Aspekte des Vaters entzünden. Ein eindrucksvolles Beispiel für einen initialen Widerstand schildert *Binder* (1979):

Ein fünfzigjähriger Lehrer kommt nach einer Kur in einer Psychosomatischen Klinik zu mir mit dem Entlassungsvermerk: für das A.T. ungeeignet. Was war geschehen? Vier Wochen lang hatte sich ein Therapeut darum bemüht, diesem Patienten fast täglich die Schwereübung einzutrainieren. Das mißlang natürlich völlig, weil der Patient sich in einer ständigen Erwartungshaltung befand. Ich ließ diesen Lehrer sich hinlegen und die Augen schließen. Fünf Minuten war völliges Schweigen. Ich beobachtete, wie sich die Ruheatmung einstellte, verbalisierte zweimal: »Atmung ganz ruhig und regelmäßig, Atmung ganz von selbst.« Wieder fünf Minuten Stille, dann Zurücknahme. Der Patient öffnete mit strahlendem Gesicht die Augen und sagte: »Oh, meine Glieder waren sehr angenehm schwer.« Die Realisierung dieser Empfindung gelang, weil nichts verlangt und erwartet wurde.

Ohne jede Deutung war es hier durch die nicht-fordernde Einstellung des Therapeuten dem Patienten möglich, seinen Widerstand gegen die Realisierung des A.T. zu überwinden. Der Therapeut hatte also verstanden – und entsprechend gehandelt. Wenn wir versuchen, den unbewußt abgelaufenen Prozeß in Worte zu fassen, so könnte sich dies aus der Sicht des Patienten möglicherweise folgendermaßen anhören:

»Wenn der Therapeut aufhört, so wie meine Eltern von mir zu fordern, statt dessen mich einfach machen läßt, dann brauche ich mich auch nicht gegen diesen immensen Leistungsdruck durch Leistungsverweigerung aufzulehnen, sondern kann mich statt dessen genußvoll auf die Realisierung der Übung einlassen.«

Um zu solch einem Verständnis der Widerstandsphänomene zu gelangen, wäre natürlich die Kenntnis der biographischen Anamnese ebenso notwendig wie die Beachtung der aktuellen Übertragungs- und Gegenübertragungssituation. Innerhalb des gewählten Beispiels wäre z.B. zu erwarten, daß Unterwürfigkeit und versteckte Auflehnung auch in der Arzt-Patient-Beziehung eine Rolle spielen. Sollten wir im Gespräch mit diesem Patienten lebensgeschichtliche Informationen gewonnen und zentrale, unbewußte Konflikte erkannt haben, wäre es natürlich für den Patienten hilfreich und für die Therapeut-Patient-Beziehung förderlich, wenn die skizzierte Deutung dem Patienten vermittelt würde; dem Patienten würde sich auf diese Weise eine Möglichkeit eröffnen, auch in zukünftigen Situationen, wenn Forderungen an ihn gestellt werden, sich selbstkritischer und bewußter zu verhalten. Hier ist dann eine Nahtstelle zwischen A.T. und analytisch orientierter Psychotherapie angesprochen, auf die noch zurückzukommen sein wird (vgl. 2.9).

Unabhängig von Deutungen, auf die anschließend einzugehen sein wird, besteht für den Umgang mit Widerstandsphänomenen gerade im A.T. auch die Möglichkeit, zunächst einmal die weitere Entwicklung abzuwarten. Das Vertrauen des Therapeuten in die positive Entwicklungsmöglichkeit des Patienten läßt sich in diesem Zusammenhang als eine präsente, gewährende Haltung verstehen. Im Rahmen der Konzepte *Margret Mahlers* (1980) zu Trennung und Individuation können wir formulieren, daß der »optimale Therapeut« sich wie die »optimale Mutter« verhält: er gibt wie diese die notwendigen Grundinformationen, er steht zur Verfügung bei Rückversicherungen (vgl. »Wiederannäherungsphase«, *Tab. 3*) und ist prinzipiell darauf eingestellt, den Patienten im Rahmen der gebotenen Möglichkeiten seinen ihm gemäßen Weg finden zu lassen einschließlich einiger Umwege. Überhaupt erscheint das Modell von *Mahler* zu Trennung und Individuation geeignet, regressive und progressive psychodynamische Aspekte im Ablauf des A.T. zu verdeutlichen (s. *Tab. 3.*). Ob wir in Zukunft weitere Differenzierungen dieser Entwicklungsschritte werden vornehmen müssen (vgl. *Stern,* 1985), bedarf noch der weiteren Diskussion.

Tabelle 3

Entwicklungsmodell nach *M. Mahler*	Regressive und progressive Prozesse im Autogenen Training
0 Die Vorläufer des Loslösungs- und Individuationsprozesses	
0.1 *Die normale autistische Phase* Äußere Reize sind schwach besetzt, die physiologische Reizschranke des Säuglings ist hoch.	Abschirmung von der Außenwelt durch das im A.T. gewählte »set and setting« (vgl. 2.1.3)
Es herrscht eine dem intrauterinen Leben noch ähnliche Situation.	Die Wahrnehmung von Wärme, Herzschlag und Darmgeräuschen entspricht den intrauterinen Wahrnehmungen! Hierher gehören auch Desorientierungserlebnisse im Raum. Geborgenheitsgefühle.
Physiologische Prozesse stehen noch vor psychologischen.	Primär erfolgt im A.T. die Hinwendung auf das körperliche Erleben, auf die physiologischen Prozesse.
0.2 *Symbiotische Phase* Absolute Abhängigkeit des Kindes von der Mutter, »holding function« der Mutter. Neben der oralen Bedürfnisbefriedigung werden Hautkontakte immer wichtiger, Verschiebung vorwiegend enterozeptiver Besetzungen (»Eingeweideempfindungen«) auf sensorische Besetzung der Peripherie des Körpers.	Geborgenheitsgefühle durch das Wissen um die Anwesenheit des Therapeuten im Raum; beim Augenschließen können Trennungsängste auftreten. Konzentration der Wahrnehmung auf die Körperperipherie, auf die Schwere der Gliedmaßen und die Wärme der Haut.
1 Trennung und Individuation	
1.1 *Erste Subphase: Differenzierung und Entwicklung des Körperschemas* (ca. 4.–10. Monat)	
Die Aufmerksamkeit des Kindes richtet sich auf den eigenen Körper in Abgrenzung/Vergleich zum Körper der Mutter.	Kennenlernen des eigenen Körpers, sich z.B. in den rechten Arm hineinfühlen, die Eigenschwere des Armes – oft erstmalig – bewußt erleben.
1.2 *Zweite Subphase: Das Üben* (10.–18. Monat) Krabbeln bis hin zum freien aufrechten Gang ermöglichen ein »Liebesverhältnis mit der Welt« *(Greenacre,* 1957), der Narzißmus des Kindes ist auf dem freudigen Höhepunkt. Die Mutter muß das Kind loslassen und Erfahrungen sammeln lassen können.	Neue Erfahrungen werden gemacht, erste Erfolge in der Realisierung der Übungen, Erweiterung der Schwere- und Wärmeübung auf den ganzen Körper. Beginnende Unabhängigkeit des Übenden vom Therapeuten und von der Gruppe, ggf. Erprobung von neuen Übungen, Alternativformeln usw.

Tabelle 3 – Fortsetzung

Entwicklungsmodell nach *M. Mahler*	Regressive und progressive Prozesse im Autogenen Training
1.3 *Dritte Subphase: Wiederannäherung* (16.–24. Monat) Das Kind muß die Phantasien von eigener Vollkommenheit an der Realität korrigieren und wendet sich zwischenzeitlich immer wieder einmal rückversichernd der Mutter zu. Ambivalenz zwischen Anklammerung und Zurückstoßen/Autonomie. Die Mutter soll in ruhiger Weise verfügbar sein.	Der Übungsverlauf im A.T. ist zumeist ebensowenig geradlinig wie die psychische Entwicklung des Menschen (z.B. Plateaubildung im Lernvorgang, Bajonettkurve des Lernens). Es treten Schwierigkeiten auf, der Übende will sich nun ebenso rückversichern können wie das Kind. Der »genügend gute Therapeut« wird dabei zur Rückversicherung, Beratung usw. zur Verfügung stehen, den Übenden jedoch nicht bevormunden, sondern seinen Weg finden lassen.
1.4 *Vierte Subphase: Konsolidierung der Individualität und Anfänge der emotionalen Objektkonstanz* (Bis ca. 36. Monat) Bildung von Ich-grenzen; die Trennung von der Mutter kann durch die Internalisierung eines genügend guten Bildes der Mutter ertragen werden.	Der Teilnehmer an einem Kurs soll nun seinen eigenen, für ihn spezifischen Weg im A.T. gefunden, Schwerpunkte und Vorlieben für sich gewählt bzw. gefunden haben und dadurch in seinem Üben vom Therapeuten und vom Kurs unabhängig geworden sein; hinsichtlich eventuell neu auftretender Schwierigkeiten besteht genügend Selbstvertrauen, dann selber einen Weg zu finden.

Mangelnde Fortschritte im Übungsverlauf des A.T. können aber auch in eine Resignation münden; der Patient sucht Hilfe beim Übungsleiter. Die Empfehlung, die nun auftauchenden Gefühle zu beachten, zu verbalisieren und ggf. miteinander zu besprechen, kann über die Hürde, die unbewußten Widerstände, hinweghelfen: »Aber die Gefühle können schweigen, Resignation scheint dann alles zuzudecken. Dies ist der Moment, wo sich das Selbst mit großer Regelmäßigkeit im Körper aktualisiert. Eine spezifische Empfindung entsteht in irgendeinem Teil des Körpers« (*Roth* in *Moser,* 1986, S. 173); wir können anfügen: eine spezifische Empfindung entsteht an einer für den Patienten typischen Stelle im Übungsablauf des A.T.. Erstmalig oder erneut auftretende Schmerzen im Schulter-Nacken-Feld können z.B. auf eine aggressive Konfliktthematik (»Hartnäckigkeit«) verweisen (vgl. Kap. 2.3.4), so wie muskuläre Verspannungen häufig der letzte deutlich spürbare (schmerzhafte) Widerstand gegen äußere (elterliche) Einflußnahmen sind, die aus dem bewußten Erleben und Erinnern verschwunden sind und ich-synton geworden zu sein scheinen (»Haltung bewahren«, Abwehr regressiver Bedürfnisse etc.). Unklare Schmerzen im Bauch (»Colica mucosa«, Colon irritabile» etc.) als Indikation zum A.T. können sich bei der Sonnengeflechtsübung verstärken; im Rahmen einer offenen, analytisch orientierten

Vermittlung des A.T. ergeben sich hier dann Anknüpfungspunkte für Gespräche, z.B. über die Themen Gefügigkeit versus Widerstand, Hergeben versus Festhalten - wobei Verhalten und Interaktion während des Kurses, also auch Übertragung und Gegenübertragung, bereits Hinweise auf diese Themen geliefert haben werden. Es sind dies die typischen Themen analer Konfliktthematik, wie sie sich in den frühen Objektbeziehungen zum Zeitpunkt der Reinlichkeitserziehung herausgebildet haben (vgl. Kap. 2.6.4).

1.8.5 Deutung

Nur in relativ wenigen Fällen wird es in Kursen für A.T. notwendig und möglich sein, einen den Therapieerfolg verhindernden Widerstand gewissermaßen »frontal« durch, eine Deutung oder die entsprechenden vorbereitenden Schritte »Konfrontation« und »Klärung« anzugehen (vgl. *Greenson,* 1975). Ein eindrucksvolles Beispiel war mir jene Kursteilnehmerin, die bereits nach der Konfrontation mit ihrem Widerstandsphänomen selbst zu einer Deutung des psychogenetischen Zusammenhangs gelangte:

Die Kursteilnehmerin berichtete, daß die Schwereübung keinerlei Erfolg gehabt habe. Im Rahmen des sich hieraus ergebenden Gesprächs wurde sie u.a. auch nach der verwendeten Formel gefragt; sie gab an, daß sie die übliche Formel verwendet habe: »Mein rechter Arm ist vollkommen schwer«. Als sie auf die Formelabänderung hingewiesen wurde, war sie erstaunt, da sie sich sicher gewesen war, daß die Formel so im Kurs genannt worden war. Die anderen Kursteilnehmer verneinten dies. Auf die Frage, was denn »vollkommen« für sie bedeute, stutzte sie - dann aber sprudelte es aus ihr heraus: ihre Eltern hätten immer gewollt, daß sie »vollkommen« sei, insbesondere in ihren Leistungen. In der Schule habe die Note »gut« schon als mangelhaft für sie gegolten. Sie habe sich immer unter einem enormen Druck gefühlt.
In der Arzt-Patient-Beziehung hatte sich der Widerstand der Patientin gegen die Forderungen der Eltern nach Vollkommenheit wiederholt, indem sie gerade das verhaßte Wort in die Formel einbaute und sich damit am Übungserfolg hinderte, insbesondere aber den Kursleiter im Rahmen einer Eltern-Übertragung zu enttäuschen trachtete.
Der Hinweis, daß sie im A.T. nicht »vollkommen« zu sein, sondern lediglich ihren ganz persönlichen Weg zu verfolgen brauche, führte zusammen mit der psychogenetischen Einordnung des Erlebten durch die Patientin selbst zu einer genügenden Entlastung.

Für Kurse im A.T. dürften die eine Deutung vorbereitenden Schritte der Klärung und Konfrontation im allgemeinen die Grenze des methodisch Vertretbaren darstellen. Anders können die Verhältnisse in einer Einzeltherapie liegen; gerade hier können die Grenzen zwischen einer strukturierend-stützenden Vermittlung und einer offenen, analytisch orientierten Vermittlung des A.T. fließend werden. Oft eignet sich das A.T. sogar speziell als Einstieg in die längerfristige psychotherapeutische Beziehung, in deren weiterem Verlauf das A.T. in seiner Bedeutung immer weiter zurücktritt (vgl. hierzu auch *Stephanos* u. a., 1976). Ich möchte diesen fließenden Übergang zwischen einer offenen, orientierten Vermittlung des A.T. und Fortführung der Psychotherapie als analytisch orientierte Psychotherapie an einem Beispiel verdeutlichen:

Ein Student, der zum zweiten Male durch das zahnmedizinische Staatsexamen zu fallen drohte, suchte mich mit der Bitte um Krankschreibung auf. Er befand sich in einem ausgeprägten psychophysischen Erschöpfungszustand mit Unruhe- und Angstgefühlen, Zittern, ständigem Räuspern sowie starken Schlafstörungen. Eine Unterbrechung der laufenden Prüfungen war ohne Zweifel notwendig. Wir besprachen, daß er während einer ausreichend lang bemessenen Krankschreibungszeit das A.T. erlernen solle, wobei gleichzeitig von vornherein ausreichend Zeit für darüber hinausgehende Gespräche zur Verfügung stehen sollte.
Während sich das Befinden des Patienten im Verlaufe mehrerer Wochen besserte, traten in

der Realisierung des A.T. zunehmend Schwierigkeiten auf. Mir fiel außerdem auf, daß der Patient die Stunden häufiger mit detaillierten Berichten über seine Prüfung und den Prüfungsmodus füllte, so, als hätte ich als Therapeut noch nie ein Staatsexamen abgelegt. Als er darüber hinaus meine Hinweise auf mögliche Hilfen und Abänderungen im A.T. mit einem »Ja - aber...« zu quittieren begann, fühlte ich mich von ihm zunehmend an den Rand gedrängt, lahmgelegt und war schließlich sehr ärgerlich. Dieser in der Gegenübertragung sich immer deutlicher aufdrängende Ärger führte an den Kern des Problems: er war – wie mir schon lange deutlich geworden war – nicht wegen mangelnden Wissens durchgefallen, sondern auf Grund seines Verhaltens in den Prüfungen. Indem ich nun meine Gegenübertragung als Hinweis für die Prüfungssituation nahm, sagte ich ihm: »Ich glaube, ich weiß jetzt, warum Sie durchfallen: Sie machen Ihre Prüfer ärgerlich«. Bei der Besprechung dieser aus der Gegenübertragung sich ergebenden Deutung konnte diese durch weitere genetische und aktuelle Einfälle bestätigt werden. So hatte er z. B. einem Prüfer, der wegen seiner Engstirnigkeit als besonders gefürchtet galt, in der Prüfung per Literaturzitat und Literaturangabe beweisen wollen, daß er als Prüfling recht, der Prüfer unrecht habe! Ohne dieses Verstehen der psychogenetischen und aktuellen Zusammenhänge und die daraus sich ergebende Deutung wären wir in unserer therapeutischen Beziehung zweifellos gescheitert. So aber kam es zu einer wesentlichen Änderung in der therapeutische Beziehung, auch zu einer besseren Zusammenarbeit hinsichtlich des A.T., und letztlich bestand der Patient seine Prüfung.

Wie die bisherigen Ausführungen deutlich gemacht haben, ergeben sich mehrere Verknüpfungspunkte zwischen A.T. und Psychoanalyse. Es ist ein Zugewinn und eine Hilfe, wenn wir die differenziert ausgearbeiteten metapsychologischen Überlegungen über die Analytiker-Analysand-Beziehung in der analytischen Zweiersituation auf die Beziehung im A.T. anwenden, wenn wir also stets nach der bewußten und unbewußten Bedeutung dessen fragen, was in uns und zwischen uns und dem Patienten geschieht.

Bei einer Vermittlung des A.T. in Kursen werden wir die uns aufscheinenden Bedeutungen von Mißverständnissen, Schwierigkeiten und Störungen bei einzelnen Übungen kaum je zu einer Deutung nutzen, zumal uns ja in vielen Kursen tiefergehende Informationen über die Kursteilnehmer fehlen. Wir können jedoch nachfragen, die Zusammenhänge evtl. vorsichtig zu klären versuchen, ggf. konfrontieren, und insbesondere können wir unser Verhalten, unsere Art des Umgangs mit den Patienten sehr wohl aus unserem Verstehen heraus modifizieren, wie ich dies an dem von *Binder* (1979) mitgeteilten Beispiel aufgezeigt habe.

In anderen Situationen, speziell bei einer Einzeleinführung in das A.T., können wir das uns erkennbare Charakteristische der Therapeut-Patient-Beziehung einschließlich der Schwierigkeiten und Störungen bei einzelnen Übungen aber auch gezielt nutzen, um über das A.T. hinaus ins Gespräch mit dem Patienten zu kommen. Voraussetzung hierfür ist, daß wir uns in der Vermittlung des A.T. zurückhaltend-neutral verhalten, also einen offenen, analytisch orientierten Stil der Vermittlung wählen und die Beziehung zum Patienten somit möglichst wenig vorstrukturieren. Auf weitere Einzelheiten wird noch einzugehen sein (s. 2.9).

2 Grundstufe (Unterstufe)

Der Vorstand der »Deutschen Gesellschaft für ärztliche Hypnose und Autogenes Training« hat auf einer Sitzung in Lübeck im Oktober 1976 angeregt, statt von einer »Unterstufe« von der *»Grundstufe des Autogenen Trainings«* zu sprechen, weil durch die Bezeichnungen »unter« und »ober« zu leicht Wertungsmaßstäbe angesprochen würden. So wird auch hier von der »Grundstufe« gesprochen; um Verwirrungen zu vermeiden, wurde die ehemalige Bezeichnung jedoch in Klammern hinzugesetzt (vgl. hierzu auch 4.1).

2.1 Die Einführung in das Autogene Training

Der Verlauf eines A.T.-Kurses, Erfolg und Mißerfolg, werden bereits wesentlich durch den Eindruck geprägt, den ein Lernender aus dem Vorgespräch (vgl. auch 1.1) und von der Einführung ins Autogene Training, von der ersten Übungsstunde also, gewinnt.

2.1.1 Einzel- oder Gruppenunterricht?

Wer das Autogene Training vermitteln möchte, muß sich zunächst darüber klar werden, ob er es als Einzel- oder Gruppenunterricht durchführen möchte. Sicherlich ist es für manchen Arzt oder auch Psychologen, der bislang lediglich die Arzt-Patient (bzw. Klient)-Beziehung kennengelernt hatte, nicht ohne weiteres ein leichtes, eine Gruppe zu unterrichten. Da an einen Kursleiter besondere Anforderungen zu stellen sind, ist dieser Schritt zum Gruppenunterricht überlegenswert. Allein schon aus äußeren Gründen wird aber immer wieder Einzelunterricht notwendig sein, z.B. weil die Vermittlung des Autogenen Trainings dringend geboten erscheint, eine Gruppe aber gegenwärtig nicht zusammengestellt werden kann oder zur Verfügung steht.

Einigkeit besteht darüber, daß eine Vermittlung des Autogenen Trainings in Gruppen effizienter ist, und zwar nicht etwa nur, weil mit nahezu gleichem Aufwand wie in der Einzelbehandlung mehr Personen ins Autogene Training eingeführt werden können. Vielmehr ist es die aktive Teilnahme am Gruppengeschehen, die sich günstig auf den Lernverlauf auswirkt: »Durch Berichte der verschiedenen Teilnehmer über Erfahrungen werden die eigenen Erfolge bestätigt, ebenso wird die Notwendigkeit, eigene Mißerfolge auszuschalten, verdeutlicht. Es kommt zu einer Rückkoppelung, zu einem Feedback-Effekt (kybernetisch gesehen, handelt es sich bei der Gruppe um einen künstlichen Reglerkreis). Werden Fehler, die man selber macht, bei anderen Gruppenteilnehmern besprochen, so ist dieses ein größerer Anreiz, den eigenen Fehler zu beseitigen, als wenn man selber auf ihn angesprochen wird. Diese indirekte Beeinflussung ist immer wirksamer als die direkte; es läßt sich eine Parallele ziehen zur größeren Wirksamkeit der indirekten Suggestion im Vergleich zur direkten« (*Hoffmann*, 1977).

Unter einer Gruppe sei hier eine sogenannte »geschlossene Gruppe« (mit stets den gleichen Teilnehmern von der ersten bis zur letzten Stunde) von ca. acht bis zwölf (maximal 15) Mitgliedern verstanden. Die weiteren Ausführungen, sofern von Kursteilnehmern gesprochen wird, beziehen sich auf derartige Gruppen. Größere Gruppen sind möglich, *Schultz* selbst hat gelegentlich mehr als 100 Personen in Großgruppen unterrichtet. Hier

geht jedoch der lebendige Austausch mit jedem einzelnen, die Möglichkeit, auf jeden genügend einzugehen, wie es bei Gruppen mit Patienten notwendig ist, verloren. Derartige Gruppen - und so wurde es auch von *Schultz* gehandhabt - sind zur Einführung gesunder Personen, z. B. von Ärzten, die das Autogene Training erlernen wollen, um es ihren Patienten weiterzugeben, sicherlich geeignet. Für Gruppen mit Patienten ist und bleibt hingegen die Teilnahme von acht bis zwölf (maximal 15) Personen ratsam.
Von der Einzelunterrichtung im A. T. abzugrenzen ist der Versuch, das A. T. ohne die Hilfe eines Kursleiters zu erlernen. Hierbei kommt es meist jedoch zu einer Summation einzelner kleiner Fehlverhaltensweisen und Störungen, so daß das A. T. letztlich nicht gelingt. Auch erlischt erfahrungsgemäß meist die Motivation vorzeitig, da sowohl ein »Trainer« als auch das positive Gruppenerlebnis fehlen.

2.1.2 Allgemeine Einführung

Jeder Kursleiter wird seinen eigenen Stil entwickeln. Das im folgenden aufgezeigte Vorgehen ist deshalb lediglich als eine Anregung gedacht. Was ein Kursleiter vorträgt, bzw. zusammen mit seiner Gruppe erarbeitet (was stets anzustreben ist, vgl. 1.7), hängt natürlich von der zur Verfügung stehenden Zeit, der Art der Kurszusammensetzung, der evtl. speziellen Zielsetzung usw. ab.

Warum kommen die Kursteilnehmer?

Selbst wenn der Kursleiter die Teilnahmegründe kennt, ist es meist für die Kursteilnehmer selbst von Interesse, zu erfahren, »mit wem sie in einem Boot sitzen«. Letztlich sind es immer die gleichen Beschwerden und Störungen, die genannt werden; natürlich wird vieles auch zunächst verschwiegen, z. B. ein Tranquilizer-Mißbrauch. Um so eindrucksvoller ist es für alle, wenn im späteren Verlauf des Kurses die wahren Gründe evtl. doch noch genannt werden können. Die Erkenntnis, daß es dem anderen im Prinzip ähnlich ergeht wie einem selbst, daß dieser aus seinen eigenen Schwierigkeiten heraus sogar sehr wohl Verständnis aufbringen kann, gehört zu den wesentlichen positiven Gruppenerlebnissen.

Seit wann gibt es Autogenes Training?

Ungefähre Vorstellungen über die Herkunft der zu erlernenden Methode sollten mündige Erwachsene haben. Auf diese Weise kann auch am ehesten obskuren, okkulten Vorstellungen entgegengewirkt werden. In diesem Zusammenhang werden als Extreme meist genannt, daß das Autogene Training eine uralte bzw. eine nur wenige Jahre alte Methode sei. Sofern Zeit besteht, können hier erste Hinweise auf andere, zum Teil vergleichbare Entspannungstechniken (siehe 2.9), die zum Teil wirklich schon jahrtausendealt sind, angebracht sein. Insbesondere taucht hier auch bereits immer wieder die Frage nach den Beziehungen zur Hypnose auf. Die Herkunft aus der Hypnose wie auch die prinzipiellen Unterschiede, speziell die Selbstverfügbarkeit, die Unabhängigkeit von einer zweiten Person, sollten klar herausgestellt werden. Dies leitet zwanglos über zu der Frage:

Was ist unter Autogenem Training zu verstehen?

Definitionen sind wenig anschaulich; allerdings sollte den Kursteilnehmern klar sein, daß sie ein autohypnoides Verfahren erlernen, das als »legitime Tochter der Hypnose« aufgefaßt werden kann und ihnen im Vergleich zur Hypnose alle Leistungen ermöglicht, die echten suggestiven Zuständen eigen sind (vgl. 1.3). Dabei ist darauf hinzuweisen, daß das Autogene

Training ein natürliches, verstehbares Verfahren ist, bei dem durch Konzentration (als methodischem Weg) eine Entspannung (als Ziel) erreicht wird. Sofern der Begriff der Konzentration in diesem Zusammenhang auf Verständnisschwierigkeiten stößt, sollte er als ein »Hinlenken der Aufmerksamkeit«, als eine »Fokussierung der Aufmerksamkeit« beschrieben werden. Um die sehr unterschiedlichen Ausprägungen der Konzentration zu verdeutlichen, eignet sich z. B. der Hinweis auf die Unterschiede der Konzentration, wie sie bei einer Katze, die eine Maus beobachtet, bestehen, im Vergleich zu einem ruhig äsenden Reh, das bei aller Ruhe und Gelassenheit verdächtige Veränderungen sehr wohl wahrnimmt und ggf. sofort die Flucht ergreift. Es sollten auch kurze Informationen über die Gesamtgestaltung des Kurses erfolgen, also darüber, daß die Grundstufe des Autogenen Trainings sechs Übungen umfaßt, die als Ziel die sogenannte »organismische Umschaltung« (siehe hierzu 1.3.3) haben. Werden mehr als sechs Treffen angeboten (acht bis zehn Treffen sind weitgehend üblich) so ist auch darzulegen, daß bei einigen Treffen keine neuen Übungen besprochen werden, sondern daß sie nur der Festigung bisher erreichter Erfolge bzw. der allgemeinen Besprechung des Übungsverlaufes dienen.

Was ist vom Autogenen Training zu erwarten?

Sofern dies noch nicht zu Beginn, als die Gründe für die Teilnahme genannt wurden, besprochen worden ist, kann hier auf die *entspannende, erholsame Wirkung* des Autogenen Trainings (bis hin zur Einschlafhilfe), *die Erhöhung der Konzentrationsfähigkeit* sowie auf die *»Resonanzdämpfung der (überschießenden) Affekte«* eingegangen werden. Meist tauchen in diesem Zusammenhang Fragen zu speziellen Indikationen auf, die auf spätere Stunden verwiesen werden müssen.

Es empfiehlt sich, das *Ziel des Autogenen Trainings* auch unabhängig von einzelnen Erwartungen generell zu charakterisieren als Erwerb der Möglichkeit, prompt und zuverlässig eine *»organismische Umschaltung«* zu vollziehen; darunter ist die willentliche Umschaltung von einer aktivitätsgerichteten *ergotropen* auf eine der Restitution und Erholung dienende *trophotrope Reaktionslage des Organismus* zu verstehen. Die sechs standardisierten Übungen der Grundstufe stellen eine schrittweise Annäherung an eine trophotrope Reaktionslage dar:

Schwereübung (= Entspannung der Willkürmuskulatur)

Wärmeübung (= Entspannung der Gefäßmuskulatur, dementsprechende Gefäßerweiterung)

Atem- und Herzübung (= »passives« Erleben des Atem- und Herzrhythmus, die bewußt und - in Grenzen - verfügbar werden, d. h. steuerbar im Sinne der trophotropen Umschaltung)

Sonnengeflechtübung (= Regulation der Bauchorgane; Vermehrung der Magen-Darm-Motilität, Anregung der Verdauungstätigkeit)

Stirnkühleübung (= Eingrenzung der durch das Training hervorgerufenen Empfindungen auf den Körper, »der Kopf bleibt frei«; der Übende bleibt in der Lage, das Geschehen zu steuern).

Wie ausführlich hier die Information der Gruppe oder der einzeln zu unterrichtenden Person durch den Kursleiter erfolgt, hängt natürlich von der zur Verfügung stehenden Zeit wie auch vom speziellen Interesse des/der Übenden ab (vgl. 2.1.5). Es sollte aber keinesfalls versäumt werden, darauf hinzuweisen, daß der Erfolg eines Kurses auch von der Mitarbeit der einzelnen Kursteilnehmer bestimmt wird. Hier ergibt sich nun die Möglichkeit, den Gruppenprozeß anzusprechen, indem die Regeln der themenzentrierten

Interaktion (vgl. 1.7) eingeführt werden und die Kursteilnehmer so zu einer lebendigen Teilnahme am Gruppengeschehen ermuntert werden.

Wie und warum wirkt das Autogene Training?

Hier kann in kurzer Form das angeführt werden, was als Wirkungsweise des Autogenen Trainings (vgl. 1.3) bereits ausführlich besprochen wurde. So kann z. B. kurz angesprochen werden:

a) Somatisches und Psychisches (Körperliches und Seelisches) sind nicht getrennt und unabhängig voneinander, sondern agieren und reagieren stets und ausnahmslos gemeinsam.

Hierzu kann man die Gruppe einige Beispiele erarbeiten lassen (zu denken ist etwa an Blutdrucksteigerung und der Pupillenerweiterung bei Angst, vermehrte Salzsäureproduktion des Magens bei beständigem Ärger und umgekehrt an Griesgrämigkeit und Unzufriedenheit bei chronischen körperlichen Schmerzen).

b) Aber nicht nur Psychisches, sondern bereits rein Gedankliches, reine gedankliche Vorstellungen haben die Tendenz, im Körperlichen wirksam zu werden.

Zur Demonstration in der Gruppe eignen sich der Fallversuch wie auch der Pendelversuch.

Fallversuch:

Ein Kursteilnehmer wird gebeten, sich aufrecht mit geschlossenen Füßen hinzustellen und die Augen zu schließen. Der Kursleiter stellt sich neben ihn und gibt die Aufforderung, er möge sich intensiv vorstellen: »Ich falle rückwärts.« Bald schon beginnt der Kursteilnehmer zu schwanken, manche drohen hinten überzufallen; in seltenen Fällen kommt es zu einer überschießenden Gegenregulation, so daß der Proband nach vorn fallen kann. Dies ist der Grund, warum der Kursleiter nicht hinter, sondern seitlich neben dem Kursteilnehmer stehen sollte.

Pendelversuch:

An einem Bindfaden von ca. 20 cm Länge wird ein Gegenstand (z. B. ein Ring) befestigt. Ein Proband setzt sich an einen Tisch, stützt beide Ellbogen auf (ca. 40 cm voneinander entfernt) und hebt die Unterarme so, daß die Hände in Höhe des Gesichtes sind. Er nimmt dann das Ende des Fadens zwischen beide Zeigefingerkuppen, so daß das Pendel zwischen seine Unterarme zu hängen kommt. Er schließt die Augen und vergegenwärtigt sich z. B. intensiv: »Das Pendel bewegt sich rechtsherum im Kreis.« Obwohl der Proband keine Bewegung beabsichtigt (und sich keiner bewußt ist!) und auch für die Beobachter keine zu sehen ist, beginnt das Pendel bald in der gewünschten Richtung zu schwingen.
Beide Versuche dienen dazu, »daß auch psychologisch völlig unorientierte Menschen mittels dieses Experiments sich ›handgreiflich‹ im wahrsten Sinne des Wortes überzeugen können,

1. daß ›reines Denken‹ wirksam im Körpergeschehen ist (Vorurteil der ›Einbildung‹),
2. daß jeder, auch der ›Normale‹, Reaktionen gesetzmäßig liefert, die seiner bewußten Kontrolle ganz entzogen sind,
3. daß eben diese ›unbewußten‹, ›unwillkürlichen‹ Reaktionen durch geistige Konzentration lenkbar sind, während sie sich

prinzipiell vom spannenden Willensverlauf des Alltags unterscheiden» (*Schultz,* 1976).

c) Schließlich und endlich kann auch noch der posthypnotische Auftrag erwähnt werden. Er besagt bekanntlich (vgl. 1.3.1), daß eine Suggestion nicht sofort während der Hypnose-Sitzung realisiert werden muß, sondern es möglich ist, Suggestionen zu geben, die erst nach Beendigung der Hypnose-Sitzung von der betreffenden Person realisiert werden. So wird verständlich, warum das Autogene Training als ein autohypnoides Verfahren in seinen Wirkungen nicht nur auf die Übung selbst beschränkt ist, sondern auch darüber hinaus den Gesamtorganismus beeinflußt.

2.1.3 Spezielle Einführung

Während das im vorherigen Kapitel Gesagte in vielfältig abgewandelter, gekürzter wie auch gedehnter Form Verwendung finden kann, handelt es sich bei den jetzt zu besprechenden Angaben um solche, auf die nicht verzichtet werden kann.

Äußere Bedingungen und innere Gestimmtheit (set and setting).

Zu den äußeren Bedingungen gehört vor allem die Außenreizverarmung. Sie beginnt bereits damit, daß wir beim Üben die Augen geschlossen halten. Genauso, wie ein Mensch, der schwimmen lernen möchte, dies nicht in stürmischer See tut, wird ein Mensch, der das Autogene Training erlernen möchte, zunächst versuchen, möglichst optimale Bedingungen herzustellen. Der Lernende sollte in einem ruhigen, abgedunkelten Raum üben und vor Störungen durch andere sicher sein (Telefon, Türklingel usw.). Bequeme Kleidung gehört ebenfalls zu den förderlichen Voraussetzungen. So sind z.B. Schuhe mit hohen Absätzen beim Üben im Sitzen vollkommen ungeeignet (Spitzfußstellung!) und sollten ausgezogen werden, Schlipse gelockert, der oberste Hemdknopf geöffnet werden, ebenso sind Gürtel weiter zu stellen während der Übung (für diese »Vorbereitungen« muß auch in einem Gruppenkurs gesorgt, d. h. vor der Übung etwas Zeit eingeplant werden).

Erfahrungsgemäß stellen die äußeren Gegebenheiten für einige Kursteilnehmer anscheinend immer wieder nur schwer zu beeinflussende Störungsquellen dar. Die Möglichkeiten zur Abhilfe sollten im Kurs durchaus ausgiebig diskutiert werden. Als Beispiel sei eine Kursteilnehmerin genannt, die zwei Töchter hatte (drei und fünf Jahre alt). Beide pflegten immer dann ins Schlafzimmer zu kommen, wenn die Mutter üben wollte. Schließlich half sich die Mutter, indem sie der älteren Tochter den »wichtigen Auftrag« gab, so lange in der Küche auf die jüngere Schwester aufzupassen und mit ihr zu spielen, bis der auf 20 Min. eingestellte Wecker schellte. So kam die Mutter zu ihrem regelmäßigen ungestörten mittäglichen Autogenen Training.

Unter innerer Gestimmtheit ist die Einstellung des Lernenden zum A. T. zu verstehen. Frühzeitig und immer wieder muß der Kursteilnehmer darauf verweisen, daß im Autogenen Training nichts erzwungen werden kann, der Lernende sollte sich lediglich zum regelmäßigen Üben »zwingen«.

Wichtig ist auch, daß die Übungszeit nicht zu knapp bemessen wird. Wenn der Übende nur 5 Min. Zeit hat, weil er genau weiß, daß spätestens dann das Telefon klingelt, besteht wohl kaum große Aussicht auf Erfolg. Oft fühlen sich Übende so sehr eingespannt in ihre Verpflichtungen und die entsprechenden Überlegungen, daß sie deshalb glauben, sich nicht genügend auf das A.T. konzentrieren zu können. Auch hier sind klärende Gespräche notwendig. Fast immer stellt sich heraus, daß ein Weg gefunden werden kann; gelegentlich allerdings muß z. B. auf die mittägliche Übung verzichtet werden, da allem Anschein nach wirklich keine Möglichkeit zu einem Üben in Ruhe besteht.

Die Übungshaltungen

Das Autogene Training kann letztlich in der einen oder anderen Form in fast jeder Körperhaltung *ausgeübt* werden. Für den Übenden gibt es jedoch einige Haltungen, die sich als sinnvoll erwiesen haben. Es handelt sich hier um die Liegehaltung, die Lehnsesselhaltung und die Droschkenkutscherhaltung.

Liegehaltung (siehe Abb. 3)

Sie gilt vielen als die geeignetste Übungshaltung. Der Übende liegt auf dem Rükken, ein kleines Kissen oder eine Nackenrolle im Nacken (A). Die Beine liegen ausgestreckt und locker, ein wenig gespreizt; die Fußspitzen zeigen nach außen (B). (Wenn die Beine wie bei einem Soldaten aneinanderlagen und die Fußspitzen senkrecht in die Luft wiesen, sprach *Schultz* von der »preußischen Krankheit«.) Die Knie sind entweder gerade durchgestreckt oder - besser - es wird eine zusammengerollte Decke o. ä. unter die Kniekehlen geschoben (C). (Bei leicht gebeugten Knien ist die Muskulatur besser entspannt als bei durchgestreckten Knien.) Die Arme liegen seitwärts neben dem Körper, die Ellenbogen sind leicht angewinkelt (D). Es ist auch möglich, die Hände auf die Oberschenkel zu legen.

Wenn diese Übungshaltung im Kurs demonstriert werden soll, so ist es empfehlenswert, einen der Kursteilnehmer zu bitten, sich ganz entspannt auf einer Couch, Decke o. ä. hinzulegen. Viele legen sich spontan in der oben beschriebenen Haltung nieder. Hieran läßt sich dann das oben Gesagte demonstrieren. Liegt der Kursteilnehmer in einer anderen Haltung, sollte man ihn zu selbstkritischer Skepsis anleiten, ihn u. a. bitten, es doch einmal so oder so zu versuchen und ihn auf diese Weise zu der gewünschten Liegehaltung leiten.

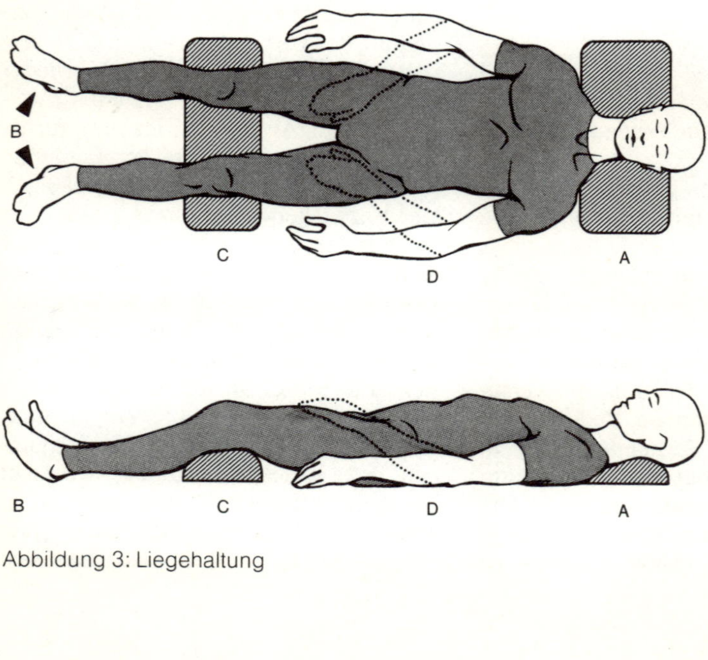

Abbildung 3: Liegehaltung

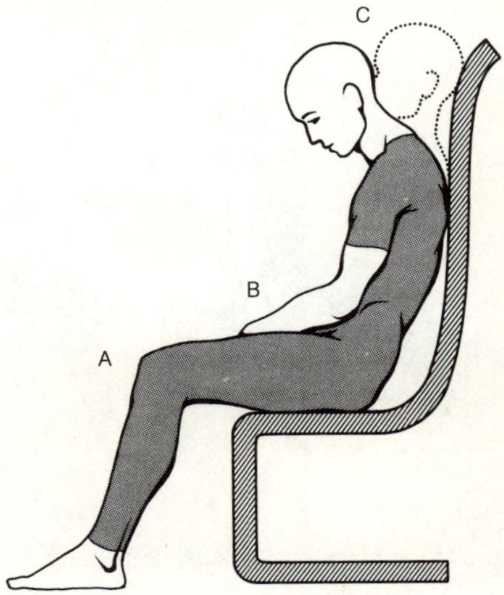

Abbildung 4: Lehnsesselhaltung

Lehnsesselhaltung (siehe Abb. 4)

Heute würden wir vielleicht eher von einer »Fernsehsesselhaltung« sprechen. Der Übende sitzt dabei in einem bequemen Sessel oder auf einer Couch. Er lehnt sich an und stellt beide Füße so auf den Boden, daß sie etwas voneinander entfernt stehen und der Winkel der Knie mehr als 90 Grad beträgt (A). Die Arme ruhen auf den Sessellehnen oder auf den Oberschenkeln (B). Der Kopf ist angelehnt oder hängt locker nach vorn (C). Der Kopf sollte nicht nach hinten überdehnt auf der Rückenlehne ruhen, da dies für die gesamte Schulter- und Halsmuskulatur keine entspannte Lage darstellt.

Droschkenkutscherhaltung (siehe Abb. 5)

In dieser Haltung benötigt man keine Muskelkraft, um – trotz fehlender Rükkenstütze – sitzenzubleiben. In dieser Position kann man sogar schlafen, ohne umzufallen. Dies war es auch, was *J. H. Schultz* bei den Droschkenkutschern im Berlin der 20er Jahre beobachtete und ihn zu dieser Übungshaltung und dieser Benennung führte.

Die Übenden sitzen zunächst aufrecht auf einem harten Stuhl, einem Hocker o.ä. Haben sie sich zunächst anlehnen können, so rücken sie jetzt auf der Sitzfläche 10 bis 20 cm nach vorn, so daß sie keinen Kontakt zur Rückenlehne haben (Abb. 5.1). Sie knicken dann in der Lendenwirbelsäule bzw. dem Ileosakralgelenk ein, wobei die Schultern weiterhin nahezu senkrecht über der Sitzfläche verbleiben (Abb. 5.2). Die von *Schultz* immer wieder genannte »Kopf-Gesäß-Achse«, d.h. die Position des Kopfes senkrecht über dem Gesäß, scheint mir eine nicht zutreffende Beschreibung zu sein; bei einer derartigen Sitzposition müßte die Bauchmuskulatur angespannt werden, um nicht hintenüber zu fallen – oder der Kopf ganz aufrecht gehalten werden, was einem Anspannen der Nackenmuskulatur entspräche. Die von *Schultz* selbst in seinem Standardwerk gegebene Abbildung der Droschkenkutscherhaltung entspricht auch in keiner Weise seiner Beschreibung einer Kopf-Gesäß-Achse.
Die Unterarme liegen locker auf den Oberschenkeln (B) und werden bei dieser Haltung nicht zum Stützen des Oberkörpers verwendet! Die Beine sind wiederum leicht gespreizt, so daß sich die auf der

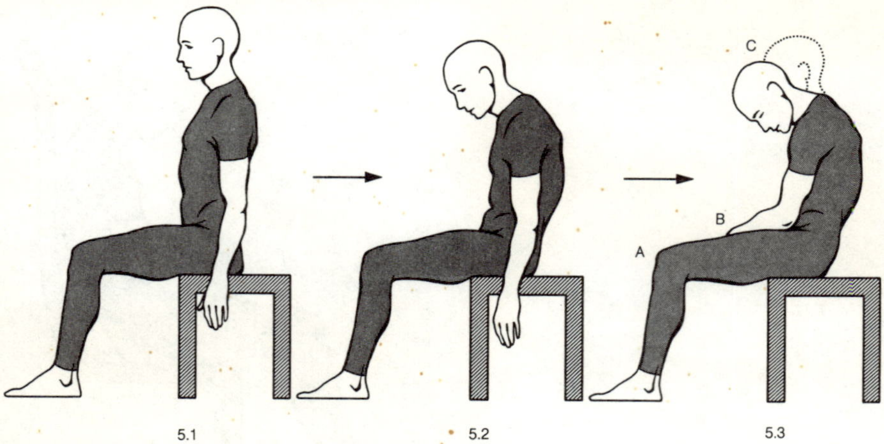

Abbildung 5: Droschkenkutscherhaltung

Innenseite der Oberschenkel herunterhängenden Hände nicht berühren. Der Winkel Unter- zu Oberschenkel beträgt wieder mehr als 90 Grad (A). Die Füße stehen etwas voneinander entfernt fest auf dem Boden; Schuhe mit hohen Absätzen sollten wegen der unphysiologischen Spitzfußstellung zuvor ausgezogen worden sein. Der Kopf hängt locker nach vorn über (C), wobei bei manchen Kursteilnehmern das Kinn sogar die Brust berührt (Abb. 5.3). Dies führt anfänglich gelegentlich zu ziehenden Schmerzen im Schulter-Nacken-Bereich, die jedoch nach spätestens zwei bis drei Wochen verschwunden sind und dem Kursteilnehmer so anzeigen, um wieviel entspannter er bereits ist. Manche Kursleiter empfehlen allerdings, den Kopf nicht so weit nach vorn hängen zu lassen und so Beschwerden gar nicht erst entstehen zu lassen.

Einige wenige Kursteilnehmer, die z. B. eine schwere degenerative Veränderung der Halswirbelsäule haben oder unter Schwindel oder Atemnot leiden, können und sollen den Kopf nicht nach vorn hängen lassen, sondern ihn aufrecht halten; evtl. ist für diese Personengruppe auch auf diese Übungshaltung zu verzichten.

Durch ein Zurücksinkenlassen des Oberkörpers gelangt man von der Droschkenkutscherhaltung direkt in die Lehnsesselhaltung.

Die Droschkenkutscherhaltung hat großen praktischen Wert. Während die Liege- und Lehnsesselhaltung nicht immer und überall realisierbar sind, ist dies für die Droschkenkutscherhaltung doch der Fall (und sei es auf der Toilette!). Hinzu kommt, daß das Sich-Einfinden in der Droschkenkutscherhaltung eine stärkere Zuwendung zum Körper verlangt, was dem Konzept des Autogenen Trainings entgegenkommt. Schließlich – wie erwähnt, ist daran, daß die Haltung immer müheloser und ohne jede Beschwerden eingenommen werden kann, bald schon ein Übungserfolg abzulesen.

Übungshäufigkeit und -dauer

Immer wieder ist darauf hinzuweisen, daß zwei- bis dreimal täglich geübt werden soll, weder mehr noch weniger. Bei einem häufigeren Üben käme sehr leicht ein Erzwingen-Wollen sowie ein deutlicher Leistungsaspekt ins Autogene Training

hinein, beides widerspricht dem Charakter des Autogenen Trainings.
Anfänglich sollte auf eine Begrenzung der Übungszeit geachtet werden, für die ersten Übungen reichen 1 bis 3 Min. vollkommen aus. Auch hier ist wieder denjenigen vorzubeugen, die den Erfolg erzwingen wollen und am liebsten »mit aller Macht« so lange üben möchten, bis der Erfolg sich einstellt.
Für spätere weitere Übungen gilt als Zeitangabe: *Solange es angenehm ist!* Erfahrungsgemäß braucht ein Übender zum Abschluß des Kurses, wenn er alle Übungen mehr oder weniger gut beherrscht, ca. 20 Min. pro Übung. Sobald die »organismische Umschaltung« gelingt, kann diese Zeit wieder ohne weiteres verkürzt werden.
Als günstig erweist es sich, stets zur gleichen Zeit bzw. an der gleichen Stelle des Tagesrhythmus (z.B. im Anschluß an eine Mahlzeit, vor dem Einschlafen usw.) zu üben. Der Organismus stellt sich auf derartige Regelmäßigkeit ein, ähnlich einem Hungergefühl, das sich kurz vor 12.00 Uhr einstellt, wenn man gewöhnt ist, um 12.00 Uhr zu Mittag zu essen.
Bei regelmäßigem, zwei-, dreimal täglichem Üben wird es *durchschnittlich vier bis sechs Monate* dauern, bis der Übende das Autogene Training beherrscht, d. h. prompt und sicher die organismische Umschaltung bewältigt; er wird somit vom »Übenden« zum »Ausübenden«. Ein regelmäßiges »Üben« ist dann nicht mehr notwendig, ein tägliches »Ausüben« bleibt natürlich empfehlenswert.
Das in die freie Verfügbarkeit der Person übergegangene Autogene Training ist nun auch nach längeren Zeiträumen jederzeit wieder verfügbar. Lediglich bei Pausen von mehr als ca. einem Jahr wird eine kurze Einübungsphase notwendig sein. Ein guter Vergleich bietet sich z.B. im Fahrradfahren oder auch Schreibmaschineschreiben an, die bei guter Beherrschung auch kaum verlernt werden können, sondern bei erneuter Ausübung nach längerer Pause nur eine gewisse Ungeschicklichkeit erkennen lassen, die bald zu beheben ist.
Die Tatsache, daß die meisten Kursteilnehmer die volle Beherrschung der Grundstufe erst nach Kursende erlangen, läßt eine Achillesferse des Autogenen Trainings sichtbar werden, nämlich die Notwendigkeit regelmäßigen Übens. Bei Nachbefragungen (z.B. *Kraft,* 1978) zeigt sich, daß viele – trotz guter Anfangserfolge – nach Kursende ohne die Stimulation durch die Gruppe und den Kursleiter das regelmäßige Üben vernachlässigen. In manchen Fällen sind auch neu aufgetauchte Störungen der Grund für einen Abbruch des Trainings. Um hier vorzubeugen, ist es notwendig, daß der Kursleiter anbietet, daß die Kursteilnehmer sich auch nach Abschluß des Kurses bei Schwierigkeiten selbstverständlich an ihn wenden können und sollen.
Aus den hier genannten Gründen, wie auch zwecks Erarbeitung formelhafter Vorsatzbildungen im Anschluß an die vollständige Beherrschung der Grundstufe erscheint die Einrichtung von *»Kursen für Fortgeschrittene«* sinnvoll (siehe 3. Kap.).

Zurücknahme

Jede Übung als eine mehr oder weniger tiefe Autohypnose muß aktiv beendet werden. Auf die Rücknahme ist von seiten des Kursleiters allergrößter Wert zu legen. Jedes Üben schließt mit dem energischen – gedachten – Kommando:

»Arme fest! Atmung tief! Augen auf!«

Gleichzeitig sollten die Arme kräftig gestreckt und gebeugt, die Fäuste kräftig geballt werden; danach wird mehrmals schnell und tief eingeatmet, schließlich werden die Augen geöffnet. Dieses Zurücknehmen erfolgt auch, wenn beim Üben keinerlei Wirkung beobachtet worden ist. Ein besonders nachdrücklichkräftiges Zurücknehmen wird gelegent-

lich als »bayrische Zurücknahme« (*Krapf,* 1970) bezeichnet.
Es sollte nicht vergessen werden zu erwähnen, daß die Rücknahme vor dem Einschlafen unbedingt unterbleiben soll, da es anderenfalls auch bei Personen, die bisher nie unter Schlafstörungen gelitten haben, zu Schlafstörungen kommen kann. Es ist zu empfehlen, sich nach der Übung direkt in die gewünschte Schlafposition zu drehen - wie ein müdes Walroß (sogenannte *Walroßtechnik; Krapf,* 1970). Von seiten der Kursteilnehmer wird immer wieder gefragt, ob sie dann am nächsten Tage im autohypnoiden Zustand des Autogenen Trainings aufwachen würden und dementsprechend am nächsten Morgen zurücknehmen müßten. Dies ist nicht der Fall, denn jeder Schlaf löst eine Hypnose, somit auch den autohypnoiden Zustand des Autogenen Trainings. Hinzukommt, daß das morgendliche Rekeln ja sowieso als das Vorbild der Zurücknahme gelten kann.
Störungen im Anschluß an die Übungen beruhen zu einem großen Teil auf einer mangelhaften Zurücknahme: »*Wallnöfer* berichtet von einer Übenden, die ohne Zurücknahme sich ins Auto setzte, alle Verrichtungen automatisch vollzog, zwei rote Ampeln überfuhr, von der Polizei angehalten wurde und sich nicht im einzelnen erinnern konnte, wie alles vor sich gegangen war« (zit. nach *Binder,* 1979). Auch wenn Derartiges sicherlich eine Ausnahme ist, so ist doch dieser Mitteilung Beachtung zu schenken. Weniger spektakuläre Ereignisse wird allerdings jeder Kursleiter bald aus seinen Kursen zu berichten wissen.

Erweiterung der Übungen

Wenn an zwei aufeinanderfolgenden Tagen die bis dahin verwendeten Übungsformeln zuverlässig realisiert werden konnten, ist dies ungefähr der Zeitpunkt, in der Übung fortzuschreiten (z. B. die Formel »Mein rechter Arm ist angenehm schwer« abzuwandeln in »Beide Arme sind angenehm schwer«). Häufig jedoch kommt es zu einer spontanen Generalisierung, so daß der Übende mit seinen Formeln den körperlichen Reaktionen eher folgt als daß er sie herbeiführt.
Während *Schultz* noch einen Zwei-Wochen-Rhythmus für die Einführung der neuen Übungen forderte, hat sich heutzutage weitestgehend ein wöchentlicher Rhythmus eingebürgert. Dies führte dazu, daß manchmal durchaus noch nicht alle Übungsinhalte realisiert werden konnten; dies hindert jedoch in keiner Weise den Beginn der neuen Übung. So kommt es durchaus vor, daß ein Kursteilnehmer ein Schweregefühl im rechten Arm hat, dafür aber ein generalisiertes Wärmegefühl und mit der Atemübung noch nicht zurechtkommt.

Verhalten bei Störungen

Eine Vielzahl von Störungen und Nebenwirkungen im Autogenen Training sind bekannt, ihnen gelten zum wesentlichen Teil die folgenden Ausführungen (siehe 2.2 bis 2.7). Allgemein gilt, daß bei gröberen Störungen, die den Kursteilnehmer möglicherweise sogar ängstigen, eine sofortige Rücknahme geboten ist. Die wesentliche Aufgabe des Kursleiters ist es, in den Gruppenstunden die Kursteilnehmer zu beraten, auf Fehler hinzuweisen, Alternativen aufzuzeigen.
Neben dieser helfenden Einstellung des Therapeuten gilt es jedoch stets auch, aufgetretene Schwierigkeiten, Störungen, Formelabänderungen etc. als hilfreiche Wegmarkierungen zum Verständnis des Patienten und seiner unbewußten Konflikte zu nutzen: Welcher Konflikt drückt sich in einer aufgetretenen Störung oder einem Mißverständnis aus? Was bringt der Körper des Patienten zum Ausdruck, was in dieser Form noch gar nicht bewußt ist, aber zum Nutzen des Patienten aus seinem unmittelbaren Körpererleben

heraus ggfs. bewußt gemacht werden könnte? Neben diesen Fragen nach dem lebensgeschichtlichen Hintergrund ist zugleich auch das Geschehen hier und jetzt, also die aktuelle Übertragungs- und Gegenübertragungs-Situation zu beachten. Das Ziel und der daraus resultierende Stil der Vermittlung (mehr strukturierend-stützend einerseits oder offen, analytisch orientiert andererseits) entscheiden darüber, wie im Einzelfall mit den Schwierigkeiten umzugehen sein wird (vgl. hierzu besonders 1.7 und.1.8 sowie die nachfolgenden Beispiele 2.2.4 etc.).

2.1.4 Die Ruhetönung

Es bestehen zum Teil unterschiedliche Auffassungen darüber, ob eine »Ruheübung« allen Übungen vorangestellt werden solle oder nicht. *J. H. Schultz* selbst hat diesbezüglich verschiedenes probiert und gelangte schließlich zu dem Begriff der »Ruhetönung«: »Ist die Versuchsperson in entsprechender Haltung mit geschlossenen Augen zur Arbeit bereit, so leiten wir sie zunächst an, sich auf eine allgemeine *Stimmungsformel* einzustellen, indem sie sich die Worte ›Ich bin ganz ruhig‹ so eindrücklich wie möglich *vergegenwärtigt«* (Schultz, 1976).

Dieses Vorgehen kann jedoch problematisch sein und bei abgehetzten, psychomotorisch unruhigen Kursteilnehmern Widerstände hervorrufen (»Das kann ich mir noch so oft einreden, davon werde ich eher noch kribbeliger.«). So ist immer darauf zu verweisen, daß es sich hier nicht um eine Übung, sondern nur um eine Einstellung, gewissermaßen ein Motto des Autogenen Trainings handelt, das den eigentlichen Übungen vorangestellt wird als eine »Zielvorstellung«.

Eher geeignet erscheint mir der Einstieg in die Ruhetönung über die Vorsatzbildung der Schwereübung. Hierbei wird der Vorsatz: »Ich bin ganz ruhig«, oder vielleicht besser noch

»Ruhe kommt von selbst«

erstmalig *nach* der Schwereübung verwendet sowie im Folgenden immer wieder zwischen den einzelnen Übungen. So begleitet dieses »Motto des Autogenen Trainings« das gesamte Autogene Training (vergl. hierzu auch *Binder,* 1979).

2.1.5 Praktische Beispiele

Nachdem die Einführung ins Autogene Training ausführlich besprochen worden ist, könnte leicht der Eindruck entstehen, als sei hierfür eine ganze Stunde notwendig. Dies ist durchaus nicht so. Ein Beispiel für eine sehr knappe und dennoch ausreichende Einführung ins Autogene Training hat *Langen* (1980) gegeben:

»Sie üben dreimal täglich, morgens nach dem Aufwachen, mittags in der Mittagsruhe und abends vor dem Einschlafen. Sie legen sich auf den Rücken, die Haltung zeige ich Ihnen gleich. Dann schließen Sie als erstes die Augen und blenden damit die Außenwelt ab. Dann konzentrieren Sie sich: ›Ich bin ganz ruhig‹ und wiederholen diese Vorstellung ein paarmal (vgl. hierzu aber 2.1.4!). Sind Sie optisch, akustisch oder motorisch orientiert? Je nachdem heften Sie die Konzentration an das bei Ihnen führende Sinnesorgan. Als zweites konzentrieren Sie eine Schwere. Sind Sie Rechts- oder Linkshänder? Danach: Der rechte (der linke) Arm ist schwer. Sie müssen wissen, daß das Autogene Training auf zwei psychobiologischen Grundgesetzen aufbaut. Erstens: Jede Konzentration hat die Tendenz, sich im Körperlichen zu verwirklichen. Zweitens: Eine in einem Körperteil realisierte Konzentration hat die Tendenz, sich über den ganzen Körper auszubreiten. Dieser Ruhe- und Schwereübung geben Sie sich, die einzelnen Konzentrationen monoton wiederholend, 1 bis 2 Min. lang hin. Dann nehmen Sie zurück durch: Arme fest, tief atmen, Augen auf. Nur bei der Abendübung nehmen Sie nicht zurück, sondern lassen die Übung in den Schlaf übergehen, denn Autogenes Training und Schlaf sind wie Geschwister. Hier habe ich Ihnen die beiden Übungen aufgeschrieben, damit Sie es nicht vergessen.«

Dies ist zweifellos eine sehr knappe Einführung, jeder einzelne Kursleiter wird sich entsprechend seinen eigenen Neigungen und den Bedürfnissen seiner Kursteilnehmer entscheiden, wie er die Einführung ins Autogene Training zu gestalten hat.

Zur ersten Übungsstunde gehört die anschließend zu besprechende Schwereübung (siehe 2.2) hinzu. Sie wird aus didaktischen Gründen ebenso wie die fünf übrigen Übungen der Grundstufe besonders besprochen.

Als eine Anregung sei abschließend der zeitliche Ablauf der 1. Kursstunde skizziert (vgl. hierzu auch Binder, 1979):

20 bis 2[illegible]
Einfü[illegible]aining
(vgl. [illegible]

10 Minu[illegible]
Erklä[illegible]chwe-
reübu[illegible].
Erste[illegible]

15 Minut[illegible]
Berich[illegible]lneh-
mer, [illegible] von
Verstä[illegible] Un-
klarhe[illegible]

5 Minuten
Anleitung für das weitere Üben zu Hause (vgl. 2. 13)

Die Kursstunde umfaßt bei diesem Vorgehen 1 Zeitstunde, also 60 Minuten. Dies entspricht einem durchschnittlichen Zeitaufwand, der ansonsten zwischen minimal 20 Min. (vgl. hierzu auch die Gebührenordnung für Ärzte) und maximal 90 Min. liegt.

Die späteren Übungsstunden setzen sich dann aus den Berichten der Kursteilnehmer über Erfolge/Mißerfolge der vergangenen Woche, erklären der jeweils neuen Übung, gemeinsamem Üben und Besprechung der gemeinsamen Übung in stets gleicher Weise zusammen.

2.2 Schwereübung

2.2.1 Physiologische Grundlagen und psychosomatische Bezüge

Psychischer Streß ruft im Rahmen der allgemeinen Aktivierung immer auch eine besondere muskuläre Anspannung hervor. Man denke nur an das Lenken eines Autos bei Tempo 180: trotz des an sich ruhigen Sitzens ist die gesamte Körpermuskulatur angespannt, insbesondere die Muskulatur des Schulter-Nacken-Bereichs. Andererseits werden »die Beine weich« und drohen nachzugeben, wenn belastende und erschütternde Ereignisse anstehen.

Eine entspannte Muskulatur, die lediglich den Bedingungen der momentanen Haltung entspricht, finden wir bei einer ausgeglichenen Stimmungslage. Einen Extrempunkt stellt die muskuläre Entspannung im traumlosen Schlaf dar.

Das Autogene Training wendet sich mit seiner ersten Übung also an ein Organsystem, das einerseits zwar der Willkürinnervation unterworfen ist und somit zunächst am ehesten zu beeinflussen ist (größte Ich-Nähe, d.h. relativ größte bewußte Verfügbarkeit), andererseits aber einer Vielzahl von emotionalen Einflüssen unterliegt.

Kann sich der Übende »gehen lassen«, kann er sich loslassen, geschehenlassen, hat er Vertrauen in sich selbst, in die Gruppe, in den Therapeuten – oder muß er sich stets zusammennehmen, zusammenreißen, hat er Angst, die Kontrolle zu verlieren, sich zu verlieren, ins Bodenlose zu fallen?! Wenn wir die Genese einer derart verstandenen muskulären Daueranspannung zurückverfolgen, gelangen wir zum Thema der Abwehr regressiver (Hingabe-) Bedürfnisse als Ausdruck eines neurotischen Trieb-Abwehr-Konflikts, möglicherweise jedoch auch als Ausdruck einer psychogenetisch früher anzusiedelnden Störung im Sinne eines »fehlenden Urvertrauens« (*Erikson,* 1973) bzw. einer »Grundstörung« (*Balint,* 1970). Die »inneren Haltungen«, die zum Ichsyntonen Charakterbild eines Menschen gehören können, sowie die unbewußten Konflikte prägen Aufnahme und Realisationsmöglichkeiten für die Schwereübung.

Die entspannte Muskulatur wird als »schwer« wahrgenommen, unter »Schwere« im Autogenen Training verstehen wir die durch Hinwendung der Aufmerksamkeit (Konzentration) wahrgenommene *Eigenschwere des Körpers.*

Das Volumen des Extremitäten nimmt bei der Schwere- (wie auch Wärme-) übung im allgemeinen deutlich zu, was z.B. mit Hilfe eines Plethysmographen (Meßinstrument zur Registrierung von Volumenänderungen) nachgewiesen werden kann. Für Kursteilnehmer ist diese objektivierbare körperliche Auswirkung des Autogenen Trainings ohne großen Aufwand z. B. daran festzustellen, daß ein vor der Übung leicht vom Finger abzuziehender Ring sich unmittelbar nach der Übung nicht mehr oder nur schwer vom Finger lösen läßt. Dieses Phänomen ist jedoch noch nicht während des ersten Übungstages, sondern erst nach einigen Wochen zu beobachten und sollte dementsprechend weder zu früh erwähnt noch zu früh erwartet werden.
Bei der Schwereübung beginnen wir im allgemeinem mit der Konzentration auf den sogenannten »Arbeitsarm«. Neurophysiologisch gesehen, erfolgen die Muskel- und Gefäßentspannungen jedoch meist symmetrisch, und zwar selbst dann, wenn erlebnismäßig ein Arm schwerer bzw. wärmer als der andere empfunden wird, was lediglich das Ergebnis der Hinwendung der Aufmerksamkeit ist (*Siebenthal,* 1952).
Auch die enge Beziehung der Schwereübung zur Wärmeübung (vgl. 2.3) ist leicht einzusehen. Bei entspannter Muskulatur kommt es zugleich auch (Entspannung=Dekompression der Gefäße, Gefäßerweiterung) zu einer verbesserten Durchblutung der Muskulatur, schließlich auch zu einer besseren Durchblutung des gesamten Organismus (siehe dazu *Polzien,* 1965). Schwere- und Wärmeübung sind so nicht klar voneinander abgrenzbar, und ein nicht geringer Teil der Kursteilnehmer realisiert auch zuerst ein Wärmegefühl, obwohl mit der Schwereübung begonnen wird (was selbstverständlich als positive Wirkung des Autogenen Trainings zu akzeptieren ist!).
Ihre besondere Indikation hat die Schwereübung bei allen *muskulären Verspannungen (»Myogelosen«),* insbesondere bei Verspannungen im Bereich des sogenannten »Schulter-Nacken-Feldes« (siehe hierzu 2.3.2); von hinten nach vorn ausstrahlende *Kopfschmerzen* sind eine häufige Folge – und eine dankbare Indikation für das Autogene Training.
Im A.T. sollten wir jedoch nicht mechanisch denken, so als gelte es lediglich, mittels der Schwereübungen Verspannungen zu lösen. Unsere Aufmerksamkeit muß sich vielmehr darauf richten, zu verstehen, was den Betroffenen so sehr belastet, daß er seine Muskulatur dauerhaft übermäßig innerviert, immer angespannt (auf dem Sprung? verteidigungsbereit?) ist. Direkte Fragen bringen uns nur sehr selten der Lösung psychophysischer Zusammenhänge näher: Wer fragt, bekommt Antworten – sonst nichts (vgl. auch *Balint,* 1965, S. 167–188). Schilderungen der Lebensumstände und Beobachtung des Verhaltens in der konkreten gegenwärtigen Situation ergeben demgegenüber erste wertvolle Hinweise.
Schmerzhafte Verspannungen der Rückenmuskulatur – die häufig geklagten Rük-

kenschmerzen können eine Folge von Bandscheibenschäden, degenerativen Wirbelsäulenerkrankungen, einer Skoliose usw. sein. Der Schmerz führt zu einem Circulus vitiosus, da er eine vermehrte Verspannung bewirkt, diese die Schmerzen verstärkt usw. Hier kann das Autogene Training – auch bei organischer Ursache – lindernd wirken, indem es hilft, diesen negativen Verstärker-Kreislauf zu unterbrechen.
Daneben ist stets kritisch zu fragen, ob ein festgestellter organischer Befund wirklich auch die Ursache der geklagten Schmerzen ist; nur zu leicht sind wir bereit, eine Kausalität bei vorliegendem »objektiven Befund« als gegeben anzunehmen.

Als Beispiel sei von einer 20jährigen Kursteilnehmerin berichtet, die seit Jahren bereits unter z.T. heftigen Rückenschmerzen litt. Eine mäßiggradige Skoliose mit einer seitendifferenten Ausprägung der Rückenmuskulatur waren bekannt und wurden als Ursachen der Rückenschmerzen angenommen. Gymnastik, Massagen, Einreibungen usw. brachten immer nur vorübergehende Erfolge.
Die Kursteilnehmerin lernte die Grundstufe des Autogenen Trainings und war nach ca. sechs Monaten von ihren Rückenschmerzen befreit (Nachbeobachtungszeit: 10 Jahre). Die Verspannung der Rückenmuskulatur war wesentlich Ausdruck einer psychischen Verspannung gewesen; die Skoliose hatte lediglich für einen »locus minoris resistentiae« gesorgt.

Die tägliche Erfahrung in der Praxis lehrt, daß die Überinterpretation körperlicher Befunde mit nachfolgenden, oft eingreifenden somatischen Untersuchungen und Therapieversuchen sicherlich ebenso sinnlos, leidvoll und gefährlich ist wie das Übersehen einer körperlichen Ursache: »Die Geschichte zeigt, daß nicht nur die Gefahr besteht, ein körperliches Symptom zu übersehen, sondern auch die, eines zu finden« (*Balint,* 1965, S. 95). Die Psychogenese einer Symptomatik darf heute nicht mehr lediglich durch eine somatische Ausschlußdiagnostik behauptet werden (»dann ist es eben psychisch!«), sondern sie ist im konkreten Fall durch entsprechende Psychodiagnostik nachzuweisen und ggf. in ihrer Interaktion mit körperlichen Gegebenheiten (»locus minoris resistentiae«, s. oben) zu diskutieren bzw in ihrem Ausdrucksgehalt (»sich zusammenreißen«, »Haltung bewahren«) zu verstehen.

2.2.2 Methodisch-didaktische Einführung der Schwereübung

Sicherlich ist es günstig, wenn zunächst einige der oben skizzierten psychosomatischen Zusammenhänge im Kurs als Beispiele aus der alltäglichen Erfahrung der Kursteilnehmer gemeinsam aufgefunden werden.
Ziel der Schwereübung ist ein Empfinden der Schwere des gesamten Körpers; die entspannte Muskulatur wird als »schwer« empfunden. Aus lerntheoretischen Gesichtspunkten beginnen wir jedoch mit der Konzentration auf nur eine Extremität, und zwar auf den sogenannten »Arbeitsarm«, d. h. bei Rechtshändern der rechte, bei Linkshändern der linke Arm.

Die Übungsformel lautet:

»Der rechte (linke) Arm
ist ganz schwer.«

Es sind mehrere geringfügige Abwandlungen dieser Formel möglich, die untereinander vollkommen gleichwertig sind. Da sie jedoch in ihrem Rhythmus unterschiedlich sind, zeigen einzelne Kursteilnehmer immer wieder auch eine Vorliebe für andere als die Standardformel. Auch bekommen die Kursteilnehmer so den Eindruck, ein Stück individueller Gestaltungsmöglichkeit des an sich recht stark standardisierten Autogenen Trainings zu bekommen (vgl. auch 1.7.4).

*»Der rechte (linke) Arm
ist angenehm schwer.«*

*»Der rechte (linke) Arm
ist schwer.«*

*»Mein rechter (linker) Arm
ist angenehm schwer.«*

Einige Kursteilnehmer empfinden alsbald ein Schweregefühl in beiden Armen bzw. können sich mit dem »unphysiologischen« seitendifferenten Schweregefühl nicht abfinden. Aufgrund der bereits genannten neurophysiologischen Gesichtspunkte (vgl. 2.2.1) ist auch die folgende Formel zu akzeptieren:

*»Beide Arme sind angenehm
(ganz) schwer.«*

Zu warnen hingegen ist vor Formeln, die von einem »bleischwer« sprechen; zum einen handelt es sich um einen vollkommen unphysiologischen Begriff, zum anderen können Beschwerden auftreten, insbesondere die Rücknahme überdauernde Mißempfindungen.
Es ist zweckmäßig, die Kursteilnehmer auf das Präsens, die Gegenwartsform der Formeln hinzuweisen, da eigenmächtige Abwandlungen in: »Der rechte Arm wird schwer«, gar nicht selten sind. Es kommt jedoch beim Autogenen Training alles auf die Intensität der Vergegenwärtigung an; eine auf die Zukunft gerichtete Formel wird zwar kaum zu Störungen, jedoch auch kaum zu Erfolgen führen.
Ein nur einmaliges Vergegenwärtigen der Formeln reicht nicht aus, sie sollen statt dessen ungefähr fünf- bis sechsmal wiederholt werden. Mit einem Wiederholen ist kein »Herunterleiern« der Formeln gemeint, sie dienen der Unterstützung der Konzentration, der Hinwendung der Aufmerksamkeit auf den zu beeinflussenden Teil des Körpers. Insbesondere handelt es sich bei den Formeln um eine wesentliche Konzentrations*hilfe,* die einem Abschweifen zu anderen Gedankeninhalten entgegenwirkt.
Bei dem *gemeinsamen Üben* während der ersten wie auch bei allen folgenden Kursstunden hat der Kursleiter zunächst auf die richtige Einnahme der Haltungen zu achten. Trotz aller Erklärungen, Anschauung usw. müssen viele Kursteilnehmer individuell in ihrer Haltung korrigiert werden. Als hilfreich erweist es sich, die Kursteilnehmer dazu anzuhalten, sich zunächst erst einmal »in ihren Körper einzufühlen«, körperlich zu einer in sich ruhenden Position zu finden, d.h. gerade bei der Droschkenkutscherhaltung so lange die Haltung zu ändern, bis die richtige Sitzposition gefunden ist.

Bei einer anfänglichen Übungszeit von 2 bis 3 Min. werden die Kursteilnehmer maximal 2mal ihr *Formelpaket* (d.h. mehrmalige Wiederholung z.B. der Formel: »Mein rechter Arm ist ganz schwer«) in Ruhe sich vergegenwärtigen können. Zwischen diese einzelnen Übungen soll jeweils einmal das »Motto des Autogenen Trainings« eingestellt werden: »Ruhe kommt von selbst« oder »Ich bin ganz ruhig.«
Nach 2 bis 3 Min. bittet der Kursleiter die Gruppe zurückzunehmen; es muß darauf hingewiesen worden sein, daß dies nicht etwa ein prompt zu befolgender Befehl ist, sondern lediglich eine Aufforderung, entsprechend dem eigenen Rhythmus langsam zu einem Ende zu kommen und selbsttätig zurückzunehmen.

Für das weitere Üben zu Hause werden die Kursteilnehmer auf die *Vervollständigung der Schwereübung* hingewiesen. Hierbei gibt es zwei verschiedene Wege. Ein Teil der Kursteilnehmer berichtet über eine spontane Generalisierung des Schweregefühls und folgt dementsprechend mit ihren Formeln nach, der andere Teil der Kursteilnehmer bahnt mit Hilfe der Formeln die Ausbreitung des Schwereerlebnisses:

»Beide Arme sind ganz (angenehm) schwer.«

Wenn dies realisiert werden kann, folgt:

»Arme und Beine sind ganz (angenehm) schwer.«

Sobald dies realisiert werden kann, erfolgt die Ausbreitung des Schwereempfindens auf den ganzen Körper:

»Körper ganz (angenehm) schwer.«

Ziel der Schwereübung ist also, daß nicht etwa nur ein Schwereerlebnis im rechten Arm eingestellt wird, sondern der gesamte Körper als schwer empfunden wird. Im weiteren Übungsverlauf nach einigen Wochen reicht meistens schon die Vorstellung »Schwere« vollkommen aus, um die Entspannung herbeizuführen.
Nicht eigens angesprochen wird im allgemeinen das Entspannen der *Gesichtszüge,* obwohl gerade hier oft Restspannungen verbleiben, deren bewußtes Lösen zur allgemeinen Entspannung wesentlich, manchmal direkt ruckartig, beiträgt. Die Kursteilnehmer sollten hierauf ausdrücklich hingewiesen werden, eine eigene Formel erübrigt sich im allgemeinen. Ggf. kann allerdings verwendet werden: »Gesicht ruhig und entspannt«, oder: »Gesichtszüge glatt und gelöst.«
Da das Schließen des Mundes ein aktiver Vorgang ist, ergibt sich, daß beim Üben der Unterkiefer leicht absinkt und der Mund sich leicht öffnet. Manche Kursteilnehmer fragen mehr scherzhaft - in diesem Zusammenhang, ob dann nicht die Zunge heraushänge (»wie sehe ich denn dann aus hier im Kurs?!«). Da das Herausstrecken der Zunge jedoch ein aktiver Prozeß der Muskelanspannung ist, können die Kursteilnehmer diesbezüglich beruhigt werden.

Auf die weiteren Bedingungen für das häusliche Üben ist im Zusammenhang mit der speziellen Einführung (siehe 2.1.3) bereits ausführlich eingegangen worden. Teile daraus (Übungshäufigkeit und -dauer, Erweiterung der Übungen, Verhalten bei Störungen) werden sinnvollerweise erst nach der Schwereübung mit den Kursteilnehmern besprochen werden und wurden lediglich vollständigkeitshalber als Einführung der Besprechung der Schwereübung vorangestellt.
Der Kursleiter sollte m. E. zum Abschluß der ersten Kursstunde einige Bücher zum begleitenden Selbststudium vorstellen. Je nach Bildungsstand und Interesse der Kursteilnehmer sollten einige entsprechende Bücher kurz in ihren Vorzügen und Schwerpunkten besprochen werden. Für viele Kursteilnehmer ist es anregend, durch die Lektüre eine etwas andere Darstellung, neue Beispiele usw. in Erfahrung zu bringen, andere Kursteilnehmer wiederum sind froh, zu Hause noch einmal die neue Formel und ein paar Angaben zum theoretischen Hintergrund des Autogenen Trainings nachlesen zu können.

2.2.3 Hilfestellungen

Bereits beim ersten gemeinsamen Üben sind bis zu 60 Prozent positive Angaben zu erwarten. Einige Kursteilnehmer haben jedoch auch noch über einen Zeitraum von bis zu drei Wochen keinerlei Schwereerlebnis zu verzeichnen. Sofern nicht spezielle Störungen (siehe dazu 2.2.4) vorliegen, können ab der zweiten Kursstunde im Einzelfall folgende Hilfen angeboten werden:
Zunächst sollte noch einmal auf die *Intensität der Vergegenwärtigung* verwiesen werden. Der Kursteilnehmer soll versuchen, sich in seinen Arm »hineinzufühlen«. Je nach Lerntypus wird es dabei hilfreich sein, sich die Formeln leitbildartig vorzustellen, oder auch sich ganz plastisch vorzustellen, wie die entspannten Muskeln

am Skelettsystem hängen usw. Derartige Vorstellungen sollten im Gespräch mit dem Kursteilnehmer erarbeitet werden und sich an seinen sonstigen Lerngewohnheiten orientieren. Insbesondere gilt es, ein leeres Herunterleiern der Formeln zu vermeiden, ohne wiederum in das andere Extrem zu verfallen, die krampfhafte Konzentration.

Wichtig ist auch der wiederholte Hinweis, daß wir lediglich die (sonst nicht registrierte) *Eigenschwere* unseres Armes, unseres Körpers erleben. Es geht nicht darum, etwas zu machen, zu produzieren, sondern zu erleben. Eine mögliche Hilfe dabei kann sein, wenn der Kursleiter den Teilnehmer auffordert, einen Arm herunterhängen zu lassen, den anderen locker auf den Oberschenkel aufzulegen. Der Kursteilnehmer soll den Unterschied sich vergegenwärtigen und ihn schildern. Besondere Aufmerksamkeit gilt dabei der Auflagestelle des Armes auf dem Oberschenkel.

Die Badewanne zu Hause ist zwar kein Platz zum Üben des Autogenen Trainings, ein Vollbad ist jedoch geeignet, die Eigenschwere des Armes/der Arme zu erleben. Die im Wasser liegenden Arme scheinen durch den Auftrieb im Wasser sehr leicht. Wenn nun ein Arm langsam über die Wasseroberfläche gehoben wird, so ist die Eigenschwere im Vergleich zum anderen Arm sehr deutlich zu spüren. Dies erweist sich immer wieder als eine gute Selbst-Demonstration.

Ausdrücklich sollte jedoch darauf hingewiesen werden, daß im Bad nicht geübt werden sollte, da eine erhebliche Kollapsgefahr besteht.

Sollten die vorstehend genannten Hinweise auch weiterhin zu keinem Erfolg führen, können aus der »progressiven Relaxation nach *Jacobson*« entlehnte Hilfestellungen verwendet werden (zur Technik siehe 2.9).

Eine ähnliche Wirkung erreicht man mit der Aufforderung, daß der Kursteilnehmer die Arme vorstrecken und, solange es möglich ist, zumindest jedoch 10mal die Fäuste öffnen und schließen soll, um dann die Arme sinken zu lassen. Neben dem Schweregefühl stellt sich dann zugleich auch ein Wärmegefühl ein. Mit diesem auf physiologischem Wege herbeigeführten Schwere- und Wärmegefühl beginnt der Kursteilnehmer dann die Übung. Hierbei wird nun das Prinzip der »Ideoplasie« bereits verlassen und eine Realisierung der Übung über einen »bedingten Reflex« versucht. Als einer vorübergehend angewandten Hilfestellung ist dagegen bei anhaltenden Schwierigkeiten in der Realisierung der Schwereübung nichts einzuwenden.

Im Prinzip das gleiche gilt, wenn in der Liegehaltung ein Kissen auf einen Arm gelegt wird, um auf diese Weise einige Male mit diesem Hilfsmittel ein Gefühl der Schwere (und auch Wärme) zu vermitteln.

Auch bei einer offenen, analytisch orientierten Vermittlung des A.T. durch den Therapeuten wird nichts dagegen einzuwenden sein, diese genannten Hilfestellungen den Übenden zu vermitteln. Entscheidend ist vielmehr, inwieweit Anhaltspunkte für ein Verständnis dafür gewonnen werden können, warum z.B. die Realisierung einer Übung so lange auf sich warten läßt, warum Störungen auftreten etc. Es geht nicht darum, mittels der Hilfestellungen den Erfolg im A.T. zu erzwingen – was stets geradewegs in den Mißerfolg führen würde – , sondern entsprechend dem Verständnis für spezifische Schwierigkeiten des Übenden »Steine aus dem Weg zu räumen, die einer echten Eigenentwicklung im Wege liegen«, wie es *J. H. Schultz* in seinem bereits erwähnten Gespräch mit *S. Freud* so treffend formulierte.

2.2.4 Störungen

Störungen – das gilt für alle weitere Ausführungen zu diesem Thema – sollten keineswegs als lästige Übel, sondern als hilfreiche Wegmarkierungen zum Verständnis der bislang unbewußten Konflikte und Schwierigkeiten des Patienten verstanden werden (vgl. dazu auch *Hoffmann,* 1981 a, b; *Wallnöfer,* 1973). Bei der strukturierend-stützenden Vermittlung des A. T. in Kursen ist die praktische Konsequenz des Verständnisses nicht die Deutung, sondern der adäquate, an den Themen des A.T. orientierte Umgang mit dem Patienten; Übergänge zu einem deutenden Umgang bei aufgetretenen Schwierigkeiten ergeben sich beim offenen, analytisch orientierten Stil der Vermittlung, wie er besonders in der Einzeleinführung in das A. T. möglich ist (vgl. hierzu 1.8 und 2.9).

1. Wird über eine Nebenwirkung berichtet, so sollte die erste Frage des Kursleiters sein, ob es denn gestört habe. Gar nicht selten fühlen sich Kursteilnehmer durch vorübergehende Nebenwirkungen zwar nicht belästigt, möchten aber gerne vom Kursleiter hören, daß es sich um eine harmlose Nebenerscheinung handle.

   Oberstes Gebot sollte es bleiben, den Kursteilnehmer nicht mit einer Vielzahl von »Tips«, »Kniffen« zu überschütten, sondern – ganz gemäß dem Charakter des Autogenen Trainings – zunächst einmal abzuwarten.

   Wenn ein Kursteilnehmer über eine nicht weiter störende Nebenwirkung berichtet, kann es durchaus ratsam sein, zunächst einmal die nächste Kursstunde abzuwarten; über ein Großteil der Störungen wird dann nicht mehr berichtet.

2. Prinzipiell ratsam ist es, sich die Nebenwirkung genau schildern zu lassen sowie auch den bisherigen Übungsverlauf. Gar nicht selten wird man dabei feststellen, daß eine *falsche Formel* verwendet wurde und der Kursteilnehmer ganz erstaunt ist, wenn er darauf hingewiesen wird.
   Dies ist ein wichtiger Ausgangspunkt für Gespräche mit dem Übenden (vgl. »Mein rechter Arm ist vollkommen schwer« in Kapitel 1.8) sowie ggf. für Diskussionen in der Gruppe, um zu sehen, wie die Gruppe mit dieser Schwierigkeit umgeht – und wie die Gruppe im Laufe eines Kurses eine immer größere Selbständigkeit im Umgang mit den spezifischen Eigenarten des A.T. gewinnt (vgl. 1.7).

3. Manche Kursteilnehmer stellen »bestürzt« fest, daß sie ein Schweregefühl gehabt haben, ein evtl. prüfender Kursleiter (zur Problematik des Prüfens im Autogenen Training siehe 1.7.4) jedoch feststellte, daß die Muskulatur nicht entspannt war. Hier ist klarzustellen, daß üblicherweise das Gefühl der Entspannung (= Schwere) der objektiv nachweisbaren Entspannung vorausgeht. Der Weg geht von der *»Einbildung«* im Sinne des »Schein-Bild-Machens« zur Realität.

4. *Astheniker* weisen gelegentlich einen derart geringen Muskeltonus auf, daß kaum oder kein Unterschied zur vollkommenen Entspannung für sie wahrzunehmen ist und dementsprechend auch keine Schwere empfunden wird. Alle anderen Übungen werden jedoch störungsfrei erlernt.

5. Manche Kursteilnehmer berichten nicht über ein Schweregefühl, sondern über das genaue Gegenteil, ein *»Leichtigkeitsgefühl«* bis hin zu einem Gefühl des Schwebens (»Levitation«). Dieses Phänomen ist pychophysiologisch zu erklären. Unsere Rezeptoren in Muskeln und Sehnen informieren uns über die Spannungen, insbesondere über die Spannungsänderungen in den Muskeln sowie die Lageänderungen der Gliedmaßen zueinander. Wenn nun die Entspannung der Muskeln bzw. die Immobilisation soweit fortgeschritten ist, daß die Rezeptoren keine neuen Informationen erhalten

(weil der Zustand über lange Zeit stets der gleiche ist), so geraten wir in einen für das Wachbewußtsein vollkommen ungewöhnlichen Zustand. Wir verlieren innerhalb kurzer Zeit jegliches Gefühl für die Lage der Gliedmaßen zueinander sowie auch die Raumorientierung. So kann nicht nur ein Gefühl der Leichtigkeit bis hin zu einem Gefühl des Schwebens auftreten, sondern sich auch das Empfinden einzelner Gliedmaßen ändern. Sie erscheinen dann z.B. unförmig oder auch geschrumpft, es kann der Eindruck entstehen, man sitze auf den Händen, obwohl der Übende doch weiß, daß er auf dem Rücken liegt und die Arme neben sich gelegt hat. Im Verlauf des weiteren Übens stellt sich dann regelmäßig ein Schwereerlebnis ein.

Diese Informationen - insbesondere der Hinweis auf die Harmlosigkeit der Phänomene - wird den Kursteilnehmern im allgemeinen genügen. Evtl. ist an dieser Stelle auch darauf hinzuweisen, daß sich die Levitationserlebnisse in der Mystik des Mittelalters wohl auf gleiche Weise verstehen lassen.

Daß in diesem Phänomen auch ein Widerstand gegen das Autogene Training oder den Kursleiter enthalten sein kann, wird man ohne zwingenden Grund zunächst wohl kaum ansprechen, sondern zunächst den weiteren Übungsverlauf abwarten. Sollte dieses Phänomen jedoch bestehenbleiben und noch weitere Störungen hinzukommen, wird der Kursleiter nicht umhinkommen, in geeigneter Form auf Widerstandsphänomene zu sprechen zu kommen.

6. Aber auch das Gegenteil im Sinne einer überschießenden Reaktion - *lastende Schwere* - wird gelegentlich von Kursteilnehmern mit einer ängstlichen Grundhaltung berichtet. Am ehesten hilft hier der Hinweis, daß im Laufe der Ubungen sich ein angenehmes Mittelmaß des Schweregefühls einstellen werde. Sollte eine derartige »Bagatellisierung« sich als nicht hilfreich erweisen, ist entweder nach entsprechenden Erlebnissen zu fahnden (z.B. Verschüttungserlebnisse im Krieg, Narkoseerlebnis), deren Bewußtwerdung ein Verschwinden der Störung bewirken kann und/oder es ist eine sogenannte »abgeschwächte Schwereübung« zu empfehlen; darunter verstehen wir, daß die Übungsformel nicht wie üblich 5- bis 6mal vergegenwärtigt wird, sondern nur 1- bis 2mal.

7. Manche Kursteilnehmer befinden sich in einer sehr hohen *Erwartungshaltung* bzw. werden sogar durch den Kursleiter in eine solche gedrängt. Ein eindrucksvolles Beispiel hierfür hat *Binder* (1979) gegeben (vgl. 1.8). Die Erwartungshaltung ist einerseits eine hilfreiche und förderliche Einstellung, ab einem gewissen Maß kann sie jedoch zur unerbittlichen oder auch quälenden Forderung gegen sich selbst und andere werden. Dies gilt nicht nur für die Übenden, sondern ebenso für die Erwartungshaltung und Hoffnungen des Therapeuten hinsichtlich seiner/der Patienten Erfolge.

8. Anfänglich nehmen viele Kursteilnehmer das *Zurücknehmen* nicht ernst, verwenden es sogar nicht einmal. Bei zunehmendem Erfolg im Autogenen Training überdauern dann jedoch die Empfindungen der Schwere, was außerhalb des Autogenen Trainings unangenehm ist. So kann z.B. ein Gefühl der »geschwollenen Hand« zurückbleiben oder es auch unmöglich sein, einen Kugelschreiber zu halten und zu schreiben. Abhilfe schafft hier nur ein erneutes Durchführen des Autogenen Trainings mit anschließender kräftiger Zurücknahme.

Von seiten des Kursleiters kann nicht häufig genug auf die Notwendigkeit einer lege artis durchgeführten Rücknahme hingewiesen werden!

9. Wird über Schmerzen bei der Übung berichtet, z.B. über Schmerzen im rechten Unterarm bei der Schwereübung, so ist häufig auf Befragen festzustellen, daß früher einmal in diesem Bereich eine Verletzung, eine Entzündung o.ä. war. Wir sprechen im Autogenen Training von einer *»Erinnerungsfähigkeit der Gewebe«*. Dies gilt für die Schwereübung wie für alle anderen Übungen auch. Der Kursteilnehmer kann beruhigt werden, denn diese Beschwerden klingen in wenigen Tagen nach einem typischen vorübergehenden Aufflackern ab.
Sollten sie zu unangenehm sein, muß die entsprechende Übung zunächst ausgelassen werden oder als sogenannte abgeschwächte Übung fortgeführt werden.
In ganz seltenen Fällen können erstmalig auftretende Schmerzen im Autogenen Training auf einen bislang unbekannten Krankheitsprozeß verweisen.

10. Schmerzen resultieren meist jedoch aus einer *falschen Haltung,* insbesondere bei der Droschkenkutscherhaltung. Hierauf wurde bei der Besprechung der Übungshaltung (siehe 2.1.3.) bereits verwiesen. Sofern die im Schulter-Nacken-Bereich auftretenden Beschwerden kein größeres Ausmaß haben oder gar auf einen organischen Defekt (z.B. degenerative Veränderungen der Halswirbelsäule) zurückzuführen sein sollten, ist am ehesten ein Fortsetzen der Übung in der vom Kursleiter am besten noch einmal im Kurs kontrollierten Droschkenkutscherhaltung zu empfehlen. Nach Überwinden dieser Anfangsschwierigkeiten mit der Droschkenkutscherhaltung wird diese für viele dieser Kursteilnehmer dann sogar zu der am häufigsten verwendeten Übungshaltung.
Andere körperliche Beschwerden beim Üben werden häufig durch die nicht adäquate Kleidung verursacht, was von den Kursteilnehmern bald selbst behoben wird.
In der Liegehaltung empfinden manche Kursteilnehmer ein unangenehmes Druckgefühl am Hinterkopf. Dies ist natürlich nicht als Ausdruck der Schwereübung, sondern weil unangenehm als Störung anzusehen. Mit einem entsprechendem Kissen o.ä. läßt sich das kleine Problem leicht beheben.

11. Gerade zu Beginn des Trainings kommt es häufiger zu *plötzlich einschießenden Zuckungen, einzelner Gliedmaßen,* vergleichbar dem Zusammenzucken während der Einschlafphase (vgl. die »Autogenen Entladungen« nach Luthe, 1965; siehe dazu auch 2.9). Manche Kursteilnehmer fühlen sich erheblich gestört. Es ist zunächst auf die Ähnlichkeiten zur Einschlafphase zu verweisen, auch können die theoretischen Vorstellungen von *Luthe* über die Entladung von Restspannungen im Entspannungsvorgang des Autogenen Trainings zur Erklärung und Beruhigung der Kursteilnehmer herangezogen werden. Besonders wichtig ist jedoch die Information für die Kursteilnehmer, daß diese Störungen sich innerhalb von Tagen verlieren oder zumindest erheblich reduzieren werden.

12. Zu Beginn einer jeden Übung kann es zu einer *»Initialunruhe«* kommen. Beim Eintritt in das Training erlebt der Übende typische Angst- und Unruheerscheinungen wie Herzklopfen, Zittern, Schweißausbruch, Übelkeit sowie allgemeine, mehr affektive Erlebnisse im Sinne allgemeiner Unruhe und Beängstigung. Häufig

handelt es sich um den Ausdruck einer Unsicherheit gegenüber dem »Sich-fallen-lassen« (z. B. Abwehr regressiver Tendenzen). In einem Kurs ist hier am ehesten immer wieder geduldig auf die Wirkung des Autogenen Trainings bei korrekter Durchführung zu verweisen, der Kursteilnehmer muß sich so angesprochen fühlen, daß er das ihm fehlende Vertrauen zu sich selbst in der positiven Übertragung zum Kursleiter (und evtl. auch zur gesamten Gruppe) inden kann.

13. Bei der Realisation der Schwereübung auf der *»falschen«,* d.h. nicht angesprochenen Seite, ist zunächst zu klären, ob der Betreffende nicht ursprünglich andershändig gewesen ist. Es empfiehlt sich, danach zu fragen, mit welcher Hand der Betreffende früher gearbeitet hat, mit welcher Hand er beim Brotbestreichen das Messer hält, beim Kartenspiel Karten abwirft usw.
Wesentlich ist, daß der Lernende das seitenverkehrt auftretende Schwereerlebnis ohne Einschränkung als einen im Grunde genommen positiven Erfolg werten und annehmen kann; das Übergreifen des Erlebnisses auf die andere Seite tritt dann von selbst ein. Gelegentlich erweist sich auch der Hinweis als hilfreich, daß möglicherweise ein »Rest von Willensanspannung«, der auf die ursprünglich nicht in die Übung einbezogene Seite fiel, für das Auftreten des Schwereerlebnisses gerade ausgereicht hat. Auf diese Weise kann der Lernende immer wieder an die für das Autogene Training so entscheidende passive Form der Konzentration erinnert werden (vgl. *Haring,* 1979).
Daneben ist auch hier natürlich wiederum an eine bewußte/unbewußte Oppositionseinstellung zum Kursleiter zu denken. Wie jeder Vorgesetzte etc. bietet sich ein Kursleiter durch das Setting als Kristallisationspunkt für eine evtl. bereitliegende Rivalitäts- und Aggressionsproblematik, wie sie ursprünglich möglicherweise dem Vater gegolten hatte, geradezu an. Der Stand der eigenen Auseinandersetzung mit Autoritätsfragen, Rivalität, letztlich also die eigene Gegenübertragung, entscheidet darüber, wie der Kursleiter mit solch einer Situation wird umgehen können; ggf. kann eine Einzelsupervision oder die Teilnahme in einer analytisch-orientierten Supervisions-Gruppe für Kursleiter im A. T. hilfreich sein.

14. Ein Übergang der Übung in den Schlaf ist zunächst als Erfolg zu werten, kann andererseits aber auch das Lernen behindern, falls der Kursteilnehmer stets beim Üben sofort einschläft. Hier wäre zunächst zu klären, inwieweit der Kursteilnehmer vielleicht real beruflich oder privat überfordert ist, was beim Autogenen Training - als einer physiologischen Methode - den Übergang in den Schlaf verständlich machen würde. Typisch sind in diesem Zusammenhang die Angaben von Examenskandidaten, daß sie nach dem Üben sich nicht frisch fühlten, sondern statt dessen immer einschlafen würden.
Sollte das Einschlafen zu einem wesentlichen, die Übungen behindernden Problem werden, so ist am ehesten zu einem Üben im Sitzen sowie zu klarer zeitlicher Absonderung von den Schlafenszeiten anzuraten. Allerdings darf nicht vergessen werden, daß sich auch in der Droschkenkutscherhaltung vorzüglich schlafen läßt. So schlief eine meiner Kursteilnehmerinnen regelmäßig in der Droschkenkutscherhaltung am Frühstückstisch ein und kam mehrmals zu spät ins Büro. Auch wenn zunächst an eine Unzufriedenheit mit dem Arbeitsplatz zu denken war, bestand die einzig praktikable

Lösung des Problems zunächst darin, auf die morgendliche Übung zu verzichten.

2.3 Wärmeübung

2.3.1 Physiologische Grundlagen und psychosomatische Bezüge

Der physiologische Ansatzpunkt der Wärmeübung sind die vom vegetativen Nervensystem gesteuerten Blutgefäße, vorzugsweise die arteriellen Gefäße. Dies bedarf einer Erläuterung. Die vom Herzen fortführenden Gefäße werden Arterien genannt; sie haben – da ein großer Druck auf ihnen lastet (als Anhaltspunkt gilt der obere der beiden beim Blutdruckmessen angegebenen Werte) – mit starken Muskelfasern durchsetzte Wände, vereinfacht gesagt handelt es sich um muskuläre Schläuche. Demgegenüber sind die zum Herzen hinführenden Venen dünnwandig und weisen nur eine schwache Muskelschicht auf.

In Erwartungshaltungen, bei Bereitstellungs- und Notfallreaktionen, unter Angst, Wut und Ärger kommt es ganz physiologischerweise (unter der Wirkung des Sympathikus) zu einer Engerstellung der Gefäße, und zwar der arteriellen Gefäße. Die venösen Gefäße reagieren mit ihrer Engerstellung auf das ihnen angebotene verminderte Blutvolumen. Neben den genannten psychischen Faktoren als Grund für eine Engerstellung der Gefäße kommen auch eine Reihe körperlicher und äußerer Faktoren in Betracht, zu denken ist hier einerseits z. B. an Adrenalin produzierende Tumoren (Phäochromozytom) und andererseits an Kälteeinwirkungen.

Eine Engerstellung der Gefäße, wobei besonders die peripheren Gefäße in Armen und Beinen betroffen sind, führt zu einer sogenannten Zentralisierung des Blutkreislaufes, wodurch der Körper eine ausreichende und gute Versorgung der Leiborgane und des Gehirns sicherstellt. Da der periphere Widerstand durch die Engerstellung der Gefäße in Armen und Beinen zunimmt, kommt es zugleich meist auch zu einer Blutdruckerhöhung, die einem Angespanntsein, einem Reaktionsbereitsein entspricht.

Während Blutdrucksteigerungen, sofern sie ein gewisses Ausmaß nicht überschreiten subjektiv, nicht wahrgenommen werden, wird eine Engstellung der peripheren Gefäße recht bald als Kältegefühl, speziell an Händen und Füßen, wahrgenommen. Die hier liegenden kleinen und kleinsten arteriellen Gefäße (Arteriolen und Kapillaren) sind wegen ihres geringen Durchmessers am ehesten zu verengen und vorübergehend sogar zu verschließen.

Die Weiterstellung der Gefäße führt zu einer Verbesserung der Durchblutung, was sich speziell an Armen und Beinen als ein Wärmegefühl bemerkbar macht. Ausschlaggebend ist hier nicht der Parasympathikustonus, sondern der Sympathikustonus: »Die Weite der Gefäße wird, soweit sie nervös gesteuert wird, ganz überwiegend durch einen Wechsel im Tonus des Sympathikus variiert... Eine generelle Gefäßerweiterung kommt nicht etwa durch Steigerung des Parasympathikustonus zustande, sondern durch Abnahme des Sympathikustonus« (*Schneider,* 1966).

Das Ziel der Wärmeübung im Autogenen Training ist also die Weiterstellung, die Entspannung der Gefäße, wie wir sie bei einem ausgeglichenen seelischen und körperlichen Zustand kennen, besonders immer wieder im (bzw. unmittelbar nach dem) Schlaf. Was wir also bei der Wärmeübung anstreben, ist ein der sogenannten *Schlafwärme* vergleichbares Empfinden.

Die aus psychodynamischer Sichtweise hier zu stellenden Fragen gehen natürlich dahin, ob der Übende sich selber wärmen kann, sich selber Wärme spenden kann (Thema Abhängigkeit-Unabhängigkeit), eine »vegetative Funktionslust« entwikkeln kann, oder in angespannter Reakti-

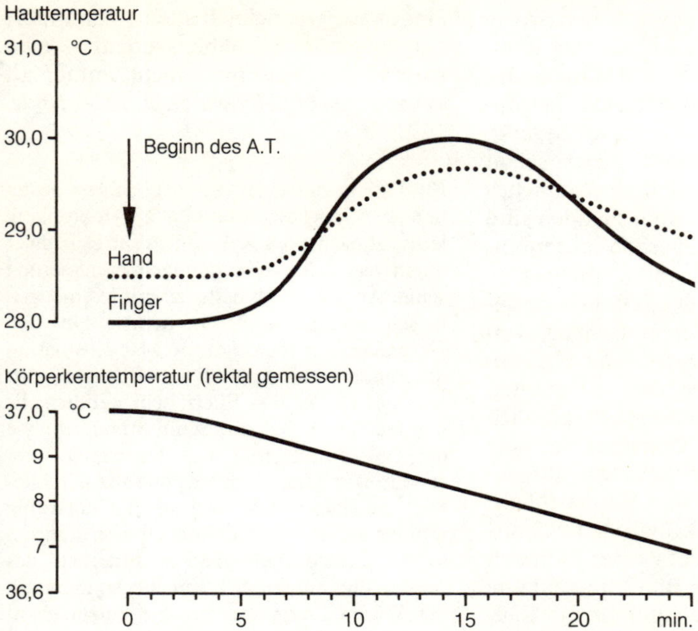

Abbildung 6: Meßergebnisse zur Wärmeübung (nach *Polzien,* 1965; modifiziert)

ons- und Handlungsbereitschaft verbleiben muß, vielleicht auch verbunden mit der (unbewußten) Forderung, gewärmt zu werden. Bildlich gesprochen ist dies die Frage, ob ein Mensch sich z. B. selber eine Decke holen kann, sich ein Bett bereiten und darin zurückziehen kann, um sich zu entspannen und sich zu erholen, oder ob er wütend-angespannt oder auch hilflos-ängstlich darauf beharrt, gewärmt, umsorgt, gefüttert und gehalten zu werden.

Für die Wärmeübung sind wir, besser noch als für die Schwereübung, in der Lage, Meßergebnisse zur Objektivierung des subjektiven Erlebens vorzulegen (siehe Abb. 6). Bei diesen Wärmemessungen – z. B. an der Handoberfläche durchgeführt – handelt es sich um die Feststellung des Ergebnisses eines Umverteilungsphänomens. Durch das Autogene Training wird ja keine (oder kaum) Wärme zusätzlich vom Körper produziert, sondern es gelangt pro Zeiteinheit mehr warmes Blut aus dem Körperinnern durch Weitstellung der Gefäße in die Peripherie. Das führt zu einem Ansteigen der Hauttemperatur um bis zu ca. 1 °C (bei lange trainierenden Kursteilnehmern sind auch höhere Werte bis ca. 3 °C, vgl. *Mann,* 1987, zu messen) – und gleichzeitigem Absinken der rektal zu messenden Körperkerntemperatur um bis zu 0,5 °C (Untersuchungen von *Ikemi* [1965] bestätigten diese Abnahme der Körperkerntemperatur allerdings nicht!).

Eher als für die Schwereübung ist nun für die Wärmeübung festzustellen, daß die vom sogenannten autonomen, vegetativen Nervensystem innervierten Gefäße eben doch nicht vollkommen autonom sind, sondern sich willentlich beeinflussen lassen. Das Grundgesetz der Ideoplasie gilt also nicht nur für die willentlich zu beeinflussende Muskulatur. Daneben spielen für das Erlernen der Wärmeübung auch bedingte Reflexe eine Rolle (vgl. 2.3.3).

Längerdauernde Belastungen führen zu einer anhaltenden Engerstellung der

Gefäße. Dies ist aus Tierversuchen (*Henry* und *Mitarbeiter,* 1974) wie aus der klinischen Beobachtung bekannt. Grace und Graham (1952) fanden, daß eine *Hypertonie (Bluthochdruck)* häufig dann begann, wenn der Patient in einer chronischen Erwartungsspannung lebte. Ähnliches darf für die stets an kalten Händen und Füßen leidenden Menschen angenommen werden, sofern eine organische Ursache (z.B. Gefäßverschluß) ausgeschlossen ist. Für eine Gruppe von Patienten mit sog. *»essentieller Hypertonie«* berichtet *Schaeffer:* »Bei 26 Patienten mit ausreichender Trainingszeit, nämlich im Durchschnitt 5,3 Monaten, trat eine mittlere Blutdrucksenkung von 35 mm Hg systolisch und 18 mm Hg diastolisch ein. Dieser Blutdruckabfall trat schrittweise im Verlauf von etwa vier Monaten ein. Das Ausmaß der Blutdrucksenkung entspricht dem bei Behandlung mit Rauwolfia-Präparaten, wird aber durch Guanethidin übertroffen. Letzteres gilt auch für die Zeitdauer bis zum Wirkungseintritt. Überlegen ist dagegen das Autogene Training dadurch, daß es die unangenehme Nebenwirkung der medikamentösen Behandlungsformen nicht hat und daß es eine mehr kausale Therapie darstellt« (*Schaeffer,* 1975; vgl. hierzu auch *Eberhardt,* 1964).

Für die Mitmenschen, die an *kalten Händen und Füßen* leiden (meist sind es keine »Patienten« im engeren Sinne, auch wenn sie sich oft sehr gestört fühlen), kann das Autogene Training eine dauerhafte, anhaltende Besserung bzw. häufig sogar Beschwerdefreiheit bedeuten. Wie bei der Hypertonie gilt natürlich auch dies wieder nur unter der Voraussetzung, daß keine körperlichen Schäden (z. B. Gefäßverkalkung, Gefäßverschluß) der Minderdurchblutung ursächlich zugrunde liegen. Anfallsweise auftretende Gefäßkrämpfe, meist an den Arterien der Finger, können Krankheitswert haben *(Morbus Raynaud),* psychische Faktoren als Teilursache sind bekannt. Mit Hilfe des Autogenen Trainings ist die Symptomatik günstig zu beeinflussen, wenngleich auch – zumindest bei längerem Krankheitsverlauf – eine wesentliche Besserung nicht immer zu erwarten ist (vgl. *Surwit* et. al. 1978; *Höfle,* 1980).

Ein Patient mit einer seit zwei Jahren bestehenden angstneurotischen Symptomatik lernte zunächst das A.T. und begab sich, da er durch das A.T. keine genügende Besserung seiner Ängste erzielt hatte, zu mir in eine analytisch orientierte Psychotherapie. In den Gesprächen wurde die frühe Mangelsituation des Patienten hinsichtlich des affektiven Austausches mit beiden Eltern sehr deutlich. Es bestand eine darauf zurückzuführende »Blässe der Objekt-Imagines« und das dementsprechende Bedürfnis nach Realpräsenz der Ehefrau; zu Hause fühlte sich der Patient ruhig und geborgen, Versammlungen oder Fahrten in die nächste Stadt mied er. Innerhalb des regelmäßig geübten A.T. war er besonders von der Wärmeübung angetan. Sie entsprach in etwa seiner schon zuvor entdeckten großen Befriedigung, sich alleine ins Badezimmer ins warme Badewasser zurückzuziehen, möglichst für mehr als eine Stunde. Ich faßte dies als Hinweis dafür auf, daß die angstneurotische Störung des Patienten wohl keine extreme Ausprägung aufweise, da er die Realpräsenz von Personen zwar noch nicht durch stabile gute innere Bilder dieser Personen ersetzen konnte, wohl aber durch reale Wärme (vergleichbar einem Übergangsobjekt?!), auch z.T. durch sich selbst gegebene Wärme im A.T. Im Gegensatz zu den bei anderen Fällen oft jahrelangen und oft schwierigen analytischen Psychotherapien (vgl. hierzu auch *Mentzos,* 1985) ging ich deshalb davon aus, daß eine analytisch orientierte Psychotherapie mit ca. 80 Stunden ausreichend sein könnte – was auch der Fall war.

Wie das Fallbeispiel zeigt, können Schwierigkeiten oder Bevorzugungen einer Übung im A.T. bzw. die Art des Umganges mit dem A.T. insgesamt in einer psychodynamisch orientierten Betrachtungsweise Hinweise auch für die weitere Behandlung liefern.

2.3.2 Methodisch-didaktische Einführung der Wärmeübung

In dieser Kursstunde steht zunächst der Erfahrungsaustausch der Kursteilnehmer über die Erlebnisse mit der Schwereübung an. Sofern es notwendig erscheint, können Hilfestellungen gegeben werden (vgl. 2.2.3), auch Art und Weise des Umgangs mit evtl. berichteten Störungen wurden ausführlich beschrieben (vgl. 2.2.4) bzw. erarbeitet. Im Verlauf des Gesprächs werden mit großer Wahrscheinlichkeit auch *bereits erste Berichte über Wärmeempfindungen bzw. ein Kribbelgefühl in den Händen/Armen* auftauchen. Sie können gut zur Einführung der Wärmeübung verwendet werden und zeigen zugleich auch den schon erwähnten engen Zusammenhang zwischen der Schwere- und Wärmeübung an.
Wiederum empfiehlt es sich, von den Alltagserfahrungen der Teilnehmer und den allen bekannten volksmundlichen Redensarten auszugehen. (Im sogenannten Volksmund sind psychosomatische Zusammenhänge so gut bekannt, daß man sich manchmal fragt, wieso die medizinische Wissenschaft so lange brauchte, um deren Wahrheitsgehalt und die praktische Bedeutung zu bestätigen.)
Zunächst sind allen Kursteilnehmern ohne weiteres die Gefäßreaktionen auf äußere Kältereize bekannt, allerdings spielen psychische Faktoren hier eine - oft vernachlässigte - zusätzliche Rolle. Man denke nur an den freiwilligen Sprung ins eiskalte Wasser nach einem Saunagang; wie anders wäre das Erleben, wenn wir in dasselbe kalte Wasser gestoßen würden! Auch wenn eine Kontraktion der Gefäße auf Kältereize physiologisch ist, verbleibt für das Autogene Training als einer physiologischen Methode doch ein erheblicher Beeinflussungsspielraum. Ein außergewöhnliches Beispiel schildert *Schultz* (1976): »Gründlich durchtrainierte Versuchspersonen sind gerade hinsichtlich des *Selbstschutzes durch Etablierung von Wärmeerlebnissen* oft wesentlich unterstützt. So wurde ein bekannter Sportsmann, der das A. T. nur zwecks Leistungssteigerung erwarb, nach drei Jahren regelmäßigen Übens mit einer Reihe Kameraden von einer Schneelawine verschüttet und gezwungen, mehrere Stunden bei etwa - 30 Grad regungslos unter Schnee zu verharren. Er stellte sorgfältig alle paar Minuten intensive Wärme in Ohren, Nase, Fingern und Zehen dar und war der einzige, der ohne Erfrierungen davonkam.«
Körperwärme ist aber nicht nur ein Hinweis auf körperliche Lebendigkeit, im übertragenen Sinne wird der Begriff Wärme (und der Gegensatz Kälte) auch für seelische Phänomene verwendet: »Ein warmherziger Mensch«, »ein kaltes Herz« mit einem Menschen nicht warm werden können», »der ist eiskalt«; schließlich ist auch das bekannte Sprichwort: »Den Kopf halt kühl, die Füß' halt warm, das macht den besten Doktor arm«, auf das Autogene Training zu beziehen (vgl. hierzu auch 2.7).
Ohne sich in Einzelheiten zu verlieren, sollte der Kursleiter ein paar physiologische Grundlagen nennen, zumindest aber, daß die Wärmeübung auf einer Weitstellung der Gefäße beruht, die durch eine Konzentration auf die Wärme erreicht wird (vgl. Ideoplasie). Auch interessiert es meist, daß kalte Extremitäten bei konstantem Üben positiv zu beeinflussen sind und daß es physiologisch zu einem leichten Absinken des Blutdrucks während des Übens kommt (siehe unten).
Neben diesen Teilaspekten bleibt als wesentliches *Ziel* aber die »organismische Umschaltung« in den trophotropen Zustand der Ruhe, Entspannung und Erholung bestehen, in deren Rahmen die Gefäßentspannung bei der Wärmeübung einer der Faktoren ist, die nacheinander im Autogenen Training aufgegriffen werden.
Der oft gestellten Frage, wie stark denn das Wärmeerlebnis werden könne, ist am ehesten mit dem Hinweis auf die *»Schlafwärme«* zu begegnen. Daraus ergibt sich

bereits, daß Suggestionen wie »glühend heiß« o. ä. als vollkommen unphysiologisch zurückzuweisen sind.
Die Wärmeübung selbst ist - in Anlehnung an die Schwereübung - sehr einfach. Die erste Übungsformel lautet:

»Der rechte (linke) Arm ist ganz warm.«

Wiederum wird also mit dem sogenannten Arbeitsarm die Übung begonnen. Ganz parallel zur Schwereübung gibt es zu der genannten Standardformel auch wieder einige vollkommen gleichwertige Formeln:

»Der rechte (linke) Arm ist angenehm warm.«
»Der rechte (linke) Arm ist warm.«
usw.

Beide Arme können auch zugleich angesprochen werden (vgl. 2.2).
Es sollte eine Formel in der Art gewählt werden, wie sie auch schon bei der Schwereübung verwendet wurde. Wer dort z. B. »angenehm schwer« verwendete, sollte jetzt auch »angenehm warm« verwenden. Der einfache Grund besteht darin, daß bald schon beide Übungen - da zueinander gehörig - sich zusammenfassen lassen, was durch die gleichlautenden Übungsformeln vereinfacht wird.
Sofern der Kursleiter nicht genügend über den Gesundheitszustand der Kursteilnehmer informiert ist (z. B. bei Volkshochschulkursen), sollte er vor Beginn der gemeinsamen Übung fragen, ob einer der Kursteilnehmer unter Migräne oder sonstigen (vasomotorischen) Kopfschmerzen zu leiden habe; auch sollte nach Hypo- und Hypertonie gefragt werden sowie nach einer Neigung zu ortostatischen Dysregulationen (»Kollaps«). Bei einer ausgeprägten Hypotonie (von systolischen Werten um 110 mm Hg abwärts) kann es ratsam sein, das Autogene Training nur im Liegen zu üben. Bei einer Neigung zu Kopfschmerzen oder speziell Migräne ist es ratsam, nur eine sogenannte »abgeschwächte Wärmeübung« anzuwenden, die Formeln also nur ca. ein- bis dreimal zu vergegenwärtigen.
Da immer wieder Unklarheiten auftauchen, ob die Formeln der Schwere- und Wärmeübung im steten Wechsel verwendet werden sollen oder jetzt nur die Wärmeübung geübt werden solle, empfiehlt es sich, ausdrücklich darauf hinzuweisen, daß die jetzige Übung (ca. 3 Min.) so aussehe, daß zunächst jeder seine Schwereübung so einstellt, wie es seinem Übungsstand entspricht. Daraufhin wird einmal das Motto des Autogenen Trainings »Ich bin ganz ruhig« oder »Ruhe kommt von selbst« eingestellt, im Anschluß daran erfolgt die Konzentration auf die neue Übung, d. h. die neue Formel »Mein rechter (linker) Arm ist ganz warm« wird 5- bis 6mal vergegenwärtigt. Im Anschluß hieran erfolgt wieder einmal die Konzentration auf die Ruheformel. Sollte die Zeit noch ausreichen, wird wieder von vorn begonnen. Ausdrücklich sollte auch wieder auf die Notwendigkeit der Rücknahme verwiesen werden, eine ganz besonders kräftige und ausgedehnte Rücknahme ist den Kursteilnehmern mit einer hypotonen Blutdrucklage zu empfehlen.
Auch die Vervollständigung der Wärmeübung folgt dem Muster der Schwereübung - *allerdings mit der wesentlichen Ausnahme des Kopfes!* Bei der spontan sich einstellenden oder per Formel gebahnten Ausbreitung des Wärmeerlebnisses bleibt der Kopf ausgespart. Dies muß als Formel nicht eigens verbalisiert werden, es genügt das Wissen darum, ggf. kann als Formel verwendet werden:

»Kopf bleibt leicht und frei.«

Der Grund für diese Aussparung liegt darin, daß ein warmer Kopf nicht als angenehm erlebt wird (von Ausnahmen abgesehen, siehe hierzu 2.7), vgl. auch den Spruch: »Den Kopf halt kühl.« Die Kursteilnehmer bringen hierzu leicht weitere Beispiele aus dem Alltag, zumindest der aus dem praktischen Erleben und aus Karikaturen bekannte Eisbeutel für den Kopf wird hier immer wieder genannt.

Trotz der funktionellen Zusammengehörigkeit der Schwere- und Wärmeübung kann es zu unterschiedlichen Realisierungen kommen. So kann z. B. das Schwereempfinden noch auf den rechten Arm beschränkt sein, während bereits Arme und Beine als warm erlebt werden. Dies gehört durchaus zum normalen, typischen Übungsverlauf.

Bevor sich ein Wärmegefühl einstellt, kommt es häufig zu einem Kribbelgefühl. Dies entspricht einer zunehmenden Durchblutung und ist allen Kursteilnehmern leicht verständlich zu machen, da jeder schon einmal das Gefühl der »eingeschlafenen Beine« o.ä. hatte; auch hier beginnt die Zunahme der Durchblutung zunächst mit einem manchmal unangenehmen – Kribbelgefühl.

Besondere Erwähnung sollte die Anwendung der Schwere- und Wärmeübung für das sogenannte Schulter-Nacken-Feld finden. Die Muskulatur im Bereich des Nackens und der Schultern nimmt eine Sonderstellung ein. Im Bereich dieses »oberenKreuzes« (mit der Wirbelsäule als Senkrechten und dem Schultergürtel als Waagerechten) kommt es bei psychischen Anspannungen besonders leicht zu muskulären Verspannungen, zum »Muskelhartspann« (Myogelosen). Diese Verspannungen sind häufig Ursache für Kopfschmerzen, die typischerweise vom Hinterkopf nach vorne ausstrahlen.

Die Bedeutung des Schulter-Nacken-Felds ist u. a. auch daran zu erkennen, daß beim Auflegen eines Eisstückchens auf dieses Gebiet es nicht nur zu einer örtlichen Reaktion auf den Kältereiz kommt, sondern zu einer »Gänsehaut« auf der ganzen entsprechenden Körperhälfte (*Schultz,* 1987). In diesem Zusammenhang sei auch auf die emotionale Allgemeinwirkung des Nackenkraulens – nicht nur bei Tieren – verwiesen. Die vom Nacken ausgehende Wirkung zeigt sich auch darin, daß Jungtiere von den Muttertieren meist am Nackenfell gegriffen und getragen werden. Die Tiere hängen dann in ihrem Fell wie in einem Sack, sind völlig entspannt und immobilisiert. Es liegt nahe, hier eine Parallele zur allgemeinen Entspannungswirkung der Schulter-Nacken-Übung beim A.T. zu sehen. (vgl. hierzu *Hoffmann,* 1977). Diese Teilentspannung wird durch eine Konzentration der Schwere- und Wärmeübung auf das Schulter-Nacken-Feld bewirkt. Die zunächst sich anbietende Formel wäre: »Schulter-Nacken-Feld schwer und warm«, jedoch weist *Binder* (1979) mit Recht darauf hin, daß unangenehme Assoziationen ausgelöst werden können, speziell bei solchen Patienten, »die mit ›gebeugtem Nacken und gebeugten Schultern‹ durch das Leben schreiten, weil ihnen das Schicksal schwer zugesetzt hat.« Derartige Schwierigkeiten werden durch die folgende Formel umgangen:

»Schulter-Nacken-Feld angenehm weich und warm.

Oder:

»Schulter-Nacken-Bereich warm und weich.«

Diese Teilentspannung des A.T. kann mit geschlossenen Augen geübt werden, wird aber, da sie immer wieder einmal zwischendurch eingestellt wird, gern auch mit offenen Augen durchgeführt. Eine von vielen Verwendungsmöglichkeiten für eine solche Teilentspannung bietet sich Autofahrern auf langen Fahrtstrekken. Abgesehen von der Verwendung bei Ruhepausen wirkt allein auch schon die immer wieder erneute Hinwendung der Aufmerksamkeit auf das Schulter-Nakken-Feld beim Fahren einer evtl. Verspannung entgegen und läßt den Fahrer im allgemeinen erheblich entspannter am Zielort ankommen, als es sonst üblich ist. Vollkommen unauffällig - bei geöffneten Augen - kann diese Teilentspannung auch noch mit der Atemübung kombiniert werden.

Langen (z.B. 1977) verwies immer wieder auf die zentrale Bedeutung der Schwere- und Wärmeübung, deren spontane Generalisierung bis hin zu einer spontanen Realisation der Viszeralübungen er mehrfach beschrieb. Speziell bei einem sehr begrenzten Zeitraum (z. B. Kuraufenthalt) ist es sicherlich sinnvoller, die Schwere- und Wärmeübung, ggf. auch noch die Atemübung, gründlich einzuüben, als die Kursteilnehmer durch alle sechs Übungen zu hetzen, woraus letztlich nur Insuffizienzgefühle und ein Abbruch des A.T. resultieren würden.

2.3.3 Hilfestellungen

1. Als Hilfsvorstellung hat sich bewährt, wenn der Übende sich vorstellt, er liege am Strand und die warme Sonne scheine auf ihn herab. Oft stellen sich hierbei Assoziationen zu Urlaub und Entspannung her. Wenn wir bei dieser Vorstellung »im Bild bleiben« wollen, könnten wir sagen, daß der Kopf gewissermaßen im kühlen Schatten verbleibt.
   Selbstverständlich sind hier anderen, individuell unterschiedlichen Vorstellungen keine Grenzen gesetzt.
2. Speziell die Realisation des Wärmegefühls in den Beinen, gerade auch in den Füßen, stellt häufig eine Schwierigkeit dar. Hier kann ein »Blick zu den eigenen Füßen« hilfreich sein. Bei geschlossenen Augenlidern werden dabei die Augäpfel so gestellt, als schaue man seine eigenen Füße an (Unterstützung der Hinwendung der Aufmerksamkeit).
3. Eine andere Möglichkeit besteht darin, vor Beginn der Übung die Beine auszustrecken und die Fußspitzen dorsalwärts für ungefähr 10 bis 15 Sek. zu flektieren. Nach dieser Anspannung kommt es zu einem angenehmen Wärmegefühl.
   In gleicher Weise kann man auch die Hände und Arme für 10 bis 15 Sek. fest anspannen, anschließend ausschütteln, es stellt sich rasch ein Wärmegefühl ein.
4. Gelegentlich kann auch die Empfehlung hilfreich sein, vor der Übung ein warmes Armbad zu nehmen, besser sogar ein Wechselbad. Noch intensiver wirkt ein Saunagang. Viele Kursteilnehmer berichten, daß sie nach einem Saunagang während der Entspannung im Ruheraum ein intensives Wärmegefühl erleben. Das in der Sauna stattfindende intensive Gefäßtraining bahnt den Weg für die Wärmeübung.
   Über die Möglichkeit, ein Kissen auf die Arme zu legen, war bereits berichtet worden (siehe 2.2.3).
   Bei den Hilfestellungen handelt es sich (mit Ausnahme von 1.) um das Einüben bedingter Reflexe, verglichen mit dem direkten Weg der Ideoplasie also um Umwege.

2.3.4 Störungen

1. Es ist wiederum darauf zu verweisen, daß sich der Kursleiter zunächst die Störungen genau schildern lassen sollte sowie auch den bisherigen Übungsverlauf (Wie oft geübt? Wann geübt? Wie lange geübt?) sowie auch die Formeln nennen lassen sollte.
2. Manche Kursteilnehmer klagen über eine Minderung des Schweregefühls, wenn sie sich der Wärmeübung zuwenden. Dies ist als normaler Übungsverlauf zu kennzeichnen, es handelt sich nicht um eine Störung.
3. Übende mit konstitutioneller Neigung zu vasospastischen Reaktionen können große Schwierigkeiten mit der Einübung der Wärme haben. Gerade

hier sind die genannten Hilfestellungen empfehlenswert.

4. Manchmal kommt es zu einer Ausbreitung des Wärmeerlebnisses bis in den Kopf. Wird dies nicht als unangenehm, sondern im Gegenteil als angenehm erlebt, ist es als Variante hinzunehmen (Standardfrage: »Stört es?«). Meist jedoch wird ein Wärmegefühl im Kopfbereich als unangenehm erlebt und kann sogar bei disponierten Personen zu einem Migräneanfall, ggf. auch zu einer Bewußtlosigkeit führen. Es ist deshalb bereits bei der Einführung der Übung vorbelasteten Kursteilnehmern zu raten, nur die sogenannte »abgeschwächte Wärmeübung« durchzuführen: *»Der Arm* (oder: *Hand) ist warm«,* die Formel wird nur 1- bis 3mal vergegenwärtigt. Als vorbelastete Übende gelten Kursteilnehmer, die an Migräne, häufigen Kopfschmerzen und Erröten leiden bzw. auch andere Hinweise auf eine vegetative Vasolabilität (z.B. nach Hirnerschütterung, Schädelbruch usw.) zeigen.
   Bei einer beginnenden Ausbreitung der Wärme auf den Kopf ist prinzipiell zunächst ein energisches Rücknehmen zu empfehlen.
   Sollten die vorgenannten Möglichkeiten keine Abhilfe bringen, ist ein Vorziehen der Stirnkühleübung (vgl. 2.7) zu erwägen.
5. Mehr noch als bei der Schwereübung folgen jetzt Berichte über »geschwollene Hände« oder auch »unförmige Hände« usw. Dies ist zunächst als Wirkung des Autogenen Trainings anzuerkennen und somit als ein Erfolg zu werten. Ein Hinweis auf die Harmlosigkeit und physiologische Erklärbarkeit der Phänomene wirkt als Beruhigung der Kursteilnehmer im allgemeinen ausreichend. Falls dennoch diese Erlebnisse als störend empfunden werden sollten, ist eine sofortige energische Zurücknahme zu empfehlen.
6. Im Zusammenhang mit der Wärmeübung wird gelegentlich über eine vermehrte, störende Schweißsekretion der Hände geklagt. Hier ist zunächst abzuwarten, da sich diese meist ohne weitere Hilfestellungen gibt. Nur in Ausnahmefällen ist eine formelhafte Vorsatzbildung angezeigt: »Hände warm und trocken« (vgl. hierzu das 3. Kapitel).
7. Einige Kursteilnehmer bemerken auch eine vermehrte Speichelsekretion und äußern Zweifel, ob sie im Entspannungszustand des Autogenen Trainings »schlucken dürften« oder ob dies den Trainingsverlauf zu sehr stören würde. Übersehen wird dabei, daß nicht zu schlucken viel störender ist. Mehr noch als bei einer vermehrten Schweißsekretion ist bei einer überschießenden Speichelsekretion zu einem Abwarten zu raten.
   Sicherlich ist auch der Hinweis hilfreich, daß im Rahmen der psychophysischen Umstellungen auf eine mehr trophotrope Reaktionslage alle Verdauungssäfte vermehrt fließen; dies geschieht für uns unbemerkt - mit Ausnahme für den Speichelfluß. Umgekehrt vermindert sich der Speichelfluß in Situationen einer ergotropen Anspannung oder in Schrecksituationen: »Da bleibt mir die Spucke weg!«
8. Das Phänomen des Schwitzens wies bereits auf überschießende Erfolge, die bis zu Hitzewallungen reichen können. Wird darüber geklagt, ist zunächst stets an die Möglichkeit und Notwendigkeit zu erinnern, eine Übung zu beenden, wenn unangenehme Empfindungen auftauchen. Daneben aber sollte doch auch darauf hingewiesen werden, daß auch überschießende Reaktionen zunächst doch ein Wirken des Autogenen Trainings und somit einen Erfolg darstellen. Im allgemeinen wird abgewartet werden können, evtl. ist eine abgeschwächte Wärmeübung zu empfeh-

len (nur ein- bis dreimalige Vergegenwärtigung einer Standardformel, oder auch Formeländerung: »Die rechte *Hand* ist warm.«).

9. Sollten bei der im Sitzen durchgeführten Schwere- und Wärmeübung mehr als nur einmal Schwindel oder gar Übelkeit auftreten und anamnestisch eine Hypotonie bekannt sein bzw. bei Kontrolle des Blutdrucks festgestellt werden, ist ein weiteres Üben nur noch in der Lehnsessel-, besser noch in der Liegehaltung dringend zu empfehlen. Während mit Hilfe des Autogenen Trainings eine Blutdrucksenkung zu den durchschnittlich zu erreichenden Wirkungen gehört, gehört eine Blutdruckerhöhung nicht zu den Möglichkeiten des Autogenen Trainings.

10. Gelegentlich wird über ein Zittern der Augenlider geklagt. Hier sind tieferliegende Schwierigkeiten zu vermuten, am ehesten eine Abwehr der regressiven Tendenzen im A. T. bzw. das Auftauchen der damit zusammenhängenden Ängste (vgl. hierzu 1.5.1., besonders den Vergleich des Konzepts zu Trennung und Individuation von *M. Mahler* mit dem Verlauf des A.T. (*Tab. 3*). Je nach Ausprägung dieser Störung und entsprechend dem theoretischen Konzept der Vermittlung (mehr strukturierend-stützend oder mehr offen, analytisch orientiert) wird der Kursleiter unterschiedlich vorgehen. Sicherlich ist hier der Übertragungs-Aspekt aufmerksam zu beachten, ebenso die eigene Gegenübertragung (z. B.: »Bin ich bereit, diesem Menschen -vorübergehend - Halt und Stütze zu geben, oder fühle ich mich unangenehm berührt? Tauchen möglicherweise Gefühle der Enttäuschung und Verärgerung auf, weil mir signalisiert wird, daß ein genügendes Vertrauensverhältnis sich noch nicht hergestellt hat?!«). Im Rahmen der strukturiert-stützenden Vermittlung ist es allerdings auch durchaus angezeigt, ganz symptomorientiert vorzugehen. So kann z. B. empfohlen werden, ein Bild an der Wand zu fixieren, bis die Augen müde werden. Der Augenschluß gelingt dann meist störungsfrei. (Dieses Vorgehen zeigt Ähnlichkeiten mit dem Einleiten einer Hypnose.)
Eine andere Möglichkeit besteht darin, eine formelhafte Vorsatzbildung zu verwenden: *»Augenlider ganz ruhig und frei.« Oder: »Augenlider angenehm schwer und müde.«*

11. Ein eindrucksvolles Beispiel für die »Unverträglichkeit« einer Formel im A.T. auf Grund ganz persönlicher, realer Erlebnisse war eine Patientin, die eine starke Aversion gegen die Formel »Der rechte Arm ist strömend warm« hatte.
Die Patientin lebte in Neuwied unmittelbar am Rhein und hatte mehrere Überschwemmungen erlebt. Der »Strom« und mehr noch das »Strömende« waren eindeutig- und verständlicherweise negativ besetzt. Natürlich hätte die Patientin von vornherein von sich aus zu einer der gleichwertigen Alternativformeln greifen können, aber das affektiv Besetzte zog sie ebenso an, wie es ihr gleichzeitig den Übungserfolg verwehrte.

12. Die Haut als Organ des Kontakts wie auch der Abgrenzung zur Umwelt ist affektiv hoch besetzt, wie es die Psychosomatik der Hautkrankheiten zeigt (z. B. *Bosse,* 1986; *Reichenberger,* 1976). Dieses Grenzorgan Haut wird bei der Wärmeübung natürlich besonders angesprochen, da unser Wärmeerlebnis ja im wesentlichen eines der zunehmenden Hauttemperatur ist. Das Thema der Grenze zwischen Ich und Umwelt bzw. zwischen Selbst und Objekt auf intrapsychisch-interaktioneller Ebene kann jedoch auch bei rein psychischen Störungen auftreten:
So reagierte eine Borderline-Patientin (Realschullehrerin, 35 Jahre), die zu wahnhaft anmutenden Deutungen von Alltagserfahrungen mit Nachbarn neigte und

unter starken, wechselnden Ängsten litt, sehr eigentümlich auf die Wärmeübung. Nachdem sie die Schwereübung mit gutem Erfolg eintrainiert hatte, tauchte bei der Wärmeübung die sehr unangenehme Mißempfindung auf, als trete das Blut durch die Haut. Die Diskussion in der Supervisions-Gruppe kreiste dementsprechend schnell um die Frage der Selbstgrenzen sowie um das Thema »Blut und Wasser schwitzen« als Ausdruck einer Angst vor Regression und Selbstverlust. Das A.T. konnte in diesem Fall nicht erlernt werden.

13. Sicherlich mehr als die Hälfte der Kursteilnehmer klagen über eine zunehmende Empfindlichkeit gegen Außenreize (»Als ich die Übung begann, hatte ich nicht bemerkt, daß eine Fliege im Zimmer war. Während der Übung hat mich das Summen derart gestört, daß ich aufhören mußte.«). Diese extreme Störung durch Außenreize bzw. auch durch das Auftauchen immer neuer Gedanken ist ein normales Durchgangsstadium.
Zunächst ist darauf zu verweisen, daß die stetige Konzentration auf die Formeln eine wesentliche Hilfe ist. Dies aber nicht in einem »verbitterten Ernst«. Hier ergibt sich wieder eine Möglichkeit zu einem Gespräch über den Charakter des Autogenen Trainings; dabei kann z.B. durchaus anerkannt werden, daß die sich in die Übung drängenden Gedanken durchaus wichtig sind, andererseits aber nicht so wichtig, daß sie während der paar Minuten, in denen trainiert wird, sich in den Vordergrund schieben müssen. Vielleicht läßt sich dies am ehesten durch einen Vergleich deutlich machen: Wer sich mit einem guten Freund unterhält, wird einem zweiten Freund, der zu einem Gespräch zu ihm kommt, nicht die Tür vor der Nase zuschlagen, sondern diesen bitten, fünf Minuten zu warten; dann könne man sich ihm ganz widmen.
Wiederum sollten formelhafte Vorsatzbildungen nicht vorschnell verwendet werden, im Hinblick auf störende Außenreize und störende Gedanken scheinen sie jedoch so häufig verwendet zu werden, daß sie nahezu schon als Standardformeln angesehen werden können:

»Geräusche ganz gleichgültig.«
»Gedanken ganz gleichgültig.«
oder auch. »Geräusche unvermeidbar.«

Sofern es notwendig erscheint, kann sich der Übende einige Male auf eine oder beide Vorsatzbildungen konzentrieren, um dann wieder mit seinen Standardübungen fortzufahren.

14. Bestehende oder im A. T. sich verstärkende Schmerzen im Schulter-Nakken-Feld sind in ihrem psychodynamischen Ausdrucksgehalt einerseits zwar in der Sprache präsent (»Hartnäckigkeit«), andererseits dem Patienten zumeist vollkommen unverständlich. Abgesehen von berufsbedingten Haltungsschäden können derartige Beschwerden auf eine aggressive Konfliktthematik hinweisen. »Hartnäckigkeit« bis hin zur schmerzhaften Daueranspannung kann einerseits einen Mangel an Schutz anzeigen und auf die verfrühte Anforderung, sich selbst durchzukämpfen, hinweisen (z.B. bei fehlendem oder schwachem Vater in der Familie); andererseits können die Nackenbeschwerden eine Selbstschutzreaktion bei gegenteiliger Konstellation sein: »War die Präsenz eines Elternteils, sei es die Mutter oder der Vater, allzu überwältigend oder fühlte sich das Kind über die Maßen verletzlich, dann versteift sich der Nacken als Abwehr gegen ein Eindringen oder eine Verletzung durch etwas, das als Bedrohung wahrgenommen wird« (*Pesso,* 1986, S. 197–198). Der verspannte, harte Nacken als Kampf- oder Schutzschild wird bei der

strukturierend-stützenden Form der Vermittlung des A.T. z.B. dahingehend angesprochen, daß der Übende auf seine Selbstverfügbarkeit in der Entspannung hingewiesen wird. Im Rahmen einer mehr offenen, analytisch orientierten Vermittlung gälte es auf Hinweise für die geschilderten psychodynamischen Zusammenhänge zu achten, die sich u.a. auch im Übertragungs/Gegenübertragungsgeschehen widerspiegeln werden (z.B. Reserviertheit gegenüber Hilfestellungen seitens des Therapeuten).

2.4 Atemübung (Das »passive Atemerlebnis«)

2.4.1 Physiologische Grundlagen und psychosomatische Bezüge

Die Atemübung wurde von *J. H. Schultz* als vierte Übung nach der Herzübung verwendet. Immer mehr Kursleiter und auch Autoren (vgl. *Binder,* 1958, 1959; *Brenner,* 1978; *Krapf,* 1973) haben inzwischen eine Umstellung vorgenommen, da der Atemübung eine erheblich größere praktische Bedeutung für die organismische Umschaltung zukommt als der Herzübung (siehe auch *Langen,* 1977).

Wir unterscheiden eine Brust- von einer Bauchatmung. In beiden Fällen ist die Einatmung der aktive muskuläre Vorgang, wobei bei der Brustatmung die Zwischenrippenmuskulatur und die sogenannte Atemhilfsmuskulatur des Schultergürtels sich kontrahiert, bei der Bauchatmung hingegen das Zwerchfell (und der Bauch sich dementsprechend etwas vorwölbt). Die Ausatmung ist in beiden Fällen ein passiver Vorgang, der im wesentlichen durch die Elastizität der Lunge bei Erschlaffung der Muskulatur bedingt ist. Der Atmung kommt im Gegensatz zu allen anderen körperlichen Funktionen dadurch eine besondere Stellung zu, daß sie einerseits autonom in einem Regelkreis gesteuert wird und andererseits jederzeit bewußt/vorbewußt zu beeinflussen ist; Atmung ist oft Gebärde, sie tritt als Ausdrucksverhalten in den Dienst der menschlichen Kommunikation und ist zu einem wesentlichen Teil Ausdruck der inneren Befindlichkeit.

Eine allgemeine Erregung, Angst, Zorn, Wut usw. führen zu einer Beschleunigung der Atmung. Im Schreck, bei einer überwältigenden Überraschung kann es zu einem vorübergehenden Atemstillstand kommen. Eine ausgewogene, behagliche Stimmung führt hingegen zu einer ruhigen und harmonisch ausgeglichenen Ein- und Ausatmungsfrequenz, wie wir sie - wieder einmal - am besten bei einem Schlafenden beobachten können.

Im Anschluß an die Schwere- und Wärmeübung ist es bei den praktischen Übungen längst zu einer gleichmäßigen Atmung gekommen: Aber sie wurde - wie üblich - nicht beachtet! Konzentration auf die Atmung heißt also im Zusammenhang mit dem Autogenen Training: Konzentration auf einen biologisch ausreichend gesteuerten Rhythmus, Verzicht auf bewußte Steuerung. Das passive Atemerlebnis führt uns somit sozusagen ins Zentrum des Autogenen Trainings, indem wir in der Übung lernen, einen physiologischen Rhythmus beobachtend geschehen zu lassen. Das bewußte Sich-einlassen auf diesen biologischen Rhythmus, dieses Anvertrauen, vertieft das Ruhe- und Entspannungsgefühl.

Der bewußte Verzicht einer steuernden Einflußnahme auf die Atmung kann jedoch auch Ängste vor dem Loslassen, dem Geschehenlassen aktivieren, die bislang möglicherweise hinter einem dynamisch zupackenden Verhalten verborgen blieben.

Beobachtungen und auch Beeinflussungen des Atemrhythmus gehören nicht zu den Errungenschaften unseres Jahrhunderts, sondern sind seit langem bekannt; in der europäischen Geschichte sind hier Ignatius von Loyola, der Begründer des

Jesuitenordens, zu nennen, der Atemvorschriften zur konzentrativen Sammlung beim Beten erließ, sowie auch der Königsberger Philosoph Immanuel Kant, der eine Schrift verfaßte mit dem eigentümlichen Titel: »Von der Hebung und Verhütung krankhafter Zufälle durch den Vorsatz im Atemziehen.« Die Bewußtwerdung der Atmung einerseits und ggf. die gezielte Beeinflussung andererseits werden bei einigen anderen psychophysisch-psychotherapeutischen Techniken stärker als beim A.T. in den Mittelpunkt gestellt (z. B. bei der Funktionellen Entspannung nach *M. Fuchs,* 1979, beim respiratorischen Feedback, z.B. *Leuner,* 1977, 1981).
Als funktionelle Atemstörung kennen wir die *Hyperventilationstetanie,* bei der es infolge einer schnellen, flachen Atmung mit Erniedrigung der Kohlendioxydspannung im Blut zu Kribbelgefühlen und anderen sensiblen Mißempfindungen sowie zu einer Verkrampfung der Extremitäten kommen kann. Dieser Atemtyp ist eine spezifische Ausdrucksweise der Angst sowie auch der Abgespanntheit und Resignation, trotz Anstrengung gesteckte Ziele nicht mehr erreichen zu können (vgl. *Bräutigam* und *Christian,* 1975). Neben Gesprächen zur Klärung der Lebenssituation kann das Autogene Training einen wertvollen Beitrag in der Prophylaxe leisten.
Demgegenüber ist das *Asthma bronchiale* in seiner Ätiologie sehr viel komplexer. Neben psychischen Faktoren spielen entzündliche und allergische eine Rolle; die Gewichtung der einzelnen Faktoren zueinander ist von Fall zu Fall neu zu prüfen. Da sehr viele Asthmatiker (wie sehr viele andere psychosomatisch Erkrankte) oft geradezu vehement eine psychische Ursache/Teilursache ihrer Erkrankung ablehnen, sind sie psychotherapeutischen Bemühungen gegenüber eher ablehnend eingestellt. Das Autogene Training mit seinen klaren Bezügen zu körperlichen Funktionen trifft hier leichter auf Zustimmung als andere psychotherapeutische Verfahren. Über eindeutige therapeutische Erfolge (Zunahme der maximalen Exspirationsgeschwindigkeit, Abnahme der Asthmaanfallhäufigkeit, Verringerung der Krankheitstage) haben bereits *J. H. Schultz* (1957), u. a. auch *Klinger* (1969) und *Schwöbel* (1948) berichtet.

2.4.2 Methodisch-didaktische Einführung der Atemübung

Zunächst stehen wieder die Berichte der Kursteilnehmer über die bisherigen Übungsergebnisse und evtl. aufgetretene Schwierigkeiten im Vordergrund; hierfür sollte der größte Teil der Stunde zur Verfügung gestellt werden.
Die Einführung der neuen Übung bereitet gelegentlich einige Verständnisschwierigkeiten. Ist es doch so, daß die Kursteilnehmer in den ersten beiden Übungen etwas einstellen, etwas bewirken sollten, jetzt aber sich auf etwas einstellen, nichts bewirken, sondern nur erleben sollen. Dieser einfache, doch wesentliche Unterschied zu den vorangegangenen Übungen sollte klar herausgestellt werden.
Die doppelte Orientierung der Atmung (biologisch-autonom gesteuert einerseits und jederzeit bewußt beeinflußbar andererseits) kann im Kurs leicht verdeutlicht werden (»Haben Sie heute schon einmal an Ihre Atmung gedacht?«).
Unsere Sprache ist voller Verweise auf die Atmung, so daß die psychosomatischen Bezüge aus dem eigenen Erleben und Redewendungen schnell offengelegt werden können (»Ruhig atmen wie ein Kind im Schlaf«, »Aufatmen«, »Endlich frei atmen können«, »Der Atem stockt«, »Seufzeratmung«; aber auch indirekt wird auf die Atmung Bezug genommen: »Dicke Luft«, »Die Luft ist geladen«; schließlich stecken auch aggressive Momente in der Atmung: »Jemandem etwas husten«, »Jemanden aus dem Hemd blasen«).
Ziel der »Atemübung« ist ein reines Beobachten des an sich (nach Schwere-

und Wärmeübung) schon ruhigen, gleichmäßigen Atemrhythmus. Die bewußte Hinwendung an diesen Rhythmus, sich dem natürlichen Rhythmus zu überlassen, vertieft das Ruhe- und Entspannungsgefühl. Dabei kann es, speziell bei jedem Ausatmen, zu einer deutlichen Zunahme des Schwere- und Wärmeerlebnisses kommen. Die Entspannung der Muskulatur beim Ausatmen wirkt gleichsinnig, gleichgerichtet zur gesamten muskulären Entspannung des Körpers.
Der Hinweis auf den Unterschied zwischen Brust- und Bauchatmung sollte nicht fehlen. Dem passiven Atemerlebnis, dem Geschehen-Lassen entspricht stets die sogenannte Bauchatmung; da die Kenntnisse um die Vorgänge des eigenen Körpers bei den Kursteilnehmern nicht zu hoch veranschlagt werden sollten, ist zu empfehlen, z. B. anhand einer Tafelskizze die verschiedenen Atemtypen darzustellen. Dabei wird gelegentlich nach einem unterschiedlichen Atemtypus bei Männern und Frauen gefragt, und zwar dahingehend, daß Männer eine Bauchatmung, Frauen eine Brustatmung haben sollen. Dies trifft nicht zu (zu überlegen wäre, inwieweit die ehemals verwendeten Korsetts der Damen diesen schlichtweg keinen Platz ließen für eine Bauchatmung!).

Die Formel für diese Übung lautet:

»Atmung ruhig und regelmäßig.«

Diese Formel ist bewährt und braucht im allgemeinen nicht modifiziert zu werden. Eine Ausnahme bilden Patienten mit funktionellen Atemstörungen (z. B. Hyperventilationstetanie) sowie organischen und psychosomatischen Atemstörungen (z. B. Asthma bronchiale). Hier kann eine der folgenden Formeln eventuell den speziellen Bedürfnissen angemessener sein:

»Es atmet – ganz ruhig – in mir.«
»(Atmung gleichgültig), es geht von allein.«
»Mich dem Rhythmus überlassen.«
»Dem Rhythmus folgend fällt die Schulter ab.«
»Atmung frei (und von selbst).«

Um das passive Atemerlebnis noch zu verdeutlichen, empfiehlt *Schultz,* im Anschluß an die ca. 6malige Vergegenwärtigung der Standardformel einmal sich vorzustellen:

»Es atmet mich.«

Diese Formel wird von manchen Kursteilnehmern jedoch als ein »sprachliches Ungetüm« empfunden; manche kommen eher mit der folgenden Formel zurecht:

»Es atmet in mir.«

Diese Formeln verweisen noch einmal eindrücklich auf das passive, von der bewußten Steuerung des Ichs unabhängige Atemerlebnis. Die beiden letztgenannten Formeln können, müssen aber nicht unbedingt verwendet werden.
Fragen der Kursteilnehmer nach anzustrebender Tiefe und Frequenz der Atmung zeigen, daß das Prinzip der Atemübung noch nicht verstanden worden ist, denn wir geben bei dieser Übung ja nichts vor, sondern überlassen uns der Atmung. So sind auch Abwandlungen der Formeln z. B. in: »Ich atme ruhig und regelmäßig« nicht zu tolerieren. Bereits sprachlich käme hier eine willentliche Beeinflussung zum Ausdruck, die dem Charakter der Übung zuwiderläuft.
Sofern nicht zuvor schon die Formeln dem Atemrhythmus angepaßt wurden, taucht diese Frage jetzt im Kurs auf. Es ist dabei für alle Kursteilnehmer frappierend, wie viele verschiedene Möglichkeiten es gibt, sich die Formeln des Autoge-

nen Trainings zu vergegenwärtigen. Wiederum ist hier darauf hinzuweisen, daß es keine Regeln gibt, daß jeder seine individuelle Art und Weise aus sich selbst heraus finden muß.
Für die praktische Durchführung dieser speziellen Übung erscheint die Droschkenkutscherhaltung aus einsehbaren Gründen vergleichsweise wenig geeignet. So empfiehlt es sich auch, die Atemübung zunächst vornehmlich in der Lehnsesselhaltung, besser noch in der Liegehaltung zu üben.
Dem gemeinsamen Üben sind jetzt ca. 5 bis 10 Min. einzuräumen. Dabei sollte ausdrücklich noch einmal darauf hingewiesen werden, daß selbstverständlich jeder Kursteilnehmer, der irgendwelche Schwierigkeiten verspürt, zurücknehmen kann und soll, bevor der Kursleiter den Hinweis dazu gibt. Keiner muß etwa ausharren. Eine stillschweigende, selbst kräftige Zurücknahme wird die anderen Kursteilnehmer kaum stören.
Auch für das häusliche weitere Üben dürften 2- bis 3mal täglich 5 bis 10 Min. angemessen sein, wobei wichtiger als die zeitliche Begrenzung in Minuten der Grundsatz ist: »Solange es angenehm ist.«
Noch einmal empfiehlt es sich auch, einen der Kursteilnehmer sein individuelles »Formelpaket« vorstellen zu lassen, damit auf diese Weise allen Kursteilnehmern noch einmal der Ablauf der gesamten Übung klar vor Augen geführt wird (vgl. hierzu 1.5). Die gesamte Übung wird jetzt - von den Formeln her betrachtet - etwa folgendermaßen aussehen:

Ca. 6mal
»Mein rechter (linker) Arm
(bzw. beide Arme/Arme und
Beine) ist angenehm (ganz) schwer.«
1mal
»Ich bin ganz ruhig.«
(bzw.: »Ruhe kommt von selbst«).
Ca. 6mal
»Mein rechter (linker) Arm
(bzw. beide Arme/Arme und
Beine) ist ganz (angenehm) warm.«
1mal
»Ich bin ganz ruhig.«
(bzw.: »Ruhe kommt von selbst«).
Ca. 6mal
»Atmung ruhig und regelmäßig.«
1mal
»Es atmet mich.«
(bzw.: »Es atmet in mir.«)
1mal
»Ich bin ganz ruhig.«
(bzw.: »Ruhe kommt von selbst«.)
Rücknahme:
»Arme fest, Atmung tief, Augen auf.«

Die der dritten Übung folgende vierte Kursstunde kann - sofern die Zeit dazu besteht gut als Leerstunde verwendet werden. Schwere-, Wärme- und Atemübung bilden ein »Dreibein«, das durchaus vergleichbar einem dreibeinigen Stuhl - einen festen Stand hat, d. h. eine verläßliche Grundlage für die weiteren Übungen abgibt. Hier den Kursteilnehmern etwas Zeit zu lassen, Sicherheit im Umgang mit den Übungen zu gewinnen, Möglichkeiten und Schwierigkeiten zu diskutieren, wird als hilfreich und dem Gesamtübungsverlauf förderlich erlebt.

2.4.3 Hilfestellungen

1. Da die Bauchatmung mit einem Heben und Senken des Bauches einhergeht, erscheint es manchen Kursteilnehmern hilfreich, sich den Bauch als Blasebalg vorzustellen und diese Vorstellung zugleich mit dem passi-

ven Atemerlebnis (»aufgeblasen werden«) zu verknüpfen.

2. Physiologischer sind aber doch wohl die Vorstellungen, die sich an rhythmische Abläufe in der Natur knüpfen. Zu denken ist hier an eine gleichmäßige, leichte Dünung der See oder auch an das Schaukeln einer Luftmatratze auf den Wellen. »Derartige Bilder vermitteln manchen ein Gefühl der Geborgenheit und des Aufgehobenseins in der Natur. Von diesen Bildern ausgehend kann man sich die Vorstellung vom Atemrhythmus vergegenwärtigen. Entscheidend ist dabei immer wieder die passive Hingabe an den Atemrhythmus« (*Haring,* 1979).

2.4.4 Störungen

1. Viele Kursteilnehmer berichten, daß ihre Atmung bis zur Atemübung stets ruhig und regelmäßig gewesen sei, mit Beginn der Übung sie dann aber ganz durcheinandergekommen seien, nicht mehr gewußt hätten, wie sie denn nun eigentlich atmen sollten.
   Diese Schwierigkeiten sind gut bekannt, eine kleine Tierfabel mag dies illustrieren: »Eine Kröte, die einem Tausendfüßler übel will, fragt diesen, wie er denn mit seinen 1000 Füßen zurechtkäme. Er solle ihr doch bitte genau erklären, was er mit den linken Füßen mache, wenn er die rechten bewege und umgekehrt. Von Stund' an konnte der Tausendfüßler nicht mehr gehen.« Auch im täglichen Leben finden sich genügend Beispiele. So kann jeder selber den Versuch machen, schnell eine Treppe hinaufzugehen und sich gleichzeitig zu sagen: Linkes Bein, rechtes Bein, linkes Bein...Auf diese Weise kann ein Stolpern programmiert werden. Nicht zu empfehlen ist der Versuch, beim Autofahren alle Handlungen zu erklären, sehr leicht können dann Kupplung und Bremse verwechselt werden. Es bedarf schon einiger Übung wie der des Fahrlehrers, um dies zu tun.
   Die Beispiele sollen klarstellen, daß zunächst eine Störung des Atemrhythmus bei Hinwendung der Aufmerksamkeit durchaus verständlich ist und eine erneute Selbstverständlichkeit erst erworben werden muß – nun aber mit der Möglichkeit der Aufmerksamkeitszuwendung!
2. Bei einer nicht ausreichenden Einführung der Atemübung neigen manche Kursteilnehmer dazu, die Atemübung insgesamt für überflüssig zu halten, da sie, durchaus zutreffend, davon ausgehen, daß ihre Atmung schon längst vollkommen ruhig und regelmäßig sei. Neben der evtl. nochmaligen Erklärung des Charakters der Atemübung ist es oft erst die erlebte Vertiefung der Schwere- und Wärmeübung, die diese Kursteilnehmer vom Wert der Atemübung überzeugt.
3. Während der Atemübung kann der Kursteilnehmer den Drang verspüren, einmal tief durchzuatmen. Dies ist physiologisch verständlich, da es während der Einübungszeit in die Atemübung gelegentlich zu einer etwas überschießenden (gewollten?) Atemruhigstellung und somit zu einer leichten Hypoxie (Azidose) kommen kann. Hierdurch kommt es zu einer Anregung des Atemzentrums.
4. Eine passive Hingabe an die Atemübung fällt häufig denjenigen Kursteilnehmern schwer, die gewohnt sind, den Atem bewußt zu regulieren. Dies gilt für Sportler, für den Gesangsunterricht und insbesondere für Kursteilnehmer, die bereits einmal Yoga gelernt haben. Hier muß abgewartet werden; es dauert gewöhnlich etwas länger als durchschnittlich, bis diese Kursteilnehmer gelernt haben, sich dem natürlichen Rhythmus ohne willkürliche Eingriffe (erneut) zu überlassen. Überhaupt gilt für die

Atemübung, Störungen nicht überzubewerten, sondern die Kursteilnehmer zu beruhigen und zu einem konstanten weiteren Üben zu ermuntern.

5. Wie bereits erwähnt, ist das Asthma bronchiale eine typische Indikation für das Autogene Training, andererseits muß immer besondere Vorsicht walten, wenn im Autogenen Training ein gestörtes Organsystem angesprochen wird. So ist auch für die Atemübung zu empfehlen, sie zunächst auf ein 2maliges Üben zu reduzieren und/oder als 6. Übung zu trainieren.
   Zu diskutieren ist auch, inwiefern bei diesen Patienten formelhafte Vorsatzbildungen angezeigt sind (vgl. 2.4.2). Zu denken wäre hier z. B. an: »Mich dem Rhythmus überlassen«, oder: »Atme ganz gelassen aus«, oder: »Dem Rhythmus folgend fällt die Schulter ab.« Wichtiger als derartige Formeln erscheint es jedoch, die Patienten erst einmal in das Autogene Training vollkommen einzuführen, um dann zu schauen, inwiefern Modifikationen notwendig sind.
6. Bewußt zu atmen, auf den eigenen Atem zu hören, ihn hörbar werden zu lassen, kann Ängste hervorrufen, die nur aus der individuellen Lebensgeschichte zu verstehen sind. Zu denken wäre z.B. an die Angst, bemerkt oder entdeckt zu werden; vor Schreck und Angst den Atem anzuhalten, wenn man sich versteckt hält und der Suchende in die Nähe kommt, ist aus Kindertagen und - in spielerischer Form - aus kindlichen Versteckspielen mit ihrer »Angstlust« bekannt. Im Rahmen der Atemübung des A. T. die Atmung bewußt wahrzunehmen, kann Ängste vor dem Entdeckt-, Bestraft- und/oder Zurückgewiesenwerden reaktivieren. Hier wäre nun einerseits nach der individuellen Bedeutung zu fragen, wobei der äußere Aspekt oft bereits Hinweise gibt (z.B. ängstlich-angespannte Haltung mit entsprechendem Gesichtsausdruck, gelegentlich mühsam überspielt durch ein pseudo-unabhängiges und pseudo-forsches Verhalten); andererseits könnte im Rahmen einer mehr strukturierend-stützenden Vermittlung zunächst auch nur darauf verwiesen werden, daß die Atmung subjektiv zwar deutlich wahrgenommen werde, für Außenstehende beim »passiven Atemerlebnis« objektiv jedoch keine Änderungen wahrzunehmen seien.

2.5 Herzübung (Das »passive Herzerlebnis«)

2.5.1 Physiologische Grundlagen und psychosomatische Bezüge

Die Herzübung wurde von *J. H. Schultz* als dritte Übung nach der Wärmeübung verwendet, da viele Kursteilnehmer bereits bei dieser über ein Pulsieren (»Klopfen«) in den Fingerspitzen berichteten; auch schien es aufgrund der physiologischen Zusammengehörigkeit von Herz und Kreislauf geboten, die Herzübung der Gefäßübung (Wärmeübung) folgen zu lassen. Die Gründe für die Umstellung der beiden Übungen wurden bereits besprochen (vgl. 2.4.1).

Im Gegensatz zum Skelettmuskel ist das Herz auch ohne nervöse Steuerung rhythmisch tätig, da es eigene Nervenknoten enthält, und zwar den sogenannten Sinusknoten als »Schrittmacher des Herzens« und den atrioventrikulären Knoten. Deren autonome Tätigkeit zeigt jedoch nur eine geringe Variationsbreite der Frequenz. Die zum Herzen ziehenden parasympathischen (Nervus vagus) und sympathischen Nervenfasern (Nervi accelerantes) führen zu einer Vergrößerung des Anpassungsbereiches.

Der Nervus vagus wirkt am Herzen frequenzmindernd und die nervöse Überleitung vom Vorhof auf die Herzkammern erschwerend. Am Herzvorhof wirkt er außerdem leistungs- und erregbarkeitsmindernd. Hingegen wirkt der Sympathikus genau gegenteilig: Beschleunigung der Herzfrequenz, Verkürzung der Erregungsleitung, Steigerung der Erregbarkeit des Herzmuskels und Erhöhung der Kraft der Kontraktion am ganzen Herzmuskel. Eine Frequenzsteigerung kann durch eine Zunahme des Sympathikustonus wie durch eine Abnahme des Parasympathikustonus ausgelöst werden und umgekehrt kann eine Frequenzminderung durch Abnahme des Sympathikustonus oder durch Zunahme des Parasympathikustonus bewirkt werden. Demgegenüber ist eine Veränderung der Kraft der Kontraktion der Ventrikel auf nervösem Wege nur durch eine Veränderung des Sympathikustonus möglich, da die Nervenfasern des Nervus vagus (Parasympathikus) nicht an der Innervation der Herzkammern beteiligt sind.

Aus diesen kurzen physiologischen Darlegungen ergibt sich, daß die klassische Formel von *Schultz:* »Das Herz schlägt ruhig und kräftig« weder als Ausdruck einer allgemeinen parasympathikotonen noch trophotropen Reaktionslage des Organismus aufzufassen ist; das Ziel dieser speziellen Formel ist eher zwischen bzw. in einem Gleichgewicht von parasympathikotoner und sympathikotoner Reaktionslage zu orten. Es mag dahingestellt sein, ob dies einer der Gründe ist, warum so viele Übende Schwierigkeiten mit dieser Übung haben und eine erstaunliche Vielzahl von Alternativformeln inzwischen angegeben worden sind. Der Forderung von *Langen,* ohne eine positive Indikation auf die Herzübung zu verzichten, kann im Lichte neuerer Forschungen zur prä- und perinatalen Psychologie (s. hierzu z.B. *Fedor-Freybergh,* 1987) nicht zugestimmt werden; ganz im Gegenteil sollte der Herzübung wieder eher mehr Aufmerksamkeit gewidmet werden. In einer berühmt gewordenen Untersuchung spielte *Salk* (1973) in einem Zimmer für Neugeborene Aufnahmen des menschlichen Herzschlags von 72 Schlägen pro Minute ab. Während des Experiments wurde diese »Geräuschkulisse« Tag und Nacht ohne Unterbrechung geboten – ganz entsprechend der akustischen Situation des Ungeborenen im mütterlichen Uterus. Eine Kontrollgruppe von Neugeborenen erhielt keine derartige Beschallung. Das Ergebnis war aufschlußreich: in der Neugeborenengruppe, die den Herzschlag hörte, schrien ein oder mehrere Babys gleichzeitig während 38% der Zeit, während in der Kontrollgruppe ein oder mehrere Babys 60% der Zeit schrien. Es ist anzunehmen, daß die bereits pränatalen akustischen Wahrnehmungen des Herzrhythmus eine prägende Bedeutung für unser Musik- und Rhythmuserleben haben (vgl. *Wetzel,* 1987). Die beruhigend-ausgleichende Wirkung bestimmter Musikstücke und Rhythmen im Vergleich zu aufpeitschend-anspannenden Rhythmen spielt auch eine Rolle bei der kulturgeschichtlich ältesten Form der Medizin, Psychotherapie und Psychosomatik, nämlich beim Schamanismus: »Schamanismus ist nicht – wie vielfach angenommen – eine Religion, sondern eine besondere und sehr alte, auf durch Erfahrung oder Überlieferung gewonnenen psychologischen und psychischen Erkenntnissen beruhende Verfahrensweise zur Beeinflussung anderer Menschen bzw. zur Behandlung geistiger oder seelischer Erkrankungen, die sich der frühe Mensch, der Jäger der Steinzeit, erarbeitet hatte« (*Lommel,* 1980, S. 7; vgl. auch *Schmidbauer,* 1969). Das Trommeln der Schamanen, um einen Trancezustand zu erreichen, bringt *Janus* (1988) mit der pränatalen Wahrnehmung des mütterlichen Herzschlags in Zusammenhang, sowie überhaupt der Trancezustand und die sogenannte Schamanenreise (im Sinne der individuellen Initiation in Abgrenzung von der Gruppeninitiation bei den Pubertätsriten) als imaginative Aktualisierungen und Symbolisierungen von prä- und perinatalen Erfahrungen aufgefaßt werden können: »Wenn man in dieser Weise Schamanenreise und Mutterleibsregression zusammenbringt, dann gilt der Zusammenhang: die Trommel und die Rassel induzieren die Trance der fötalen Regression, die dann in der Schamanenreise imaginativ realisiert wird« (*Janus,* 1988, S. 101).

Eine in diesem Sinne verstandene Herzübung kann den Zugang zu regressiven Phantasien und Körpererlebnissen eröffnen, die in dieser Form im A.T. wohl noch kaum genutzt sind. Die Schwierigkeiten bei der Herzübung lediglich mit den Herzinfarktängsten des heutigen Menschen in Zusammenhang zu bringen, entspräche demgegenüber einer zwar ernsthaft zu beachtenden, aber auch vergleichsweise oberflächlichen Betrachtungsweise. Zugang zu den - kulturell weitgehend überdeckten - ursprünglichen geistigen und körperlichen Erfahrungen zu gewinnen, erscheint immer mehr als eine nicht nur lohnende, sondern auch kulturell notwendige Aufgabe (vgl. *Fedor-Freybergh,* 1987; *Janus,* 1988, *Kraft,* 1988).

Herz und Kreislauf sind in alle unsere Lebenstätigkeiten einbezogen, obwohl wir dies normalerweise nicht wahrnehmen. Das Herz wird uns meist erst bei Überanstrengungen durch Herzklopfen oder Angstzuständen durch Herzjagen bewußt (oder aber auch bei dem - manchmal angstvollen (?!) - Warten auf die/den Geliebte/n).

Neben diesen physiologischen Reaktionen des Herzens auf Anstrengungen und mittelbar erlebte seelische Ereignisse sowie die Frequenzschwankungen in Abhängigkeit von der Atmung (Frequenzanstieg beim Einatmen), kann es auch zu einem »Leerlaufen« einer gesteigerten Herzaktivität kommen. Dies ist der Fall, wenn aus äußeren oder inneren Hemmungen heraus eine bereitgestellte Kreislaufaktivierung nicht abgerufen werden kann (bis hin zu einer dauernden Erregung in Erwartung einer auszuführenden Leistung), oder wenn eine aus dem Bewußtsein verdrängte Leistungseinstellung *stellvertretend* zu einer Anspannung des Kreislaufs führt (vgl. hierzu *Bräutigam* und *Christian,* 1975). Wenn das Herz dann in solch einem Falle gespürt wird, so wird es als nicht verfügbar erlebt. Dieses Nicht-verfügbar-Sein und die Unüberschaubarkeit des Geschehens sind ängstigend.

Angst ist eine der wesentlichen Indikationen zum Autogenen Training (vgl. 1.4). Da zudem aus dem unabhängig, mehr oder weniger unbemerkt (»im Dunklen«) arbeitenden Herzen im Verlauf der Herzübung ein bewußt erlebtes Organ wird, kann die Herzübung durch den Zugewinn an Verfügbarkeit und Überschaubarkeit zu einer Entängstigung führen. Die Einstimmung des Herzrhythmus auf eine physiologische, mehr trophotrop orientierte Reaktionslage des Organismus im Gesamt der organismischen Umschaltung tut ein übriges.

Bei der *Herzneurose* (auch Herzphobie genannt) besteht z.B. ständige Angst, es könne zu einem Herzinfarkt o.ä. kommen. Oft bestehen auch Schmerzen, ohne daß jedoch eine Schädigung des Herzens nachzuweisen wäre. Neben einer psychotherapeutischen Führung des Patienten durch den Hausarzt (nicht etwa notwendigerweise einen Psychotherapeuten) kann das Autogene Training gute Dienste zur Entängstigung leisten (*Binder,* 1979; *Langen,* 1965). Das gleiche gilt für *Herzrhythmusstörungen (Extrasystolie, paroxysmale Tachykardie) und pektanginöse Beschwerden, sofern eine organische Grundlage ausgeschlossen ist. Kenter* (1965) berichtet für diese Patientengruppe über gute Langzeiterfolge bei alleiniger Behandlung mit dem Autogenen Training. Von 70 Patienten wurden 55 beschwerdefrei; er berichtet sogar von einigen Fällen, in denen das Autogene Training auch bei organisch bedingter Extrasystolie einen positiven Effekt zeigte.

Eine früher geübte Zurückhaltung gegenüber dem Einsatz des Autogenen Trainings bei *Herzinfarkt*-Patienten in der

Rekonvaleszenz scheint inzwischen zugunsten eines gezielten Einsatzes zur Vorbeugung gegen erneute Streßsituationen aufgegeben worden zu sein (Einsatz in entsprechenden Kurkliniken für Herzinfarkt-Patienten, vgl. *Haring,* 1979; *Mensen,* 1988).

2.5.2 Methodisch-didaktische Einführung der Herzübung

Die Übungsgruppe ist nun soweit ins Autogene Training eingeführt, daß berichtete Störungen weitestgehend in der Gruppe diskutiert und gelöst werden können. Es wird jetzt auch schon von einem schnellen Eintreten des Schwere- und Wärmeempfindens berichtet, wenn diese gerade erst eingestellt werden. Es bietet sich hier jetzt die Möglichkeit, die Formeln zu verkürzen, z. B. zu »Schwere« und »Wärme«. Sollte die Hinwendung zur Atmung ohne Schwierigkeiten gelingen, mag auch hier schon die Formelverkürzung auf den einfachen Begriff »Atmung« genügen.
Die Kursteilnehmer berichten auch über das Phänomen der Zeitverkürzung, d. h., die Übungen werden zunehmend kürzer erlebt als es ihrer wirklichen zeitlichen Dauer entspricht (vgl. 1.5.4).
Nach der Besprechung des bisherigen Übungsverlaufes wendet sich die Gruppe der neuen Übung zu. Sie ist in gewisser Weise in ihrer Eigenart schon durch die Atemübung eingeführt worden. Wiederum kommt es nicht darauf an, etwas zu bewirken, sondern geschehen zu lassen, zu beobachten. Herzübung und Atemübung setzen sich so gemeinsam als Paar gegenüber der Schwere- und Wärmeübung ab (das »passive Herzerlebnis«).
Ziel der Herzübung ist die Wahrnehmung des eigenen Herzschlags, um die vegetativ mitgesteuerte Herzfunktion in die Verfügbarkeit des A. T. mit hineinzunehmen im Sinne einer umfassenden »organismischen Umschaltung« vom ergotropen in den trophotropen Zustand.
In den Kursen teilen sich die Teilnehmer in zwei Gruppen. Die einen haben keinerlei Beschwerden mit ihrem Herz, nehmen es nahezu nie wahr und haben oft Schwierigkeiten, überhaupt zu einem Herzerlebnis zu gelangen; die anderen spüren ihr Herz viel zu deutlich, erleben es oft als störend. Für die Einführung der Herzübung ergibt sich hieraus die Notwendigkeit, nicht nur eine Standardformel anzubieten, sondern stärker individuell vorzugehen (siehe unten).
Auch wenn das Herz mit der Liebe und vielen positiven Lebenserfahrungen in Verbindung gebracht wird, so sind es gerade doch die unangenehmen Herz-Erfahrungen, die im Gedächtnis haften bleiben (»von Herzen kommend«, »warmherzig«, »sich etwas zu Herzen nehmen«, »das geht ans Herz«, »das schlägt mir auf die Pumpe«, »engherzig«, »ein Herz aus Stein«, »das Herz schlägt einem zum Halse heraus«, »das Herz zerspringt«).
Da wir uns einem Organ zuwenden, das namentlich zwar allen bekannt ist, das viele jedoch kaum je spüren und über dessen Anatomie in Laienkreisen so gut wie nichts bekannt ist, sind einige Hinweise zur Anatomie nützlich.
Vereinfacht gesagt, handelt es sich beim Herzen um einen Hohlmuskel, der sich rhythmisch zusammenzieht, dadurch als Pumpe wirkt und den Blutkreislauf in Gang hält. Das Herz liegt zum größten Teil hinter dem Brustbein, ragt beiderseits hinter diesem hervor, mehr jedoch nach links als nach rechts. (Viele Laien hingegen lokalisieren das Herz ganz in die linke Brustseite!) Zwischen der 4. und 5. Rippe der linken Seite ist der *Herzspitzenstoß* an der Brustwand mit dem Finger zu tasten. Eine Skizze erleichtert manchem Kursteilnehmer die Vorstellung (und von der Intensität der Vorstellung hängt ja wiederum der Übungserfolg ab).
Vor Beginn der Übung sollte der Kursleiter sich informieren (informiert sein), wer an funktionellen Störungen der Herztätigkeit leidet bzw. einen Herzinfarkt oder

andere organische Störungen in der Anamnese anzugeben hat. Hier ist - wie stets zunächst entweder eine abgeschwächte Übung zu empfehlen oder auch eine der Alternativformeln zu wählen.
Die Kursteilnehmer werden angehalten, sich auf ihr Herz zu konzentrieren, die »beobachtende Konzentration« wird vergleichbar der Atemübung - mit Hilfe folgender Formel gestützt:

»Das Herz schlägt ruhig und kräftig.«

Es kann nicht klar genug und oft genug darauf hingewiesen werden, daß die Frequenz des Herzschlags nicht verändert werden soll, sondern daß es nur auf die Wahrnehmung ankommt, auf das »passive Herzerlebnis«. (Daß im Gesamtverlauf des Autogenen Trainings die Umschaltung auf eine trophotrope Reaktionslage zu einer durchschnittlichen Frequenzsenkung von vier Schlägen pro Minute führt (*Polzien,* 1965), ist in dem speziellen Zusammenhang mit der Herzübung unerheblich.)
Es gibt im Autogenen Training keine andere Übung, zu der so viele verschiedene gleichwertige Alternativformeln existieren wie gerade die Herzübung. Dies zeigt die Problematik dieser Übung. Auf die Problematik der Begriffe »ruhig und kräftig« in Hinblick auf das vegetative Nervensystem wurde bereits eingegangen, sie kann ebenso wie der oft als störend empfundene Begriff des Schlagens mit folgender Formel umgangen werden, die mir als Standardformel eher geeignet erscheint als die vorstehend genannte:

»Herz arbeitet ruhig und regelmäßig.«
oder: »Herz ruhig und regelmäßig.«

Laberke (1965) schlug als weitere Modifikation vor:

»Herz arbeitet ruhig und leicht.«

Bei diesen Formeln kommt hinzu, daß Stabreime (Beginn mit dem gleichen Konsonanten) bereits aus rhythmischen Gründen gerne von den Kursteilnehmern angenommen werden.
Der Puls als fortgeleiteter Herzschlag eignet sich ebenfalls für die Formelbildung, zumal dann, wenn ein Kursteilnehmer aus unangenehmen Erfahrungen mit dem Herzen eine Formel, in der das Herz direkt angesprochen wird, ablehnt. Als vollkommen gleichwertig können folgenden Formeln gelten:

»Es durchpulst mich.«
oder: »Es pulsiert.«
oder: »Puls ruhig und regelmäßig.«

In diesen Formeln kommt, hierin wieder der Atemübung vergleichbar, durch das »Es« wiederum schon sprachlich das Erleben, das Sichanvertrauen, das passive Herzerlebnis zum Ausdruck.
Atemfrequenz und Herzrhythmus sind verschieden und können (und sollen auch) nicht in irgendeiner Form koordiniert werden. Manche empfinden die Konzentration auf die verschiedenen Rhythmen anfänglich verwirrend. In einer funktionellen, auf psychophysische Harmonisierung ausgerichteten Sichtweise ist dem Atemrhythmus zunächst der Vorzug einzuräumen; auf die spezielle Bedeutung der Herzübung aus der Sicht der prä- und perinatalen Psychologie wurde bereits hingewiesen (s. 2.5.1).
Atem- und Herzübung können ggf. vorübergehend auch in folgender Weise formelmäßig zusammengefaßt werden:

»Im Einklang mit der
Atmung
Herz ruhig
und regelmäßig.«

Das gemeinsame Üben wird jetzt ca. 10 bis 15 Minuten umfassen; bei dieser Übung sind nicht so viele »Erfolgsmeldungen« zu erwarten, wie z. B. bei der Schwere- und Wärmeübung. Aufgabe des Kursleiters ist es hier, die Hoffnung auf Erfolg aufrechtzuerhalten und andererseits überschießende Erwartungen zu relativieren.
Da die Realisierung der Herzübung erfahrungsgemäß einer größeren Anzahl von Kursteilnehmern Schwierigkeiten bereitet, erscheint es angebracht, schon in der Einführung der neuen Übung die Hilfsmöglichkeiten (siehe 2.5.3) zu erwähnen, was bei den anderen Übungen eher zurückhaltender bzw. sogar nur gezielt bei anhaltenden Schwierigkeiten im Einzelfall erfolgt.

2.5.3 Hilfestellungen

1. Viele Kursteilnehmer haben bereits bei der Wärmeübung ein Pulsierungsgefühl in den Fingerspitzen (»Klopfen«) verspürt, das nun wieder aufgegriffen werden kann, um sich in den Herzrhythmus überhaupt erst einmal einzufühlen. Es kann verstärkt werden, indem z.B. ein Gummiring (nicht zu fest!) um das Endglied eines Fingers gelegt wird, wodurch es dort zu einem starken Pulsationsgefühl kommt.
2. Für einige Übungstage ist in der Liegehaltung evtl. auch eine Haltungsänderung zu empfehlen, damit der Übende seinen Puls an der daumenwärts gelegenen Innenseite des Handgelenks fühlen kann. Es kann aber auch direkt der Herzspitzenstoß getastet werden, indem der rechte Arm angewinkelt und mit den Fingerspitzen der Herzspitzenstoß im Zwischenrippenraum zwischen der 4. und 5. Rippe links getastet wird; hierbei sollte der Ellenbogen durch ein Kissen angehoben sein, damit der Arm nicht zu schwer auf dem Brustkorb lastet.

2.5.4 Störungen

1. Bei Störungen mit der Herzübung ist – gerade wegen der hier relativ zahlreichen Alternativformeln – nach dem genauen Wortlaut der verwendeten Formeln zu fragen. Irrtümliche oder gar bewußte Formeländerungen mit dem Ziel, den Herzschlag zu verlangsamen, können sehr unangenehme Folgen haben (siehe 2.1.3). *Schultz* (1976) berichtet nicht nur über dabei auftretende subjektive Beschwerden, sondern auch über Veränderungen im EKG (im Sinne von Veränderungen, wie sie bei Koronarinsuffizienz zu sehen sein können).
   Sollten Störungen dieser Art auftreten, sollte zunächst erneut geübt und insbesondere kräftig zurückgenommen werden. Bestehen weiterhin Beschwerden, muß der Kursteilnehmer einen mit dem Autogenen Training und der Hypnose erfahrenen Arzt hinzuziehen; mit dem Autogenen Training entgegen allen Regeln herbeigeführte Funktionsstörungen können mit Hilfe der tiefere Schichten des Hypnoids erreichenden Hypnose behoben werden.
2. Häufig klagen Kursteilnehmer darüber, daß sie keinerlei Erfolg mit der Herzübung verspüren. Hier ist auf die oft lange Zeitdauer bis zur Realisation dieser Übung zu verweisen. Gerade die Herzübung – wie aber alle anderen Übungen auch – kann nicht »erzwungen« werden.
3. Es kommen aber auch überschießende Reaktionen vor, es wird dann z.B. ein unangenehmes Pulsieren in den Armen, den Schläfen sowie auch ein Herzjagen verspürt. Auch ohne weitere Maßnahmen verschwinden derartige Mißempfindungen meist innerhalb von ein bis zwei Tagen. Prinzipiell gilt hier – was die Kursteilnehmer längst wissen daß eine Übung beim Auftreten von unangenehmen Nebenwirkungen kräftig zurückzu-

nehmen ist. Eine Abschwächung der Übung (nur ein- bis dreimalige Vergegenwärtigung der Formel) oder die Verwendung einer Alternativformel kann anzuraten sein.
Sofern persönliche Erlebnisse sich mit dem Herzen verbinden, führt deren Bewußtwerdung und Abreaktion allgemein zu einem weiteren störungsfreien Übungsverlauf. So berichtete eine Kursteilnehmerin im Anschluß an die gemeinsam durchgeführte Übung in der Gruppe, sie habe ein sehr starkes Herzrasen verspürt, habe ihr Herz »wie wild« schlagen hören, das habe ihr große Angst gemacht. Im Verlauf des Gespräches fiel der Kursteilnehmerin dann plötzlich ein, daß sie bei dem dramatischen Tode ihrer Mutter (Lungenembolie) den Eindruck gehabt habe, das Herz der Mutter laut und deutlich »wie wild« schlagen gehört zu haben. Lange Zeit habe sich dies Erlebnis immer wieder störend in ihr Bewußtsein gedrängt, bis sie es dann schließlich bis zum heutigen Tage eigentlich fast ganz vergessen habe. Nachdem noch eine Zeitlang über dies Erlebnis gesprochen wurde und die Kursteilnehmerin insbesondere auch berichtete, daß bei ihr selbst keinerlei Herzerkrankungen vorlägen, wurde zunächst zu einer unveränderten Fortführung der Herzübung geraten. Es traten keinerlei Störungen mehr auf.
Weitergehend als in diesem Beispiel konnte *Wallnöfer* (1973, S. 78) bei einer seiner Patientinnen die aktuellen und psychogenetischen Bedingungen einer Formelabänderung klären: »Der Patientin hatte sich, als sie den klassischen Herzspruch des A. T. einstellen wollte, aufgedrängt: «Das Herz steht ruhig und still», und sie hatte panische Angst bekommen, die erst verschwand, als sie sich von der »neuen« Formel losreißen und auf »Schwere, Wärme, Ruhe« zurückgehen konnte. Vorerst gab es keine Erklärung und anfänglich auch kein Verständnis für die merkwürdige Formulierung. Auffallend war nur, daß die Patientin, obwohl sie auch sonst heftige funktionelle Herzbeschwerden hatte (Präkordialangst, Stenokardien usw.), immer betonte, für *ihre* Person habe sie gar keine Angst vor dem Sterben. Die Frage lag nahe, vor *wessen* Sterben sie denn Angst habe. Ein heftiger Weinanfall bestätigte, daß die Richtung der Vermutung stimmte: nun berichtete sie, daß an dem Tag, an dem sich der Spruch geändert hatte, ihr einziges Kind mit hohem Fieber erkrankt war und die verordneten Sulfonamide noch nicht ansprachen. Daß dies am ersten Tag gar nicht sein müsse und daß der Zustand nicht bedrohlich wäre, hatte ihr der Hausarzt beruhigend erklärt, und sie habe sich damit wohl auch zufrieden gegeben, denn ihr Vertrauen zum Hausarzt sei sehr groß. Die panische Angst, die sie empfunden hatte, müsse wohl eine andere Ursache haben. Die Aufforderung, doch nochmals zu ihrem einzigen Kind zu assoziieren, brachte die Erinnerung an eine Abtreibung unter großem seelischen Druck (Patientin ist streng katholisch). Weitere Assoziationen deckten die Angst auf, nun auch das einzige Kind als Strafe Gottes für die Interruptio zu verlieren. Die Aufdeckung dieser Zusammenhänge, die der Patientin offensichtlich vorher nicht bewußt waren, brachte in diesem Fall einen eklatanten Erfolg. Die Präkardialangst und die Stenokardien blieben aus, während eine ebenfalls schon lang dauernde Anfälligkeit im gastrointestinalen Bereich unbeeinflußt blieb – allerdings auch nicht etwa im Sinne eines Symptomwandels verstärkt wurde.« Wie diese Ausführungen zeigen, ist die offene, analytisch orientierte Vermittlung (vgl. 1.8) durch ein Anregen zu Assoziationen gekennzeichnet, die sehr häufig –

vermutlich unter dem starken psychophysischen Eindruck der jeweiligen Übung – zu zentral wichtigen lebensgeschichtlichen Zusammenhängen hinführen.

4. Bei einer hypotonen Kreislauflage wurde bereits bei der Wärmeübung zu einer Liegehaltung geraten. Es kann jedoch bei der Herzübung auch anderen Kursteilnehmern erstmalig schwindelig werden, was auf die weitere Kreislaufwirkung der Herzübung verweist. Eine Kontrolle des Blutdrucks ist anzuraten. Vielleicht ergibt sich bei diesen Kursteilnehmern am ehesten die Indikation für die ursprüngliche Standardformel: »Das Herz schlägt ruhig und kräftig«, da hier eine gewisse sympathikotone Stimulation durchaus erwünscht wäre.
5. Bei pektanginösen Beschwerden empfiehlt es sich, auf die Standard- und Alternativformeln des Autogenen Trainings zu verzichten und statt dessen folgende Formel zu verwenden: »Brustraum weit und warm.« Gerade diese Formel wird häufig als sehr angenehm erlebt (vergl. *Binder,* 1979).
6. Bei anderen funktionellen Störungen der Herztätigkeit sowie auch bei Herzneurotikern kann es während einer Einführung in die Herzübung zunächst sogar zu einer Verschlimmerung der Symptomatik kommen. Um dem vorzubeugen, bzw. dies zu umgehen, ist die Einübung einer Indifferenzformel zu empfehlen: »Herz in jeder Situation und zu jeder Zeit vollkommen gleichgültig.« Noch weitergehender wäre es, das »Herz links liegenzulassen«, die Herzübung zunächst also ganz fallenzulassen. Sie kann dann, wenn die übrigen Übungen gut realisiert werden können, als abgeschwächte Herzübung eingeführt werden (vgl. hierzu auch das Autogene Training für Fortgeschrittene, siehe 3. Kap.).
7. Manche Kursteilnehmer sind von einem klagenden klopfenden Gefühl im Bauchraum beunruhigt. Es handelt sich hierbei um die pulsierende Aorta, die als Hauptschlagader des Körpers zumindest bei jüngeren Menschen eine große Elastizität aufweist. Es handelt sich im eigentlichen Sinne also nicht um eine Störung, was mit einer entsprechenden Erklärung der physiologischen Zusammenhänge klargestellt werden kann.
8. Auf die Schwierigkeit, zwei sehr verschiedene Rhythmen, nämlich den Atem- und den Herzrhythmus sich zu vergegenwärtigen, wurde bereits hingewiesen. Einige wenige Kursteilnehmer haben hier bleibende Schwierigkeiten. Fälschlicherweise versuchen manche, Herz- und Atemrhythmus in ein Verhältnis zueinander zu bringen (z. B. vier Herzschläge, einmal Atmen), was natürlich dem Charakter dieser Übung vollkommen zuwiderläuft. Am ehesten ist zu empfehlen, die Herzübung so lange zurückzustellen, bis die Atemübung ohne weitere Formeln in die organismische Umschaltung einbezogen ist, um dann die Herzübung nachzuholen.

2.6 Sonnengeflechtsübung

2.6.1 Physiologische Grundlagen und psychosomatische Bezüge

Als *J. H. Schultz* Anfang des Jahrhunderts das Autogene Training aus der Hypnose heraus entwickelte, galt es als »unschicklich«, von »Bauch« oder gar »Unterleib« zu reden. Inzwischen hat sich vieles in unserer Einstellung zu unserem Körper geändert, aber es sollte keineswegs übersehen werden, daß »körperliche Notdürfte« als Funktionen des Bauches zwar ebenso natürlich wie Essen, Trinken und Schlafen sind, jedoch auch heute noch einem verschleiernden Vokabular unterliegen. Wir sind – zumeist unreflektiert – angepaßt und verhalten uns nach den

Maßstäben unserer Kultur: »Diese Disziplinierung beschränkt sich nicht nur auf den Intellekt, selbst in fast ausschließlich körperlichen Vorgängen wie Schmerzempfinden, Sexualität oder Ausscheidung finden sich kulturspezifische Verhaltensweisen« (*Beutelspacher,* 1986, S. 7). Besonders klar herausstellen läßt sich unser Umgang mit dem Bauch, der heute vornehmlich ein medizinisches und voyeuristischästhetisches Objekt ist, im Vergleich mit den deftigen Darstellungen körperlicher Funktionen im achtzehnten Jahrhundert. Körperliche Bedürfnisse wurden im gesellschaftlichen Umgang noch nicht verschwiegen, so daß *Peter Prosch* noch 1757 in seiner Autobiographie schreiben konnte: »Ich ging schlafen, hatte aber für diesmal kein Nachtgeschirr, mußte deswegen zum Fenster hinausprunzen und das Traffwerk hinunterrodeln lassen« (*Prosch,* 1757/1964).

Während einer Reise mit ihrem Sohn Wolfgang Amadeus drückte sich Anna Maria Mozart in ihrem Brief vom 26. September 1777 an ihren Mann Leopold nicht weniger drastisch aus: »adio ben mio leb gesund, Reck den arsch zum mund. Ich winsch ein guete nacht, scheiss ins beth das Kracht, es ist schon über oas iezt kanst selber Reimen (zitiert nach *Hildesheimer,* 1982, S. 78). Was hier als gutgelaunt-spaßig galt, verschwand in den folgenden Jahrzehnten aus dem aktiven Sprachschatz und mutet uns heute – selbst als Spaß – noch eigentümlich an (»reck den arsch zum mund« und «scheiss ins beth»).

Nur in einem medizinischen und gegenüber den Ausdrucksmöglichkeiten des achtzehnten Jahrhunderts allenfalls verhalten-lustvollen Sprachgebrauch haben sich die Themen der Verdauung in unserer Zeit Ausdruck verschaffen können, so daß sich die eigentlich wirksamen gesellschaftlichen Einflußnahmen, die »gesellschaftliche Produktion von Unbewußtheit« (*Erdheim,* 1982), heute weniger auf die Sexualität als auf die Verdauungsprozesse richtet (vgl. *Pesso,* 1986, S. 207). Es sind am ehesten die Künstler, die noch den Zugang offenhalten, seien es die Wiener Aktionisten (z.B. *Otto Muehl, Hermann Nitsch,* siehe hierzu *Schwarz* u. *Loers,* 1988) in den sechziger Jahren (vgl. auch *Kolig,* 1985), sei es auch *Ingmar Bergmann,* der in seiner Autobiographie nicht – wie ansonsten üblich – die Verdauungsfunktionen außer acht läßt: »In allen Theatern, in denen ich längere Zeit gearbeitet habe, hat man mir ein eigenes Klo zur Verfügung gestellt. Diese Klos sind vermutlich mein bleibender Einsatz in der Theatergeschichte« (1987, S. 76–77, vgl. auch S. 38, 69, 212). Es besteht die Gefahr, all dies Unerwünschte zu pathologisieren; Reifung bedeutet aber nicht nur die Überwindung früherer Entwicklungsstadien, sondern auch deren bewußte Integration. Daß wir uns mit der Sonnengeflechtsübung des A. T. einem heute wieder oder immer noch tabuisierten Bereich zuwenden, hat m. E. zur Folge, daß viele Übende größere Schwierigkeiten haben, diese Übung überhaupt zu erlernen (vgl. Kap. 3.1). Was in der konzentrativen Bewegungstherapie als konkrete Förderung der motorischen Funktionslust (*Becker,* 1981, S. 55) beschrieben wird, um Zugang zu den Grundkonflikten im präverbalen Bereich zu bekommen, läßt sich auf das A. T. im Sinne einer »vegetativen Funktionslust« übertragen. Als Säuglinge und Kleinkinder sind wir eben nicht nur körperlich agierende Wesen, sondern zugleich auch sehr auf unsere Körperlichkeit in ihren vegetativen Funktionen zentriert. Welche Bedeutung kommt da doch der Interaktion mit der Mutter zu, beginnend mit dem Stillen, dem erwarteten Aufstoßen bis schließlich zur Freude über die Defäkation: »Der früheste Beweis für das Vertrauen des Kindes zur Gesellschaft ist das Fehlen von Ernährungsschwierigkeiten, Schlafstörungen und Spannungszuständen im Verdauungstrakt« (*Erikson,* 1973, S. 241).

J. H. Schultz durfte im A. T. somit keinesfalls auf die Einbeziehung des Bauches verzichten, mußte aber den gesellschaftlich-sprachlichen Normen Rechnung tragen und zumindest einen unverfänglichen Begriff wählen; dieser bot sich ihm in dem aus der Anatomie bekannten Begriff Plexus solaris (Sonnengeflecht). Das Sonnengeflecht liegt an der Rückwand der Bauchhöhle; seinen Namen verdankt es der zentralen Anhäufung einer Vielzahl von Nervenknoten, von denen die Nervenfasern sternförmig nach außen wegziehen. Da es das größte vegetative Nervengeflecht überhaupt ist, wird es gelegentlich auch Bauchhirn (Cerebrum abdominale) genannt. Von hier aus sowie einigen weiteren vegetativen Zentren des Bauchraumes (Ganglion mesenterium inferior und Ganglion pelvinum) werden sämtliche Funktionen der inneren Organe der Bauchhöhle gesteuert (siehe Abb. 7, vgl. Abb. 1). *Harings* Auffassung (1979), daß es sich bei dem Plexus solaris um ein Nervengeflecht des Sympathikus handelt, weshalb die Verwendung im Autogenen Training irreführend und falsch sei, ist in keiner Weise zutreffend. Der Plexus solaris ist zwar überwiegend ein Geflecht des Sympathikus, erhält jedoch auch Fasern vom parasympathischen Nervus vagus (vgl. *Stark* und *Frick,* 1967); hinzu kommt, daß die Wirkung des Autogenen Trainings generell und speziell auch in Hinblick auf die Sonnengeflechtsübung, nicht nur auf einer Förderung des Parasympathikustonus beruht, sondern ebenso auf einer Minderung des Sympathikustonus (vgl. 1.3.3).

Die auffälligste Wirkung der Sonnengeflechtsübung besteht in einer Zunahme der Darmmotilität, die sich in vermehrten Darmgeräuschen kundtut. Der enge Zusammenhang zwischen psychischer Erregung und Darmmotilität laßt sich an einem Tierexperiment eindrucksvoll darstellen:

»Gibt man einer Katze bariumsulfathaltige Nahrung und beobachtet die Magentätigkeit auf dem Röntgenschirm, so sieht man, wie sich die Muskulatur des Magens wellenförmig in regelmäßigen Abständen zusammenzieht. Setzt man einen Hund in 2 m Entfernung vor der Katze auf den

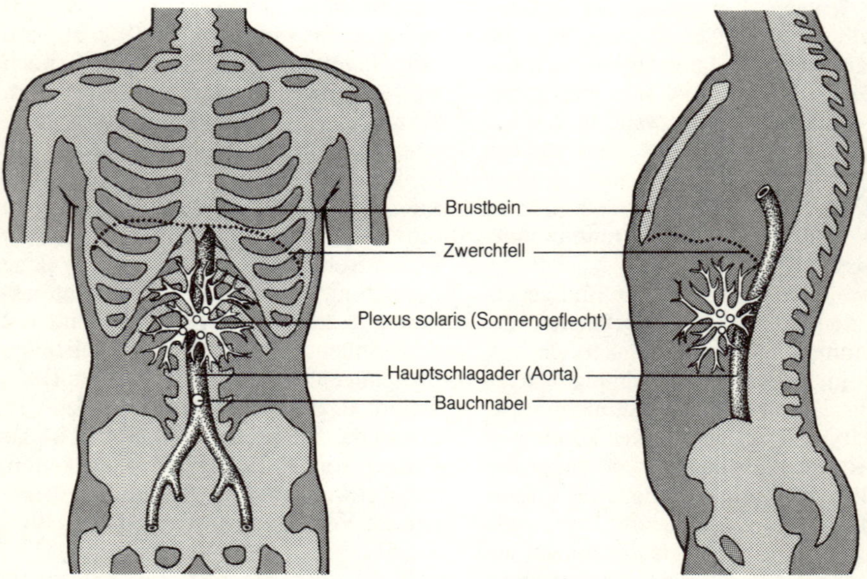

Abbildung 7: Schematische Darstellung zur Lage des Sonnengeflechts (Plexus solaris)

Röntgentisch, so sträubt sich ihr Fell. Sie geht in Aggressionshaltung und faucht. Gleichzeitig hört der Magen auf, sich zu bewegen - es hat der Katze den Appetit verschlagen. Entfernt man jetzt den Hund, so beruhigt sich die Katze *äußerlich* sehr rasch. Sie gibt die Aggressionshaltung auf, das Fell wird wieder glatt. Die Erstarrung des Magens bleibt jedoch noch bestehen, und erst nach etwa 20 Min. nimmt er - zunächst noch langsam und träge - seine Tätigkeit wieder auf. Erst nach einer halben Stunde ist der Anfangszustand wieder erreicht, und der Magen arbeitet wieder normal. Die Katze mußte den Ärger mit dem Hund gewissermaßen erst einmal verdauen« (*Krapf,* 1973). In weiteren Tierexperimenten wurde Katzen der gesamte sympathische Grenzstrang entfernt, worauf die Katze in der gleichen Konfrontation mit dem Hund eine erhöhte Peristaltik, eine Insulinausschüttung und eine starke Herzhemmung bis zum Herzstillstand zeigte. Die Katze ärgerte sich buchstäblich ohnmächtig. Es zeigt sich also, daß es unter der psychischen Belastung nicht nur zu einer Aktivierung des Sympathikus kam, sondern auch zu einer Aktivierung des Parasympathikus, allerdings wurde dieser Effekt zunächst von der Aktivierung des Sympathikus überdeckt (vgl. *Schneider,* 1966).

Gewiß kann und soll man Tierversuche nicht kritiklos auf Menschen übertragen; die Versuche zeigen jedoch recht eindrucksvoll die in Frage stehenden psychophysischen Zusammenhänge und das komplexe Zusammenspiel von Sympathikus und Parasympathikus. So ist die Mehrdurchblutung der Bauchorgane primär auf eine Abnahme des Sympathikustonus zurückzuführen, die Vermehrung der Darmmotilität ebenso wie eine vermehrte Insulinausschüttung auf eine Steigerung des Parasympathikustonus, wohingegen für eine vermehrte Glykogenolyse, wie sie als Blutzuckererhöhung bei autogen vermehrter Leberdurchblutung beschrieben wurde (*Marchand,* zit. nach *Schultz,* 1976), wiederum eher an eine Sympathikuswirkung zu denken ist. Durch die bisher erlernten Übungen des Autogenen Trainings ist es bereits zu einer weitgehenden Umstellung von einem aktivitätsorientierten ergotropen zu einem der Ruhe und Erholung dienenden trophotropen Gesamtzustand gekommen. Meist haben auch schon einige Kursteilnehmer über eine Leibwärme berichtet, manche auch über vermehrte Darmgeräusche.

Die Indikationen für die Sonnengeflechtsübung sind vielfältig, da funktionelle Störungen und psychosomatische Krankheiten mit Organdefekten sehr verbreitet sind. Das Autogene Training ist das Spasmolytikum für den Leib schlechthin (*Schaetzing,* zit. nach *Schultz,* 1976). Zunächst sind die Verdauungsstörungen zu nennen, die gut auf die Sonnengeflechtsübung, evtl. unter Zuhilfenahme formelhafter Vorsatzbildungen, ansprechen.

Völlegefühl, Magendruck, Magenschmerzen bis hin zu *Magenschleimhautentzündungen* und *Ulkus-Erkrankungen* sind typische Indikationen für das Autogene Training. *Luthe* (1969) verweist darauf, daß bei *akuter* Gastritis, Ulcus pepticum, Colitis ulcerosa und anderen akuten psychosomatischen Baucherkrankungen auf die Sonnengeflechtsübung verzichtet werden sollte. Was die akute Phase der Erkrankung angeht, ist dem zuzustimmen, hingegen sollte im beschwerdefreien Intervall eine vorsichtige, dosierte Einübung in die Sonnengeflechtsübung zweifellos erfolgen (vgl. auch *Lohmann,* 1987). Daß hier mit einem - vorübergehenden (!) - Aufflackern von Beschwerden zu rechnen ist, ist von anderen Übungen her bekannt (siehe »Erinnerungsfähigkeit der Gewebe«, 2.2; vgl. auch Herzübung, 2.5). Gerade für Ulkus-Patienten sind seit den Untersuchungen von *Mirsky* (1961) die psychosomatischen Zusammenhänge, besser noch die »psycho-sozio-somatischen« Zusammenhänge erkennbar geworden; er untersuchte Rekruten auf

ihren Serum-Pepsinogen-Spiegel sowie mit Hilfe psychodiagnostischer Tests. Aus der Gruppe der Rekruten mit erhöhtem Serum-Pepsinogen-Spiegel und gleichzeitig testpsychologisch nachgewiesenen starken Bedürfnissen nach Abhängigkeit (zehn Personen) erkrankten sieben während der Grundausbildung an einem Ulcus duodeni (vgl. hierzu auch *Schüffel* u. *von Uexküll,* 1986, S. 768–770).
Die komplizierten Zusammenhänge zwischen körperlichen, psychischen und sozialen Faktoren haben Engel und Schmale (1969) folgendermaßen zu beschreiben versucht: »Somatisch gegebene prädisponierende Dispositionen – etwa u. a. ein erhöhter Pepsinogen-Spiegel (›somato-‹) – sind schon beim Kleinkind eng verflochten mit Störungen der seelischen Homöostase (›psychisch‹). Es kann angenommen werden, daß ein Kind mit hohem Pepsinogen sich verstärkt wie ein ›hungriges‹ Kind verhält, also auch eine erhöhte Chance hat, ›oral frustriert‹ zu werden. Es entwickelt eine besondere Sensibilität auf ›orale‹ Konflikte und eine Bereitschaft, darauf auch mit erhöhter Magensaftproduktion zu reagieren. Kommt ein solchermaßen disponierter und in seiner seelischen Entwicklung spezifisch verletzlicher Mensch später in eine Situation, die seinen unbewußten Konflikt -...- erneut mobilisiert (- ›psycho‹ -), dann erfolgt eine körperliche Symptombildung (- ›somatisch‹ -) z. B. im Sinne eines Ulkus. Wichtig an diesem Modell ist die wechselseitige Interdependenz sowohl auf der Ebene der frühkindlichen als auch der Erwachsenen-Entwicklung. Ein hoher Pepsinogenspiegel allein macht noch kein Ulkus, und man kann sich vorstellen, daß auch ein Mensch mit relativ niedrigem Pepsinogenspiegel unter sehr belastenden, spezifischen Bedingungen einmal mit einem Ulkus reagiert. Umgekehrt hat ein solcher, vermehrt ›oral-bedürftiger‹ Säugling eine hohe Chance, in diesem Bereich traumatisiert zu werden – aber eine Mutter, die sich in dieser Hinsicht selbst unbehindert besonders geschickt und einfühlsam geben kann, mag die hohen Bedürfnisse des Kindes weitgehend abdecken können und somit das erhöhte Risiko auffangen. Das gleiche gilt auch wieder für die Situation bei Krankheitsausbruch. Eine günstige psychosoziale Einpassung des Risiko-Patienten kann einen Krankheitsausbruch verhindern« (zitiert nach *Rad,* 1980).
Die Indikation für das Autogene Training ergibt sich aus diesen Ausführungen aufgrund der »Resonanzdämpfung der (überschießenden) Affekte« in belastenden sozialen Situationen sowie der vegetativ ausgleichenden Wirkung (Regulierung der Magensaftproduktion und der Durchblutung der Bauchorgane).
Gallengangsdyskinesien bis hin zu Gallensteinkoliken können positiv beeinflußt werden, wobei eine gezielte Einstellung der Bauchwärme auf den rechten Oberbauch zu empfehlen ist.
Eine besondere Durchwärmung des Unterbauches bzw. des kleinen Beckens empfiehlt sich bei Blasen- und Mastdarmstörungen sowie auch bei Menstruationsbeschwerden; über die Verwendung des Autogenen Trainings in der Geburtshilfe wurde bereits berichtet (siehe 1.4.3) (vgl. *Prill,* 1956, 1965; *Schaetzing,* 1973).

2.6.2 Methodisch-didaktische Einführung der Sonnengeflechtsübung

Einige Übungen werden inzwischen problemlos beherrscht. Schwere und Wärme werden von den meisten im ganzen Körper gespürt, die Atemübung ist für die meisten zu einer problemlosen, die Entspannung vertiefenden Übung geworden. Der Kursleiter sollte noch einmal auf die Möglichkeiten zur Formelverkürzung ausdrücklich hinweisen, da einige etwas ängstliche und zaghafte Kursteilnehmer sonst überflüssigerweise weiterhin die Vorsatzbildungen in ihrem ganzen Umfang weiterverwenden, anstatt sich bei gut realisierten Übungen mit knappen

Formulierungen zu begnügen (»Schwere... Wärme... Atmung...«).
Für die Einführung der Sonnengeflechtsübung eignet sich der Hinweis auf die psychologische Bedeutung des Bauches: Kleinkinder lokalisieren Schmerzen fast immer in den Bauch, nahezu unabhängig vom wahren Sitz körperlicher Beschwerden. Auch psychische Verstimmungen bringt das Kind körperlich mit Hilfe seines Bauches zum Ausdruck. Das Kind lebt mehr als der Erwachsene in und mit seinem Leib, was speziell die Mütter kleiner Kinder in einem Kurs bestätigen werden.
Der Hinweis auf die kulturhistorischen Bedingungen unseres Umgangs mit unserem Bauch und seinen Funktionen kann den Einzelnen, der die Schwierigkeiten in der Realisierung dieser Übung hat (vgl. Kapitel 3), durchaus entlasten; hier sind gesellschaftlich sanktionierte Verdrängungen wirksam, die die individuellen Wahrnehmungsmöglichkeiten massiv beeinflussen können.
Die Bauchorgane als psychosomatisches Projektionsfeld sind allgemein bekannt (»Dem ist eine Laus über die Leber gelaufen«, »Da läuft mir die Galle über«, »Das schlägt auf den Magen«, »Das muß erst noch verdaut werden«; bekannt sind auch die »Examensdurchfälle« bis hin zu dem Ausspruch, daß jemand sich vor Angst in die Hose macht).
Bei inzwischen gut realisierbarer Wärme,im ganzen Körper stellt die Sonnengeflechtsübung keine eigentlich ganz neue Übung, sondern mehr eine besondere Hinlenkung der Aufmerksamkeit dar, sozusagen eine Fokussierung der Wärmeübung. Für Kursteilnehmer allerdings, die noch keine Ausbreitung des Wärmeerlebnisses von den Armen zu den Beinen erreicht haben, stellt nun die Sonnengeflechtsübung oft eine »Brükkenübung« dar, der bald die Realisierung des Wärmegefühls in den Beinen folgt.
Heutzutage kann auch von einer »Bauchübung« gesprochen werden, die Bezeichnung »Sonnengeflechtsübung« hat hauptsächlich historische Gründe (siehe hierzu 2.6.1). Von vielen Kursleitern (und Kursteilnehmern) wird der Begriff Sonnengeflecht jedoch wegen der Anschaulichkeit gerne beibehalten.
Meist ist den Kursteilnehmern weder etwas über die anatomische Lage noch über die Funktion des Sonnengeflechts bekannt, manche halten diesen Begriff sogar für einen rein psychologischen (obwohl es doch ein rein anatomischer ist). Viele Kursleiter sind deshalb dazu übergegangen, die anatomische Lage anhand einer Skizze (vgl. Abb. 7) zu erläutern. Von vorn betrachtet liegt der Plexus solaris zwischen dem Schwertfortsatz des Brustbeins und dem Nabel, seitlich betrachtet liegt er vor der Wirbelsäule, also hinter Magen, Leber und den übrigen Eingeweiden. Es ist dies auch ungefähr die Stelle, wo der Truncus coeliacus die Hauptschlagader verläßt, von wo also der größte Teil der die Eingeweide versorgenden Gefäße abgeht.
Auch wenn es wenig sinnvoll erscheint, neuroanatomische Einzelheiten zu vermitteln, ist vielleicht noch der Hinweis sinnvoll, daß im Plexus solaris sympathische und parasympathische Nervenfasern miteinander in enger Beziehung stehen und die Wirkung – wie allgemein im Autogenen Training – nicht nur auf einer Zunahme des Parasympathikustonus, sondern auch auf einer Abnahme des Sympathikustonus beruht (vgl. hierzu 2.6.1).
Die Formel für die Sonnengeflechtsübung lautet:

»Sonnengeflecht strömend warm.«

Als gleichwertige Formeln können gelten:

»Bauch strömend warm.«
oder: »Das Zentrum ist strömend warm.«

Das »Strömen« kann dabei in verschiedener Weise vorgestellt werden. Zum einen in Form der Strahlen der Sonne, also von dorsal kommend, die Person nach vorn umgreifend bzw. von einem Punkt am Rücken nach vorn zu den Organen ausstrahlend.

Sehr zu empfehlen ist auch die Vorstellung, daß die Wärme sich kreisförmig im Uhrzeigersinn ausbreitet vom rechten Unterbauch über den Oberbauch in den linken Unterbauch. Dies entspricht dem Verlauf des Dickdarms vom Eintritt des Dünndarms bis zum Enddarm. Diese Vergegenwärtigung wirkt sich, wie man sich leicht vorstellen kann, sehr positiv auf den Stuhlgang aus.

Binder (1979) empfiehlt als zusätzliche formelhafte Vorsatzbildung:

> *»Ich ruhe in mir selbst,*
> *ich finde zu meiner*
> *eigenen Mitte zurück.«*

Auch wenn formelhafte Vorsatzbildungen im allgemeinen noch nicht in den Standardverlauf der Grundstufe des Autogenen Trainings gehören, sondern daran anschließen, so entspricht diese formelhafte Vorsatzbildung doch so sehr dem Charakter, der Eigentümlichkeit der Sonnengeflechtsübung wie auch der des gesamten Autogenen Trainings, daß sie hier bereits wiedergegeben wird.

Etwas Vergleichbares spricht *Walser* an, wenn er in Hinblick auf den Yoga-Schüler sagt: »Er muß das ›Hirndenken‹ ausschalten und mit Hilfe des ›Bauchfühlens‹ den Sprung vom Denken zum Empfinden zustande bringen« (1977) (vgl. 2.8).

Die Sonnengeflechtsübung kann einerseits den ganzen Bauch umfassen, andererseits aber auch etwas gezielter eingesetzt werden, indem die Wärme einmal mehr auf den Oberbauch, das andere Mal mehr auf den Unterbauch konzentriert wird. Die Indikationen ergeben sich aus einer gewünschten gezielteren Einbeziehung einzelner Organe. Bei einer Konzentration des Wärmegefühls auf den Oberbauch werden Magen, Zwölffingerdarm, Leber und Bauchspeicheldrüse stärker beeinflußt, bei einer Konzentration auf den Unterbauch sind es Blase, Enddarm sowie Gebärmutter und Eierstöcke.

Das gemeinsame Üben umfaßt nun sicherlich ca. 15–20 Minuten. Damit bleibt für die gemeinsame Diskussion sowohl vor als auch nach der Übung immer weniger Zeit übrig. Dies ist einer der Gründe, warum das gelegentliche Einschieben einer Leerstunde, in der keine neue Übung gelehrt wird, sondern nur diskutiert und geübt wird, sinnvoll erscheint.

2.6.3 Hilfestellungen

1. Bildhafte Vorstellungen werden durch den Wortlaut der Übung bereits nahegelegt; viele Kursteilnehmer verwenden die altbekannte Vorstellung, am Strand von der Sonne beschienen zu werden. Stets ist daran zu erinnern, daß nicht die Konzentration auf die Formel, sondern die durch die Formel getragene intensive (konzentrierte) Vorstellung das Entscheidende ist.
2. Zwar entspricht die Vorstellung, den eigenen warmen Atem »in den Bauch auszuatmen«, nicht physiologischen Gegebenheiten, sie wird trotzdem von vielen Übenden als hilfreiche Vorstellung geschätzt. Es wird hier der bekannte Zusammenhang von Atmung und Bauch (siehe »Bauchatmung«!) aufgegriffen, was für die Konzentration auf das Leibempfinden vielleicht höher zu werten ist als die rein anatomischen Gegebenheiten.
3. Einen Umweg stellt wieder die Einübung eines bedingten Reflexes dar, wobei zunächst Wärme real zugeführt wird bei gleichzeitiger Verwendung der entsprechenden Formel, während später die Formel allein zum gewünschten Erfolg führt. Schultz

empfahl, eine der beiden gut durchwärmten Hände auf den Oberbauch zwischen Nabel und Schwertfortsatz des Brustbeins zu legen; eine andere Möglichkeit besteht darin, eine Wärmflasche oder ein kleines Heizkissen aufzulegen. In einem Kurs ist jedoch darauf hinzuweisen, daß dies selbstverständlich nur *vorübergehende* Hilfen sind, die lediglich der Einübung, dem Einschleifen des bedingten Reflexes dienen, nicht aber etwa die Übung selbst darstellen. Wird ein solcher ausdrücklicher Hinweis versäumt, können derartige Hilfestellungen mißverstanden und z. B. das Auflegen der Hand auf den Oberbauch beibehalten werden.

4. Wärme kann nicht nur von außen zugeführt werden, sondern auch von innen durch ein warmes/heißes Getränk bewirkt werden.

2.6.4 Störungen

1. Durch das Auftreten zum Teil recht heftiger Darmgeräusche fühlen manche Kursteilnehmer sich zunächst gestört, es ist jedoch leicht zu erklären, daß es sich hier um eine typische physiologische Wirkung des Parasympathikus handelt, das Auftreten von Darmgeräuschen also auf ein Gelingen der Übung verweist.
   Auf die gesellschaftliche Bedingtheit der Identifizierung der Darmgeräusche als Störung kann ggf. auch hingewiesen werden (vgl. 2.6.1).
2. Sofern nicht schon bei der Herzübung über ein »klopfendes Gefühl im Bauch« berichtet worden ist, stellt es sich jetzt bei manchen Kursteilnehmern ein. Der Hinweis darauf, daß in der Entspannung das Pulsieren der Hauptschlagader wahrgenommen werden kann, stellt klar, daß es sich hier nicht um eine Störung handelt.
3. Bei vielen Kursteilnehmern ist nicht sofort mit einer Realisierung der Sonnengeflechtsübung zu rechnen, sie müssen entsprechend ermuntert werden. Da Darmgeräusche einem Wärmegefühl häufig längere Zeit vorangehen, sind sie ausdrücklich als ein Erfolg der Wärmeübung zu werten.
4. Es kann jedoch auch zu überschießenden Reaktionen kommen (Spannungsgefühl, umschriebene oder diffuse Schmerzen). Hierbei ist so gut wie immer ein entsprechendes Ereignis in der Vorgeschichte festzustellen, erinnert sei an die »Erinnerungsfähigkeit der Gewebe« (zu denken ist insbesondere an Ulcus ventriculi et duodeni, Gastritis, Colitis ulcerosa, »Reizkolon« usw.). Meist verschwinden diese Beschwerden nach einem Aufflackern innerhalb weniger Tage. Je nach Ausmaß der Beschwerden ist zu überlegen, ob die Übung zunächst abgeschwächt und/oder erst als 6. Übung trainiert werden soll.
5. Der Bauch/Darm und seine Funktionen sind der Ort der ersten massiven Auseinandersetzungen mit den Forderungen der Umwelt. Die Objektbeziehungen der »analen Phase« haben nicht selten Kampfcharakter; es geht u.a. um Gefügigkeit versus Widerstand, um Autonomie versus Abhängigkeit, Hergeben versus Festhalten. Die frühe Sauberkeit des Kindes ist für viele Mütter (immer noch) ein Triumph ihres Kampfes um die Beherrschung des kindlichen Schließmuskels in dem von ihnen intentierten Sinn – längst bevor z.B. das Kind selber die Vorteile der Kontinenz zu schätzen lernt oder lernen kann. Kinder können sich mit Überreaktionen zur Wehr setzen – Einläufe gegen Obstipation sind dann das nächste Kapitel im Kampf von Mutter und Kind. Spannungsgefühle und Schmerzen im Bauchraum können der bleibende körperliche Ausdruck dieses Kampfes um die Beherrschung des Körpers und um die Frage der Selbstgrenzen (Einläufe!) werden,

wobei gleichzeitig die Gefühle von Wut, Scham, Auflehnung und Rebellion aus dem bewußten Erleben verschwinden können: »Dies ist der Moment, wo sich das Selbst mit großer Regelmäßigkeit im Körper aktualisiert«, wie *N. Roth* (in *Moser,* 1986, S. 173) in ähnlichem Zusammenhang feststellt.

Aber auch andere Phantasien und Erlebnisse, die um Sexualität, Schwangerschaft und Geburt kreisen, können im Zusammenhang mit der Bauchübung reaktiviert werden. Den Bauch zu entkrampfen, locker zu lassen, weich werden zu lassen, (erneut) verletzlich zu werden, kann aus dieser Sicht dann für den Patienten ein als gefährlich phantasiertes oder erinnertes Unterfangen sein, dessen intrapsychische und interaktionelle Bedeutung im Einzelfall zu eruieren ist anhand des Verhaltens, der Erlebnisse, Phantasien und Erinnerungen bei der Sonnengeflechtsübung.

2.7 Stirnkühleübung (Die »relative Stirnkühle«)

2.7.1 Physiologische Grundlagen und psychosomatische Bezüge

In gewisser Weise unterscheidet sich die Stirnkühleübung von den übrigen Übungen des Autogenen Trainings; *Schultz* spricht davon, daß das Kühleempfinden auf einer Gefäßverengerung im Stirnbereich beruht. Dies entspräche - im Gegensatz zu den übrigen Übungen des Autogenen Trainings, die auf einer Abnahme des Sympathikustonus und/oder Zunahme des Parasympathikustonus beruhen - auf einer umschriebenen Zunahme des Sympathikustonus; da beim Sympathikus jedoch eine Neigung zu diffuser Erregungsausbreitung vorliegt (*Schneider,* 1966), ist die Annahme einer engumschriebenen Gefäßverengerung kaum wahrscheinlich. Inzwischen vorliegende Untersuchungen (*Mann,* 1987) an 35 Versuchspersonen, die jeweils seit mehr als sechs Monaten das A.T. trainierten und die Stirnkühle subjektiv einstellen konnten, brachten folgende Ergebnisse »Bei zwei Versuchspersonen fand sich eine Erniedrigung der Stirntemperatur um jeweils 0,1 °C. Dagegen reagierten 20 Probanden mit einer Temperaturerhöhung von durchschnittlich 0,24 °C. Bei 13 Teilnehmern blieb die Temperatur gleich. 30 der 35 Probanden gaben nach den Messungen an, die Stirnkühle subjektiv empfunden zu haben, nur diese Ergebnisse wurden statistisch ausgewertet. Es fand sich eine signifikante Erwärmung der Stirn ($p \leqq 0{,}01$ $df=29$, $t=4{,}12$; zweiseitiger T-Test für abhängige Stichproben). Die ebenfalls gemessene Temperatur an den Wangen stieg wesentlich stärker an ($t=4{,}93$, $df=29$, $p \leqq 0{,}01$).« Es kann also lediglich von einer relativen Stirnkühle ausgegangen werden; die Stirn bleibt im Vergleich mit den Wangen wie auch im Vergleich zur Erwärmung z. B. der Hände, trotz ggf. eigener leichter Erwärmung stets relativ deutlich kühler. Die Stirnkühleübung dient also wesentlich der Vergegenwärtigung dieses Unterschiedes und wirkt der Gefahr einer Ausbreitung des Wärmeerlebnisses auf den Kopf entgegen, was von den meisten Menschen als unangenehm erlebt würde, zu Kopfschmerzen führen könnte.

Schultz stützt sich auf Erfahrungen mit dem Beruhigungs- bzw. Dauerschlafbad der alten Psychiatrie: »Im Beruhigungsbade« *(Kraepelin),* das der Einstellung im Autogenen Training als Modell dient, wird die Wirkung verstärkt, wenn eine kühle (nicht kalte) Kompresse auf der Stirn liegt» (*Schultz,* 1976). Zweifellos trägt die Stirnkühleübung zu einer «konzentrativen Selbstentspannung» (unter Betonung des Konzentrativen) bei, sie kann gewissermaßen als ein «Wachmacher» bezeichnet werden. Sie dient wesentlich der Differenzierung der Indikation des Autogenen Trainings als Ent-

spannungsübung und Einschlafhilfe einerseits gegenüber der Entspannungshilfe zwecks Erholung bei anschließender konzentrativer Arbeit andererseits. Daraus ergibt sich bereits, daß die Stirnkühleübung vor dem Einschlafen nicht verwendet wird.
Ihr eine Steigerung der Gedächtnisleistung, der Intelligenzleistung usw. zuzuschreiben, wie es manchmal in etwas reißerisch anmutender Weise geschieht, sollte vermieden werden. Die unbestreitbar vorhandenen positiven Auswirkungen des Autogenen Trainings ergeben sich ausnahmslos *indirekt* über die erreichte Ruhe, Entspannung sowie die Verbesserung der Konzentration.
Gerade im Zusammenhang mit der Stirnkühleübung wird immer wieder auch über die »Kopfuhr«, das Terminerwachen, berichtet. Manche Kursteilnehmer bringen es auch wirklich zu erstaunlichen Leistungen hinsichtlich der Fähigkeit, nachts zu einem bestimmten Zeitpunkt ohne Wecker aufzuwachen. Weniger spektakulär ist die von den meisten Übenden zu erwerbende Fähigkeit, eine sich selbst vorgegebene Übungszeit recht genau einzuhalten.
Wenn wir uns mit der Stirnkühleübung dem Kopf zuwenden, so auch der Psychosomatik des Kopfschmerzes. *Kopfschmerzen* sind ein weitverbreitetes Symptom, dem sehr viele verschiedene Ursachen zugrundeliegen können. Diese reichen von Hirntumoren, intrakraniellen Blutungen usw. über Kopfschmerzen als Symptom bei Bluthochdruck, fieberhaften Erkrankungen, Wirbelsäulenbeschwerden bis hin zu den uns hier besonders interessierenden Spannungskopfschmerzen, vasomotorischen Kopfschmerzen und der Migräne.
Ca. 90 Prozent aller Kopfschmerzen sind nicht organischen Ursprungs (vgl. *Bräutigam* und *Christian,* 1975). Das psychodynamische Geschehen ist oft gekennzeichnet von äußeren und/oder inneren Leistungskonflikten sowie verdrängter und aufgestauter Wut; beides führt zu einer andauernden Übererregung des Sympathikus, die – wenn sie nicht in Aktivität übersetzt werden kann, sondern leerläuft – zu psychosomatischen Beschwerden führen kann. Daß speziell für die Migräne ein körperliches Entgegenkommen, an der psychosomatischen Erkrankung zweifellos auch ein somatischer, also körperlicher Anteil für die Genese von Bedeutung ist, nicht alles sich im psychodynamischen Verständnis auflösen läßt, soll hier ausdrücklich betont werden (siehe hierzu auch Abb. 2).

Eine Patientin (42 Jahre alt, verheiratet, Büroangestellte), die seit zwei Jahrzehnten (!) unter einer Migräne litt, die z. T. wöchentlich auftrat und jeweils eine ein- bis dreitägige Bettruhe notwendig machte, war in einen Medikamentenabusus geraten. Nach einer stationären Entzugsbehandlung von knapp vier Wochen wurde sie zu mir in eine ambulante analytisch orientierte Psychotherapie überwiesen. Aus psychodynamischer Sicht waren massive Forderungen des Über-Ichs mit sehr hohen Leistungsanforderungen bzw. einem umfassenden altruistischen Verhalten festzustellen. Dadurch waren die Möglichkeiten der Patientin, sich ohne Schuldgefühle zu entspannen, stark eingeschränkt. Die Migräne war – in einem ersten Ansatz – als Notbremse des Körpers zu verstehen, um in real starken beruflichen und privaten Belastungssituationen zur Ruhe zu kommen – wenn auch nur um den Preis starker Schmerzen. Die Schmerzen erlaubten ihr, die sonst immer nur für andere da war, sich ganz auf sich selbst zurückzuziehen, sich – notgedrungen! – für Stunden oder Tage nur um sich selbst zu kümmern. Die Migräne eröffnete ihr somit ein letztes Refugium des Selbst. Aus diesem Grunde empfahl ich der Patientin, das A.T. zu erlernen als »eine Möglichkeit, sich aktiv zurückzuziehen«, um sich – zunächst unter dem Schutz der Therapiemethode und des Therapeuten gegenüber den Forderungen des über-Ichs – Zeiten der Entspannung und Selbstbesinnung gönnen zu können. Das Erlernen des A. T. in einer Gruppe bei einem Kollegen (vgl. hierzu 2.9) und die analytisch orientierte Psychotherapie mit einer Wochenstunde liefen parallel, wobei die dreißigstündige Psychotherapie den A. T.-Kurs zeitlich überdauerte. So konnte in der analytisch orientierten Psychotherapie beobachtet werden, daß das A.T. allein zunächst kaum zu einer Besserung der Beschwerden führte. Sowohl die eigene Freude an den Übungen, an den Möglichkeiten zur schuldlosen Regression und Rekreation, als auch die Abnahme der Migräneattakken liefen erst parallel zu den Möglichkeiten, lebensgeschichtliche Zusammenhänge und aktuell auslösende Situationen (speziell Verkehrung von Abgrenzungswünschen und Wut in altruistisches Verhalten) für die jeweils auftretenden Kopfschmerzen zu erarbeiten. Für die Patientin gipfelte die analytisch orientierte Arbeit schließlich in dem Satz: »Ich habe mein ganzes Leben noch nicht für mich gelebt – außer, wenn ich Kopfschmerzen hatte!« Die Kombination von A.T. und analytisch orientierter Psychotherapie, in diesem Fall auf zwei Therapeuten aufgeteilt, hat bei dieser zwei Jahrzehnte andauernden schweren Migräne mit Medikamentenabusus zu einem überzeugenden Erfolg geführt.

Besonders erfolgversprechend kann das Autogene Training beim sogenannten Muskelspannungskopfschmerz Anwendung finden. Hier spielen eine Daueranspannung/Verspannung speziell der Schulter-Nackenmuskulatur eine wesentliche Rolle (siehe hierzu 2.3.2 und 2.10). »Von den psychotherapeutischen Methoden kommt hier dem Autogenen Training nach *J. H. Schultz* vorrangige Bedeutung zu, da es mittelbar den psychischen Mechanismus, unmittelbar aber schon den muskulären Verspannungen zur Lösung und Befreiung verhilft, auch den Patienten in dieser Hinsicht selbst tätig werden läßt. Unverkennbar den Lehren des Autogenen Trainings entnommene und aus diesem abgeleitete neue Methoden (sogenannten Bio-Feedback, *McKenzie* und Mitarbeiter, 1974), neuerdings auch mit elektronischem Beiwerk, d. h. elektrischen »Schlafapparaten« plus EMG- oder EEG-Kontrollen, gekoppelt, haben m.E. kaum mehr als eine zusätzliche Placebo-Wirkung auf nur noch in technischen Apparaten sich interessant fühlende Personen, gehen aber am Kern dessen, worauf das echte Autogene Training abzielt, vorbei« (*Heyck,* 1975).

2.7.2 Methodisch-didaktische Einführung der Stirnkühleübung

Die Kursteilnehmer üben jetzt zumindest seit sechs Wochen (bei wöchentlichen Treffen), evtl. bereits seit zwölf Wochen (bei – heutzutage eher ungewöhnlichen – zweiwöchentlichen Treffen); die meisten können sich ohne Mühe der neuen Übung zuwenden, da Schwere, Wärme und Atmung, bei einigen auch die Herzübung sowie auch die Sonnengeflechtsübung gut realisiert werden können. Erneut sollte auf die bei prompter Realisation der Übungen mögliche Formelverkürzung hingewiesen werden. Ein amüsantes Beispiel hierfür berichtet *Krapf:* »Eine 70jährige Ungarin, die Autogenes Training wegen Schlafstörungen betrieb, teilte mir ihre Variante einer noch weiteren Verkürzung mit. Sie hatte die Worte Schwere und Wärme zu einem zusammengezogen, zu ›Schwäärmää‹. Ich ließ ihr ihre ungarische autogene Erfahrung, möchte sie jedoch für eine Verwendung in unserem Kurs nicht empfehlen« (1973).
Aber nicht die Formelverkürzung ist das Ziel, sondern der Fortfall aller Formeln; sie sind lediglich der methodische Weg, um das Ziel, die »organismische Umschaltung« zu erreichen, d. h., die prompte Umschaltung vom aktivitätsgerichteten ergotropen in den trophotropen Zustand der Ruhe, Erholung und Entspannung. Dieses Umschalten, das *Schultz* mit dem Umlegen eines elektrischen Schalters verglich, soll letztlich prompt bei bzw. kurz nach Einnahme der Übungshaltung geschehen.
Die Kursteilnehmer sollten auch auf die Möglichkeit von Teilentspannungen aufmerksam gemacht werden (siehe dazu 2.10).
Zur Einführung der neuen Übung lassen sich zunächst wieder die umgangssprach-

lichen Erfahrungen verwenden, um die vielfältigen psychosomatischen Zusammenhänge darzustellen. Dabei fällt bereits auf, daß unangenehme Erfahrungen stets mit einer Wärme bzw. Mehrdurchblutung des Kopfes in Verbindung gebracht werden (»aus Verlegenheit einen roten Kopf bekommen«, »Hitzkopf«), wohingegen Kühleempfinden mit positiven Erfahrungen in Verbindung gebracht wird (»den Kopf halt kühl, die Füß' halt warm, das macht den besten Doktor arm«, »einen kühlen Kopf behalten«, siehe dazu auch die in der Realität wie in Karikaturen bekannten Eisbeutel für die Stirn).

Vergleichbar der Sonnengeflechtsübung, die bereits durch die Wärmeübung vorbereitet war, ist auch die Stirnkühleübung bereits dadurch gebahnt, daß wir bei der Wärmeübung den Kopf ausgespart haben. Der Kopf/die Stirn ist also bei der Übung bereits *relativ* kühler als der mit Hilfe des Autogenen Trainings besser durchblutete, warme Körper samt Armen und Beinen. Bei der Stirnkühleübung geht es um eine Vergegenwärtigung dieses bei durchschnittlichem Verlauf der Übungen längst bestehenden Unterschiedes.

In jedem Fall wird diese Übung als subjektiv sehr angenehm, erfrischend, die Konzentration fördernd, erlebt. So ist diese Übung besonders dann geeignet, wenn nach der Rücknahme konzentriert gearbeitet werden soll/muß, wohingegen vor einem gewünschten Einschlafen auf die Stirnkühleübung verständlicherweise zu verzichten ist.

In einem Kurs vergaß ich – mea culpa! – anzugeben, daß die Stirnkühleübung vor dem gewünschten Einschlafen am Abend nicht geübt werden solle. 2 von 15 Kursteilnehmern, die bis zu diesem Zeitpunkt noch nie über Schlafschwierigkeiten zu klagen gehabt hatten, riefen mich am Tag nach der Kurssitzung an und berichteten, daß sie die gesamte Nacht wachgelegen hätten. Der Fehler war schnell zu finden, weitere Schlafstörungen traten nicht mehr auf. Die Formel für die Stirnkühleübung lautet:

> *»Stirn angenehm kühl.«*

Schultz schlug ursprünglich vor:

> *»Stirn ist ein wenig kühl.«*

Diese Formel wirkt gegenüber der zuerst genannten etwas unbeholfen. Sie erscheint aber gerade dann indiziert, wenn Kopfschmerzen, gar eine echte Migräne, in der Anamnese angegeben werden. Bei der Angabe »Migräne« sollte der Kursleiter allerdings gezielt nachfragen (Halbseitenschmerz? Lichtscheu? Flimmerskotome? usw.), denn nicht bei allem, was eine Migräne genannt wird, handelt es sich auch wirklich um eine solche (wer hat schon einen »einfachen Kopfschmerz«?). Bei Migräne empfiehlt es sich besonders, die Stirnkühleübung nur 2mal vergegenwärtigen zu lassen, wobei vielleicht am ehesten die Vorstellung eines leichten, kühlen Luftzugs zutreffend ist. Darüber hinaus empfiehlt Schultz jedoch generell, bei der Stirnkühleübung »einzuschleichen«, die Anzahl der Wiederholungen nur bei Beschwerdefreiheit langsam zu steigern. Auch ist ausdrücklich darauf zu verweisen, daß bei dieser Übung der Wortlaut nicht verändert werden sollte: Es wird ausdrücklich von Stirn (nicht von Kopf!), von angenehm (nicht von ganz!) und von kühl (nicht von kalt!) gesprochen. Es wird also eine »vorsichtige Dosierung« vorgenommen, um überschießende Reaktionen in Form von z.T. sehr quälenden Kopfschmerzen zu vermeiden.

Besondere Aufmerksamkeit im Zusammenhang mit der Stirnkühleübung gilt auch noch einmal den Gesichtszügen, also der Entspannung der Muskulatur (»Entwölken«, vgl. 2.2). Darauf spricht die folgende Formel an, die als alternative

Formel zur Standardformel voll zu akzeptieren ist:

> *»Kopf leicht und klar,*
> *Gesichtszüge glatt und entspannt.«*

oder auch

> *»Kopf frei und klar.«*
> *»Kopf frei und leicht.«*

Nach den sechs Übungen der Grundstufe kann folgende formelhafte Vorsatzbildung einen schönen Abschluß des Autogenen Trainings bilden und die Motivation für weiteres Üben unterstützen:

> *»Regelmäßiges Üben*
> *gibt (bringt) Ruhe,*
> *Sicherheit und Gelassenheit.«*

Wenn keine weitere Kursstunde mehr folgt, besteht nur nach der letzten gemeinsamen Übung eine Möglichkeit zur Besprechung der ersten Wirkungen der Stirnkühleübung. Dies wäre ein Nachteil; viele Kursleiter bieten deshalb eine weitere Kursstunde zur Besprechung der Erfolge und Schwierigkeit mit der Stirnkühleübung an, oft zeitlich etwas von dieser vorletzten Kursstunde abgesetzt.
In dieser Stunde kann auch gut ein Ausblick für eine evtl. Fortführung des Autogenen Trainings gegeben werden, wobei allerdings kein Zweifel daran gelassen werden sollte, daß die Grundstufe eine in sich abgeschlossene Methode ist, die keiner weiteren Ergänzung bedarf! Überhaupt gilt, daß vor der Teilnahme an einem weiteren Kurs die hier vorgestellten Übungen für weitere drei bis vier Monate (Gesamtübungszeit einschließlich Kurs vier bis sechs Monate) regelmäßig angewendet werden sollten, bevor davon ausgegangen werden kann, daß das Autogene Training wirklich zu einem festen Besitz des Übenden geworden ist. Erst dann kann der einzelne wirklich entscheiden, ob er überhaupt einen weiteren Kurs besuchen möchte und wenn ja, welchen.

2.7.3 Hilfestellungen

1. Die Vergegenwärtigung des relativen Unterschieds zwischen dem wärmeren Körper und der vergleichsweise kühleren Stirn kann unterstützt werden, indem die Stirn mit Kölnisch Wasser, ggf. auch einfach mit Leitungswasser etwas betupft wird (Verdunstungskühle).
2. Entsprechend der Vorstellung eines kühlen Luftzuges kann auch ganz real für einen solchen gesorgt werden, indem z. B. ein Kippfenster usw. geöffnet wird, um für einen leichten Luftzug im Raum, in dem geübt wird, zu sorgen.

2.7.4 Störungen

Störungen in der Realisation einzelner Übungen oder auch des A. T. insgesamt, darauf sei an dieser Stelle noch einmal abschließend hingewiesen (vgl. 1.8 und 2.2.4), sollten im A. T. vom Therapeuten stets als Hinweis bzw. als Hilfe zum Verständnis des Übenden und seiner bewußten und speziell unbewußten Konflikte aufgefaßt werden. So war z. B. auch für die unter 2.7.1 vorgestellte Patientin, die seit zwanzig Jahren an einer ausgeprägten Migräne litt, keineswegs bewußt, wie ausgeprägt und selbstschädigend ihre altruistische und aggressionsgehemmte Haltung war und welche Bedeutung es hatte, daß sie zunächst Mühe hatte, sich auf das A. T. überhaupt einzulassen. Das Spektrum der Therapiemöglichkeiten reicht von der strukturierend-stützenden Vermittlung des A. T. über die offene, analytisch orientierte Vermittlung bis hin zur Kombination von A. T. und analytisch orientierter Psychotherapie bei einem oder auch zwei Therapeuten (vgl. hierzu auch 1.5.3; 1.8 und 2.9). Neben dem A.T. kommt dem Bewußtwerden und Durcharbeiten von Leistungskonflikten und aggressiv-wütender Affekte eine wesentliche therapeutische Funktion bei Kopfschmerzpatienten zu (vgl. *Bräutigam* u. *Christian,* 1974, S. 307–310; *Pesso,* 1986, S. 178).

1. *Kruse* (1984) gibt an, daß die Stirnkühleübung erst für Kinder ab dem 10. Lebensjahr geeignet erscheint.
2. Bei evtl. auftretenden Schmerzen, Übelkeit, Schwindel und Erbrechen ist zunächst an eine Veränderung der Formel zu denken; häufig wird – entgegen allen Warnungen – die Formel verändert und Begriffe wie »kalt« oder gar »eiskalt« verwendet (*Schultz,* 1966).
3. Bei Kursteilnehmern, die häufig unter Kopfschmerzen oder sogar unter einer echten Migräne leiden, ist eine besonders vorsichtige Einführung in die Stirnkühleübung geboten. Häufig haben diese Personen bereits auf die Wärmeübung, sofern diese nicht abgeschwächt wurde, mit einer Verstärkung ihrer Symptomatik geantwortet. Hier erhält die Aufforderung, die Stirnkühleübung nur 1- bis 2mal zu vergegenwärtigen, besonderes Gewicht, bei auftretenden Beschwerden ist die Übung sofort zurückzunehmen. Ein häufigeres Vergegenwärtigen der Formel sollte nur sehr langsam vorgenommen werden. Alternativ oder auch ergänzend zur Stirnkühleübung kann – gerade beim Spannungskopfschmerz – das in Frage stehende verspannte muskuläre Gebiet direkt angesprochen werden: »Schulter-Nackenfeld angenehm weich und warm.« Schultz empfahl, Stirnkühle und Schulter-Nacken-Wärme nicht gleichzeitig zu realisieren; ich habe hiermit allerdings bei meinen Kursteilnehmern keine negativen Erfahrungen gemacht.
   Eine weitere Alternative zur Stirnkühle ist die Vorsatzbildung: »Stirn angenehm warm«, die *J. H. Schultz* zunächst gar nicht schätzte; später ließ er diese Modifikation gelten, da es gelegentlich Menschen gibt, die bei Kopfschmerzen es als angenehm empfinden, den Kopf zu bedecken oder mit einem wollenen Stirnband zu umgeben.
4. Wird im Zusammenhang mit der Stirnkühleübung über neu aufgetretene Schlafstörungen berichtet, ist sogleich daran zu denken, daß die Stirnkühleübung irrtümlich vor dem Einschlafen verwendet wurde.

2.8 Verwandte Verfahren zur Grundstufe des Autogenen Trainings

Es sollen hier nicht die sehr vielfältigen, mehr oder weniger vergleichbaren Verfahren zum Autogenen Training im einzelnen dargestellt, sondern lediglich ein Überblick gegeben werden; dem Interessierten ermöglichen die Literaturangaben eine rasche Einarbeitung in die skizzierten Verfahren. Lediglich diejenigen Methoden, die auch heute noch neben dem Autogenen Training eine praktische Bedeutung haben, sollen etwas ausführlicher beschrieben werden.

Hypnose

Die engen Beziehungen des Autogenen Trainings zur Hypnose sind bereits immer wieder erwähnt worden. *J. H. Schultz* selber hat sich ausführlich auch mit der wissenschaftlichen Fundierung der Hypnose auseinandergesetzt (vgl. *Lohmann,* 1987; *Schultz* 1964).
Die Geschichte der Hypnose zu verfolgen, bedeutet, hypnotische Zustände in den verschiedensten Erscheinungsformen aufzuspüren. So finden sich z.B. hypnotische Zustände in den bei vielen ethnischen Gruppen seit Jahrtausenden

verwendeten archaischen Riten, in den Teufelsaustreibungen der ägyptischen Hochkultur (3000 v. Chr.), in den Tanzepidemien des europäischen Mittelalters bis hin zum Magnetismus animalis, wobei hypnotische Elemente schon recht deutlich in Erscheinung treten (vgl. hierzu *Langen,* 1972). Mit der sogenannten »2. Schule von Nancy« wurden die Theorien zur Hypnose auf eine neue Basis gestellt; die Erkenntnis, daß jede Hypnose letztlich durch eine Selbsthypnose erst angenommen wird, daß der Hypnotisierte sich also der Führung des Hypnotiseurs überlassen und dessen Anweisungen akzeptierend im Sinne der Autohypnose vollziehen muß, stellt einen Brückenschlag zum Autogenen Training dar. Der wesentliche Unterschied besteht darin, daß der Lehrende im Autogenen Training lediglich eine Technik vermittelt, mit der der Lernende sich jederzeit ohne äußere Hilfe in einen hypnoiden Zustand versetzen kann. Diese Unabhängigkeit von einem Therapeuten, damit die Selbstverfügbarkeit, sind für das Autogene Training in der Abhebung von der Hypnose von zentraler Wichtigkeit.

Hier liegt auch einer der wesentlichen Gründe, auf das Vorsprechen der Formeln in den Kursen für Autogenes Training zu verzichten.

Ein Vorteil der Hypnose gegenüber dem Autogenen Training liegt darin, daß die vergleichsweise relativ lange Trainingszeit entfällt, bei z.B. täglicher Hypnose innerhalb einer Woche (evtl. aber auch schon bei der ersten Hypnose) ein hypnoider Zustand erreicht werden kann, der gezielte Beeinflussungen erlaubt. Dieser Zeitfaktor kann unter Umständen wichtig sein, so z.B. bei Examensängsten oder akuten Angst- und Unruhezuständen bei schweren seelischen Erschütterungen.

Die enge Beziehung des Patienten zum Therapeuten in der Hypnose kann als eine *anaklitische Therapie,* also eine Geborgenheit und Schutz gewährende Therapie, aufgefaßt werden. So wird z. B. Hypnose bei Patienten empfohlen, die an einer Colitis ulcerosa leiden, sofern Alter der Patienten, Chronifizierung oder Einsichtsfähigkeit einer aufdeckenden Psychotherapie Grenzen setzen. Nach einem von *Curtius* (1962) entwickelten kombinierten hypnotisch-internistischen Behandlungsweg konnte *Feiereis* (1967) bei 5-Jahreskatamnesen bei 44 Fällen folgende Bewertungen finden: 15 Fälle ohne pathologischen Befund, 23 Fälle mit Restbefund, vier Fälle unbefriedigend, zwei Fälle unbeeinflußt; eine Kolektomie war in keinem Fall erforderlich.

Sowohl zur Einleitung als auch Durchführung der Hypnose gibt es eine Vielzahl von Techniken, die in übersichtlicher Form von *Langen* (1972) und *Leuner/Schroeter* (1975) zusammengestellt wurden.

Gestufte Aktivhypnose

Eine Mittelstellung zwischen Hypnose und Autogenem Training nimmt die gestufte Aktivhypnose nach *Kretschmer* und *Langen* (*Langen,* 1965, 1967) ein. Bei der gestuften Aktivhypnose werden die Atem-, Herz-, Sonnengeflechts- und Stirnkühleübung weggelassen, also nur die Schwere- und Wärmeübung eintrainiert. Hierbei erfolgt ein begleitendes Vorsprechen der aus dem Autogenen Training bekannten Formeln. Sobald die Schwere- und die Wärmeübung beherrscht werden, wird der Übende zu einer Innen-Oben-Stellung der Augäpfel veranlaßt, wie sie aus der Hypnose wie auch aus der Autogenen Imagination (vgl. 4.) bekannt ist. In diesen hypnoiden Zustand werden zuvor gemeinsam mit dem Patienten erarbeitete formelhafte Vorsatzbildungen bzw. »wandspruchartige Leitsätze« eingeübt; sie nehmen bei der gestuften Aktivhypnose einen breiten Raum ein. Die gestufte Aktivhypnose stellt also den Versuch dar, schnell und gezielt (»aktiv«) umschriebene Störungen anzugehen.

Aus der Hypnose wurde nicht nur das Autogene Training, sondern eine Reihe weiterer Verfahren entwickelt. Ihnen ist eine passive Vergegenwärtigung eines monotonen Sinnesreizes oder die Einstellung auf engbegrenzte gedankliche Inhalte gemeinsam.
Es handelt sich um die Methode von *P. Lèvy* (1889), *die Methode von E. Coué (um 1910), die Autohypnose G. Bonnets* (1910), *die Elementar-Autoanalyse von Bezzola* (1918), *die Methode von Ch. Baudouin* (1922), *die Methode von E. Jolowicz* (1925), *die Methode von E. Dècsi* (1925) *sowie die Methode von R. Baerwald (1927); bei Langen* (1976) finden sich kurze zusammenfassende Erläuterungen dieser Verfahren. Die genannten Verfahren wurden nicht so ausgearbeitet wie das Autogene Training, dementsprechend hat keines dieser Verfahren auch nur eine annähernde Verbreitung gefunden wie das Autogene Training. Heute sind sie lediglich von historischem Interesse und zeigen, daß das Autogene Training nicht »zufällig« entstand, sondern aus zahlreichen ähnlichen Versuchen zur Autohypnose zu Beginn des 20. Jahrhunderts entwickelt wurde.

Progressive Relaxation

Edmund Jacobson stellte 1928 ein System fortschreitender Entspannung für die Willkürmuskulatur vor, das er »Progressive Relaxation« nannte. Vollkommen unabhängig vom Autogenen Training war *Jacobson* zu prinzipiellen und faktischen Feststellungen gelangt, die denen von *J. H. Schultz* teilweise entsprechen und worauf dieser in seiner Monographie 1932 bereits ausdrücklich hinwies. *Jacobson* legte Wert darauf, daß es sich bei allen von ihm vorgeschlagenen Maßnahmen nicht um Suggestion handele. Er übersah dabei jedoch, daß sein sicher nicht-suggestiver Weg über die vollkommene Entspannung letztlich doch in einen hypnoiden Zustand einmündet bzw. einmünden kann.

Nacheinander werden bei der progressiven Relaxation die einzelnen Muskelgruppen des Körpers entspannt. Jacobson macht hierzu folgende Ausführungen: »Die Versuchsperson wurde einfach instruiert, daß sie bis zu einem extremen Grad sich entspannen lernen wird. Deshalb war es nützlich, ihr zuerst zu zeigen, was Spannung ist. Mit geschlossenen Augen liegend, bringt die Versuchsperson ihren rechten oder linken Vorderarm in Spannung, während der Versuchsleiter ihn festhält, um die Kontraktion deutlich zu machen. Die Versuchsperson soll dann zum Ausdruck bringen, ob und wo sie das Gefühl der Spannung wahrnimmt. Im Erfolgsfalle wird ihr dann mitgeteilt, diese Wahrnehmung solle nun im gegenseitigen Einvernehmen als ›Spannung‹ oder ›angespannt sein‹ bezeichnet werden. Immer wenn diese gleiche Sensation oder Empfindung in diesem oder jenem Teil des Körpers auftritt, so soll sie ›angespannt sein‹ heißen. Wenn die Versuchsperson den Körperteil kontrahiert, wird ihr gesagt: ›Sie sind es, der dies tut. Was wir jetzt wollen, ist das Gegenteil – es einfach nicht tun.‹ Es ist von großer Wichtigkeit, die Versuchsperson zu unterrichten, daß sie keine Anstrengungen machen, sondern sich ausruhen solle,...« (zitiert nach *Langen,* 1976).
Die progressive Relaxation eignet sich als einführende Entspannungsübung bei Desensibilisierungsbehandlungen im Rahmen der Verhaltenstherapie; da sie weniger aufwendig ist, wird sie hier eher häufiger eingesetzt als das ebenfalls verwendete Autogene Training.
Wie bereits erwähnt (siehe 2.2), können Teile der progressiven Relaxation auch als Hilfestellungen zur Einübung der Schwere- und Wärmeübung verwendet werden. Hierbei wird der Übende z. B. aufgefordert, beide Arme maximal anzuspannen und die Hände zu Fäusten zu ballen. Wenn er sich in diese maximale Anspannung eingefühlt hat, soll er sich dann schrittweise die Lockerung der Muskulatur bewußtmachen bis hin zum

Extrem der völligen Entspannung. Das gleiche gilt sinngemäß für die anderen Muskelgruppen. Ein derartiger Weg der Einführung ins Autogene Training über die progressive Relaxation wird allerdings nur in den seltensten Fällen notwendig sein.

Ein ähnliches Ziel wie die progressive Relaxation, eine Entspannung der Willkürmuskulatur, verfolgt *B. Stokvis mit der »Aktiven Tonusregulierung«* (1959), allerdings verwendet er nun wiederum Suggestionen, die vom Patienten als Autosuggestionen zu Hause weiterverwendet werden sollen. Die Methode ist ganz auf das muskuläre System beschränkt. Das Verfahren ist auf Patienten zugeschnitten, die einer starken Führung bedürfen und bei denen eine aufdeckende Psychotherapie nicht indiziert ist.

Große praktische Bedeutung haben die *Entspannungsübungen nach Dick-Read* (1950) für die Geburtshilfe. Im Mittelpunkt steht die Unterbrechung des von *Dick-Read* sogenannten »Furcht-Spannung-Schmerz-Syndroms«. Die Ursache des Geburtsschmerzes wird im wesentlichen in psychischen und sozialen Umständen gesehen. Die Behandlung erfolgt durch Aufklärung, Entspannungsübungen und Atemgymnastik.

Die *»Funktionelle Entspannung« nach M. Fuchs* (1959, 1979) greift im wesentlichen die Atmung aus allen physiologischen Körperfunktionen heraus, der ja auch zweifellos eine hervorragende Bedeutung zukommt (vgl. dazu 2.4). Die Bewußtwerdung der Atmung einerseits und deren gezielte Beeinflussung andererseits dienen hier der Einübung in die psychophysische Entspannung (vergl. auch *Klotz-Wiesenhütter,* 1982).

Respiratorisches Feedback

Überhaupt nehmen eine Vielzahl von Entspannungstechniken Bezug auf die Atmung. Größere Bedeutung unter den sehr verschiedenen Bio-Feedback-Verfahren, bei denen physiologische Abläufe akustisch oder optisch dem Patienten zurückgemeldet werden, hat das respiratorische Feedback (vgl. z.B. *Chr. Leuner,* 1973; *H. Leuner,* 1977, 1981, 1984) gewonnen. Hierbei wird dem Patienten ein Gürtel um Brustkorb oder Bauch gelegt, mit dessen Hilfe die Ein- und Ausatmungsbewegungen des Brustkorbs/Bauches registriert werden. Über eine Lampe oder ein akustisches Signal werden diese zurückgemeldet. Der Patient hört dann z.B. einen langsam anschwellenden (Einatmung) oder abschwellenden (Ausatmung) Summton. Die Rückkopplung des physiologischen, gleichförmigen Rhythmusses führt zu der bekannten psychophysischen Entspannung. Vorteil und Nachteil der Methode liegen in der Apparatur. In einem technischen Zeitalter erscheint diese manchem als »wissenschaftlich«, der das Autogene Training als »reine Glaubenssache« abtun würde. Andererseits wird eben ein Apparat benötigt, obwohl – wie die anderen Methoden zeigen – auch ohne einen solchen die gleichen psychophysischen Ergebnisse erzielt werden können. Die Euphorie, mit der die Bio-Feedback-Techniken Anfang der 70er Jahre propagiert wurden, scheint bereits abzuebben.

Auf die Beziehungen des respiratorischen Feedback speziell zur Atemübung des A.T. (»passives Atemerlebnis«, vgl. 2.4) wurde bereits hingewiesen, ebenso auf kulturhistorisch interessante Parallelen, z.B. die Atemvorschriften von Ignatius von Loyola. Gegenüber dem A.T. scheint das respiratorische Feedback eher »im Vorfeld der Psychotherapie« (*Leuner,* 1984) angesiedelt zu werden, was angesichts des eingeschränkten Therapeut-Patient-Kontakts beim respiratorischen Feedback auch angebracht erscheint (vgl. *Iversen,* 1988; *Mader* u. *Leuner,* 1986; *Mensen* 1988).

Im außereuropäischen Raum gab es Entspannungs- und Meditationstechniken eher als in Europa. Es seien hier nur zwei davon, die praktisches Interesse beanspruchen, erwähnt.

Yoga

Yoga (wörtlich: Anspannung) gehört als ein wesentliches Element zur hinduistischen Kultur. Unter diesem Begriff werden alle Lehren und Praktiken zusammengefaßt, die dazu dienen sollen, mit einem »universalen Selbst zu verschmelzen«. Die vielen verschiedenen Richtungen des Yoga weichen in ihren Praktiken weitgehend voneinander ab. Gemeinsam ist den meisten jedoch, daß sie Körperstellungen (Asana), Atemregulierung (Pranayama), Konzentration auf eine Vorstellung oder ein Bild (Dharana) und langwierige Kontemplation (Dhyana) verwenden. Einige Yoga-Richtungen, wie z.B. der Hatha-Yoga, haben einen geringen geistigen Gehalt. Hatha-Yoga hat z.B. als Ziel, körperliche und seelische Gesundheit dadurch zu erreichen, daß bestimmte Übungen und Körperstellungen ausgeführt werden. Demgegenüber sind andere Yoga-Richtungen, wie z.B. Kundalini-Yoga, höchst mystisch ausgerichtet.
Nähere Angaben siehe bei *Eliade* (1960), *Walser* (1977), *Mensen,* (1986).
Es sind Schwierigkeiten zu erwarten, wenn ein Übender im Autogenen Training zuvor Yoga erlernt hat. Dies gilt ganz besonders für die Atmung. Während wir beim Autogenen Training auf ein Beobachten und Erleben abzielen, werden im Yoga bestimmte Regeln der Atemregulierung gegeben. Hier kann ein Umlernen, ein Umsteigen von der aktiven Beeinflussung zur passiven Konzentration schwierig sein, zumindest längere Zeit in Anspruch nehmen.

Transzendentale Meditation

Auch hier handelt es sich um eine aus dem asiatischen Kulturraum stammende Meditationstechnik. Die Technik ist – verglichen mit dem Autogenen Training – äußerst einfach. Bei der Einführung erhält der Übende ein Mantra, ein für ihn speziell ausgesuchtes Wort, dessen tiefere Bedeutung der Westeuropäer meist nicht kennt. Auf dieses Mantra konzentriert sich der Meditierende. Hierbei kommt es – wie nicht anders zu erwarten – zu einer Einengung des Bewußtseins, zu einem Hypnoid, mit all den psycho-physiologischen Reaktionen, die schon besprochen wurden (vgl. hierzu auch *Kniffki,* 1979). Im Vergleich mit dem Autogenen Training erscheint diese Technik jedoch nur wenig modulationsfähig. Gewichtiger noch ist der Einwand, daß die Transzendentale Meditation von einem Sendungsbewußtsein und geistesgeschichtlichen Hintergrund getragen wird, von den Anhängern als eine »Heilslehre« angesehen wird. Es existiert ein »Weltplan« zur Verbreitung der Transzendentalen Meditation, der u. a. auch davon ausgeht, daß es zum Weltfrieden komme, wenn mindestens ein Prozent der Weltbevölkerung die Transzendentale Meditation ausübe. Diese und ähnliche weltanschauliche Einbildungen mögen für Menschen, die aus innerer Unsicherheit und Orientierungslosigkeit einen Guru benötigen, anziehend wirken und den Erfolg der Bewegung erklären.

2.9 Kombinationsmöglichkeiten der Grundstufe mit anderen Verfahren

Das Autogene Training ist weder ein Allheilmittel, das andere therapeutische Bemühungen überflüssig macht, noch schließt es die gleichzeitige Verwendung anderer Therapieformen aus. Es soll deshalb hier abschließend auf die verschiedenen Kombinationsmöglichkeiten eingegangen werden.

Autogenes Training und Medikamente

Von Kursteilnehmern wird häufig die Frage gestellt, welchen Einfluß das Autogene Training auf ihre Medikation habe, ob sie Medikamente weiternehmen könnten, sollten usw. Dabei sind nicht etwa nur Tranquilizer gemeint, sondern auch Herz- und Kreislaufmittel, Magenmedikamente (meist Antacida) usw.
Prinzipiell gilt, daß kein ärztlich verordnetes Medikament abrupt abgesetzt werden sollte. Spezielle, gegen organische Schäden gerichtete Medikamente können sicherlich überhaupt nicht abgesetzt werden, dies gilt ganz besonders für die Digitalispräparate bei Herzinsuffizienz, blutzuckersenkende Medikamente usw.
Tranquilizer stellen den Hauptteil der verordneten Psychopharmaka dar. Hier sind – sofern eine akute Psychose ausgeschlossen ist – im Verlaufe eines gut geübten und konsequent ausgeübten Autogenen Trainings innerhalb von Wochen und Monaten ohne Zweifel Einsparungen zu erzielen, meist sogar ein Absetzen der entsprechenden Medikamente. Die Dosisreduktion sollte schrittweise und langsam erfolgen, nicht nach einem festen Zeitplan. Voraussagen läßt sich am ehesten, daß der Kursteilnehmer im Laufe der nächsten Wochen vielleicht das eine oder andere Mal die Tabletteneinnahme »vergessen« werde; dies erscheint ein geeigneter Zeitpunkt, mit der Dosisreduktion zu beginnen. (Als ein ungefährer Anhaltspunkt bei langdauernder Einnahme von Tranquilizern kann eine schrittweise Dosisreduktion in ca. wöchentlichen Abständen angesehen werden.)
Unrealistische Vorstellungen über eine Dosisreduktion von Medikamenten fanden wir (*Kraft* und *Schötzau,* 1982) gelegentlich bei psychotischen Patienten mit verschiedenen Remissionstypen einer schizophrenen Erkrankung. Das Autogene Training ist sicher nicht geeignet, eine im Einzelfall als notwendig erkannte neuroleptische Langzeittherapie zu ersetzen.

Autogenes Training und Hypnose

Das Autogene Training als »legitime Tochter der Hypnose« kann mit dieser vielfältig kombiniert werden. Wie schon mehrfach erwähnt wurde, bedeutet ein evtl. Vorsprechen der Formeln im Autogenen Training während des Kurses bereits eine fremdsuggestive, also hypnotische Einflußnahme. Jeder Kursleiter muß für sich entscheiden, ob er das Autogene Training »rein« vermitteln will oder aus bestimmten Gründen ein Vorsprechen für sinnvoll hält.
Ist eine schnelle psychotherapeutische Hilfestellung als »Ich-Stützung« geboten, kann allein schon aus zeitlichen Gründen die Hypnose dem Autogenen Training vorzuziehen sein. Ein späteres Umsteigen von der Hypnose zum Autogenen Training und damit eine Lösung vom Therapeuten ist meist gut möglich.
Bei Patienten, die trotz ausreichender Motiviertheit anhaltende Schwierigkeiten in der Realisation der Übungen haben, kann eine »Bahnung« mit Hilfe der Hypnose indiziert sein. Ein derartiges Vorgehen wird jedoch nur in seltenen Fällen notwendig sein.
Eine umfangreiche Ausarbeitung erfuhr die Verbindung von Hypnose und Autogenem Training in der sogenannten »Gestuften Aktivhypnose«, über die bereits berichtet wurde (siehe 2.9).

Autogenes Training und Verhaltenstherapie

Mehrere verhaltenstherapeutische Techniken (z.B. Desensibilisierungstechniken) bedürfen vorangehender Entspannungsübungen. Hierzu eignet sich die progressive Relaxation ebenso wie das Autogene Training, das in diesem Fall meist nur in abgekürzter Form (Schwere- und Wärmeübung) Verwendung findet. Eine Übersicht findet sich z.B. bei *Kraiker* (1974).

Autogenes Training und physikalische Therapie

Hier sind einerseits sinnvolle Ergänzungen möglich, andererseits bis zu einem gewissen Grade auch ein Ersetzen physikalischer Therapien durch das Autogene Training. Dies gilt insbesondere für Massagen zur Lockerung verspannter Muskulatur im Schulter-Nacken-Bereich. Hier kann das Autogene Training oft dauerhaftere Hilfe gewähren als die meist nur kurzfristig wirksamen physikalischen Maßnahmen. Zu beachten ist hier, daß zu Beginn des Autogenen Trainings bei derartigen Beschwerden es zunächst - wie bekannt - zu einer Symptomverschlechterung, d.h. Schmerzverstärkung kommen kann. Die Besserung der Beschwerden bzw. die Beschwerdefreiheit tritt erst nach mehreren Tagen ein. Es wäre wünschenswert, das Autogene Training speziell auch in der orthopädischen Praxis stärker einzusetzen.
Lediglich unterstützend zu physikalischen Therapieformen kann das Autogene Training wirken, wenn eindeutig organische Veränderungen wie z.B. schwere Wirbelsäulenschäden, Gelenkentzündungen usw. die Ursache der Schmerzen sind. Da jeder Schmerz reflektorisch zu einer vermehrten Muskelanspannung führt, diese wiederum zu vermehrten Schmerzen, kann das Autogene Training aber sehr wohl hilfreich sein, ohne den zugrundeliegenden Krankheitsprozeß direkt beeinflussen zu können.
Zwischen physikalischer Therapie und Autogenem Training sollte generell kein Antagonismus gesehen werden, eher eine Kombinationsmöglichkeit; diese wird z.B. bei Kuraufenthalten inzwischen auch zunehmend genutzt.

Autogenes Training und analytisch orientierte Psychotherapie/analytische Psychotherapie

Das Autogene Training wird vornehmlich in Gruppen gelehrt, ist aber deshalb noch keine Gruppentherapie im engeren Sinne. Allerdings können die Grenzen fließend werden, je mehr technische Details und ein Frage-Antwort-Verhalten zwischen jeweils nur einem Kursteilnehmer und dem Kursleiter abgebaut und statt dessen freiere Interaktionsformen der Kursteilnehmer untereinander aufgebaut werden können (vgl. hierzu 1.7 und 1.8).
Gleichzeitige Anwendung des Autogenen Trainings und einer analytischen Gruppenpsychotherapie sind möglich. *Prokop* (1979) berichtet, daß Patienten, die parallel zur analytischen Gruppe das Autogene Training ausüben, in der Gruppe viel gelöster und aktiver seien (vgl. hierzu auch *Barolin* u. *Wöllersdorfer,* 1987).
Das A.T. läßt sich von vornherein in eine analytisch orientierte Psychotherapie im Sitzen mit einer Wochenstunde einbeziehen, wobei das A.T. von vornherein nur einen Teil der Therapiestunde in Anspruch nimmt - oder es wird allein mit der Vermittlung des A.T. begonnen, wobei im Laufe von zwei bis vier Monaten dann das A.T. immer stärker zurücktritt und ein fließender Übergang zur analytisch orientierten Psychotherapie entsteht (vgl. *Kraft* 1987). In beiden Fällen, wenn wir also eine psychoanalytisch orientierte Zusammenarbeit intendieren, sollte das A.T. sehr bewußt in seiner Bedeutung für den Patienten befragt werden: Welche Bedeutung hat es für diesen Patienten, sich fallenzulassen, sich loszulassen, sich selber Wärme geben zu können, den autonomen und gleichzeitig doch auch willentlich beeinflußbaren Rhythmus der Atmung zu spüren; wie sind auftretende Schwierigkeiten auf dem individuellen psychogenetischen Hintergrund zu verstehen; wie erlebt er die

Anwesenheit des Therapeuten? Alles dies ist wertvolles Material für die Erarbeitung des Verständnisses der unbewußten Prozesse und Konflikte im Patienten, worauf eine analytisch orientierte Psychotherapie ja abzielt. Dieses Vorgehen setzt auf seiten des Therapeuten natürlich eine entsprechende tiefenpsychologisch fundierte Weiterbildung voraus.

Daß A.T. und analytisch orientierte Psychotherapie seitens der Kassenärztlichen Vereinigung als inkompatibel - und damit nicht abrechnungsfähig - angesehen werden, dürfte auf einer vollkommen überholten Einschätzung des A.T. als eines »zudeckenden Therapieverfahrens« beruhen; dies liegt aber nicht notwendigerweise im A.T. begründet, sondern allenfalls in der vom Therapeuten gewählten Art der Vermittlung, also seines Stils im Umgang mit seinen Patienten.

Das Desinteresse mancher analytisch ausgebildeter Therapeuten am A.T. dürfte auf einer Überbetonung des standardisierten Lehr- und Lernprozesses beruhen. Gerade aber der auf den ersten Blick so klare Lernverlauf bietet m. E. die Möglichkeit für ein Arbeitsbündnis mit Patienten, die ansonsten primär kaum einer analytisch orientierten Psychotherapie zugänglich sind. Dies gilt ganz besonders für viele Patienten mit psychosomatischen Störungen (vgl. auch *Stephanos* u.a. 1976). Auf der Grundlage dieses Arbeitsbündnisses und unter dem Einfluß erster Erfolge im A.T. ergibt sich für den geschulten Therapeuten oft erst ein Zugang zu diesen Patienten (zu vergleichbaren Überlegungen bei der Konzentrativen Bewegungstherapie s. *Becker,* 1981; *Stolze,* 1984).

Die Kombinationsmöglichkeit von A.T. und analytischer Psychotherapie (mit drei bis fünf Wochenstunden im Liegen) bzw. niederfrequenter analytischer Langzeittherapie (ein bis zwei Wochenstunden im Liegen oder Sitzen, s. *Hoffmann,* 1987) sind bislang noch ungenutzt. Mir erscheint es aus dem Setting der analytischen Psychotherapie heraus als selbstverständlich, daß hier nun Psychoanalytiker und Therapeut für A.T. zwei verschiedene Personen sind, woraus sich natürlich Probleme ergeben können, aber nicht müssen. Sehr viele Psychoanalytiker legen allerdings Wert darauf, daß die streng abgeschirmte Zweiersituation beibehalten bleibt. Sie gehen davon aus, daß dem Analytiker mit der Zeit alle wichtigen Übertragungsmanifestationen gelten, egal, ob sie von der Mutter, dem Vater oder den Geschwistern und anderen wichtigen Beziehungspersonen der frühen Kindheit herrühren. Aber der Analytiker verharrt in der Rolle der alleinerziehenden Mutter bzw. des alleinerziehenden Vaters (*Moser,* 1987), obwohl doch gerade nach der klassischen psychoanalytischen Lehrmeinung sich letztlich alles um die Triangolierung, also die Einbeziehung des Dritten, dreht. Sehr vieles läßt sich in der Phantasie abhandeln, die reale Erfahrung eines Dritten kann aber sicherlich handfeste neue Perspektiven für die Behandlung eröffnen. Eine Zusammenarbeit zwischen einem Psychoanalytiker und einem Therapeuten für A.T. oder auch einem Therapeuten für konzentrative Bewegungstherapie, somit die Bildung eines »therapeutischen Elternpaares«, ist allerdings in der ambulanten Therapie noch eine Rarität, während im stationären Setting bereits weitergehende Untersuchungen und Überlegungen stattgefunden haben (vgl. *Becker,* 1987; *Janssen,* 1987; *Müller-Braunschweig,* 1987). Auch die damit einhergehende Forderung nach der Einbeziehung des nicht genügend beachteten Körpers in das analytische Verstehen kann hier nur wieder nachdrücklich betont werden (vgl. auch *Moser,* 1986).

Die möglichen Probleme zwischen »therapeutischem Elternpaar« und Patienten konnten - mangels Kooperation - in der ambulanten Therapie - noch gar nicht genügend diskutiert werden. Ich denke an die Schwierigkeiten von Patienten, die in paranoider Weise darüber spekulieren könnten, was die Therapeuten hinter ihrem Rücken besprechen, oder diejenigen Patienten, die ihre Übertragung aufzuspalten beginnen zwischen gutem und bösem Therapeuten - wieviel also soll oder muß wirklich an Kommunikation zwischen den Therapeuten laufen, oder inwieweit sollten wir uns auf die Mitteilung des Patienten in der Analyse verlassen und die aufgetretenen Probleme hier aufarbeiten, wie gewohnt alles als Einfall und Phantasie auffassen, verbunden mit der Überzeugung, daß wir damit ja umzugehen gelernt haben (vgl. auch *Janssen,* 1987). Wären andererseits nicht Gespräche zu dritt ratsamer - aber sprengt das dann nicht die Übertragungssituation in der Analyse, vom Unbehagen des bislang an die Zweiersituation gewöhnten Analytikers einmal abgesehen? Ich denke auch an die Patienten, die in Absprache mit ihren Therapeuten - oder aber auch ohne jede Absprache - neben der analytischen Psychotherapie ein weiteres Verfahren kennenlernen wollen, was bei den heutigen Angeboten leichtfällt, fast eine Verführung darstellt. Ist es aber immer nur ein Ausagieren von Konflikten - oder drückt sich in manchem Fall darin nicht auch ein echtes Bedürfnis aus, das in der Analyse nicht befriedigend bearbeitet werden kann? Muß das der Psychoanalyse dann aber zum Vorwurf oder zur Scham gereichen, oder sollten nicht die Psychoanalytiker das aufgreifen, was die Patienten ihnen bringen - und seien es eben nicht nur Einfälle und Phantasien, sondern auch die Tatsache anderer, »draußen« gemachter Erfahrungen? Beim heutigen Stand der Praxis erscheint es angemessen, mit diesen offenen Fragen zu schließen.

3 Autogenes Training für Fortgeschrittene

3.1 Ziele und Inhalte der Kurse für Fortgeschrittene

Grundstufenkurse im Autogenen Training umfassen im allgemeinen mindestens sechs, meist sieben, acht oder gar zehn Abende im wöchentlichen Abstand. Kurse mit zwei Wochenabständen zwischen den einzelnen Übungen, wie sie noch von Schultz vorgeschlagen wurden, scheinen nicht oder kaum mehr durchgeführt zu werden. Es ergibt sich also für Unterstufenkurse eine durchschnittliche Kursdauer von ungefähr zwei Monaten. Dies ist zweifellos für den Großteil der Kursteilnehmer zu kurz, um insbesondere Schwierigkeiten und Störungen bei den zuletzt angesprochenen Übungen ausreichend bearbeiten zu können (siehe hierzu *Tab. 4*). Manche Kursleiter behelfen sich, indem sie die letzte Kursstunde erst in einem mehrwöchigen Abstand zur vorletzten abhalten. Diese eine Kursstunde erweist sich dann aber nicht selten als zu kurz, um all die inzwischen aufgetretenen Fragen und Probleme zu klären. Ein anderes Problem ist, daß ohne die Motivierung durch Kursleiter und Gruppe das zur Stabilisierung des Übungserfolges anfänglich noch weitere Üben nicht lange genug beibehalten wird. Nach eigenen Untersuchungen trifft dies in Abhängigkeit von verschiedenen Faktoren für 40 bis 60 Prozent der Kursteilnehmer zu (*Kraft,* 1978). Nur ein kleiner Teil von ihnen nimmt später noch mal an einem Grundstufenkurs teil, diese abermalige Teilnahme wird von vielen – ob zu Recht oder zu Unrecht sei dahingestellt – als »unter ihrem Niveau« angesehen. Andere wiederum scheuen sich, wegen einiger weniger Probleme nochmals einen kompletten Grundstufenkurs zu absolvieren.

Schließlich ist auf die formelhaften Vorsatzbildungen zu verweisen, die zwar im Rahmen eines Grundstufenkurses besprochen, kaum aber für den individuellen Fall ausreichend erarbeitet werden können. Auch setzt ihre Anwendung die Beherrschung des Autogenen Trainings voraus und erst nach vollständiger Aneignung der Grundstufe des Autogenen Trainings ist wirklich ersichtlich, ob formelhafte Vorsatzbildungen überhaupt indiziert sind.

Diese hier genannten Gründe lassen es sinnvoll erscheinen, »Kurse für Fortgeschrittene im Autogenen Training« anzubieten. Von Kursteilnehmern angegebene Gründe für ihre Teilnahme an Fortgeschrittenenkursen sind in Tab. 5 zusammengestellt.

Ziele und Inhalte dieser Kurse ergeben sich aus dem bereits Gesagten und lassen sich kurz zusammenfassen als

1. Bearbeitung aufgetretener Störungen bei einzelnen Übungen oder beim Training insgesamt,
2. Stützung der Motivation zu einem weiteren intensiven Üben sowie ggf. eine
3. kritische Erarbeitung formelhafter Vorsatzbildungen.

Im Lehrbuch von *J. H. Schultz* (1987) werden die formelhaften Vorsatzbildungen im Rahmen der Grundstufe (Unterstufe) abgehandelt. Aus den erläuterten praktischen Gesichtspunkten heraus erscheint es jedoch ratsam, hier eine Trennung vorzunehmen. Damit wird nichts inhaltlich Neues vorgeschlagen, sondern lediglich eine Ergänzung des Kurssystems (vgl. *Kraft,* 1980). Die Entwicklung der Vermittlung des Autogenen Trainings auf den psychotherapeutischen Weiterbildungsveranstaltungen weist in die gleiche Richtung.

Tabelle 4: Angegebene Schwierigkeiten bei einzelnen Übungen der Grundstufe des Autogenen Trainings (mehrere Angaben waren möglich, Anzahl der Angaben deshalb größer als die Teilnehmerzahl n_1, Prozentwerte bezogen auf $n_1 = 66$) (nach *Kraft* 1980)

	Schwierigkeiten noch über den Abschluß des Unterstufenkurses hinaus	Schwierigkeiten zu Beginn des Fortgeschrittenenkurses
Schwereübung	0 (0 %)	0 (0 %)
Wärmeübung	4 (6 %)	2 (3 %)
Atemübung	1 (1,5 %)	1 (1,5 %)
Herzübung	33 (50 %)	27 (41 %)
Sonnengeflechtsübung	24 (36 %)	18 (27 %)
Stirnkühleübung	25 (38 %)	22 (33 %)

Tabelle 5: Angegebene Gründe für die Teilnahme am Fortgeschrittenenkurs (mehrere Angaben waren möglich, Anzahl der Angaben deshalb größer als die Teilnehmerzahl n_1, Prozentwerte bezogen auf $n_1 = 66$ (nach *Kraft,* 1980)

Bedürfnis, weitere Informationen zum Autogenen Training zu erhalten	50 (76 %)
Probleme bei einzelnen Übungen (vgl. Tab. 4)	44 (67 %)
Erarbeitung formelhafter Vorsätze	40 (61 %)
Versuch, die bereits guten Ergebnisse und Erfahrungen mit dem Autogenen Training zu vertiefen	37 (56 %)
Ein »zweiter Anlauf«, nachdem zwischenzeitlich das Autogene Training sehr unregelmäßig geübt worden war	15 (23 %)

3.2 Durchführung der Kurse

Allgemeinverbindliche Vorstellungen zur Durchführung von Fortgeschrittenenkursen haben sich noch nicht herausgebildet. Eigene Erfahrungen (*Kraft,* 1980) gehen dahin, vier Treffen zu je 90 Minuten im wöchentlichen Abstand anzubieten.
In einer Praxis lassen sich die genannten Ziele und Inhalte natürlich auch unabhängig von einem Kurs in Einzelgesprächen erreichen.

3.2.1 Behebung spezieller Schwierigkeiten bei einzelnen Übungen der Grundstufe

In der ersten Kursstunde berichten die Kursteilnehmer über ihre bisherigen Erfahrungen mit dem Autogenen Training und insbesondere darüber, was ihnen Schwierigkeiten bereitete.
Wie Tab. 4 ausweist, sind es immer wieder gerade die Herz-, Sonnengeflechts- und Stirnkühleübung, die Schwierigkeiten bereiten, auf sie wird daraufhin ausführlich eingegangen. Die Erarbeitung von Lösungsmöglichkeiten für einzelne Schwierigkeiten erfolgt in Form eines Gruppengesprächs, wobei jeder Kursteilnehmer seine Erfahrungen und Probleme berichten kann. Die Berichte über selbst

Erlebtes und selbst gefundene Lösungswege machen einen viel überzeugenderen Eindruck als ein trockenes Dozieren des Kursleiters. Außerdem erhält der Kursleiter auf diese Weise einen guten Einblick darin, ob die Kursteilnehmer Art und Charakter des Autogenen Trainings verstanden haben. Falsche und manchmal auch grotesk anmutende Vorschläge sind ein willkommener Anlaß für die Gruppendiskussion (vgl. hierzu *Kraft* und *Kraft,* 1977, s. auch 1.7 und 1.8).

Physiologische und psychosomatische Zusammenhänge müssen im allgemeinen jedoch vom Kursleiter erläutert werden. Es sei an dieser Stelle auf die ausführlichen Darstellungen der Hilfsmöglichkeiten wie auch der Störungen bei den Übungen der Grundstufe verwiesen (siehe 2.2 bis 2.7). War während des Grundstufenkurses bei Störungen in allererster Linie ein Abwarten zu empfehlen, so treten in den Fortgeschrittenenkursen doch mehr die einzelnen aufgeführten Hilfsmöglichkeiten und der differenzierte Umgang mit den Störungen in den Vordergrund.

Hierbei wird wiederum eine mehr strukturierend stützende Form der Vermittlung von einer mehr offenen, analytisch orientierten zu unterscheiden sein (vgl. hierzu 1.1, 1.7 und 1.8). Art und Stand der Weiterbildung des Therapeuten entscheiden über den bevorzugten Stil der Vermittlung, wobei für die Kurse für Fortgeschrittene im A.T. hervorzuheben ist, daß gerade hier nun sich ein analytisch orientiertes Arbeiten geradezu anbietet.

3.2.2 Förderung der Motivation

Übende, die sich nach Teilnahme an einem Grundstufenkurs zu einem Kurs für Fortgeschrittene melden, wissen bereits etwas vom Autogenen Training; es kann ein recht hoher Motivationsgrad vorausgesetzt werden. Gesucht wird in erster Linie die motivationsunterstützende Wirkung der Gruppe sowie spezielle Hilfestellungen durch den Kursleiter bei einzelnen Schwierigkeiten.

Aufgrund der terminologischen Unsicherheiten erscheint es notwendig, die Kursteilnehmer vor Kursbeginn über Ziel und Inhalt der Fortgeschrittenenkurse klar zu informieren, anderenfalls ist eine Verwechslung mit der sogenannten Oberstufe des Autogenen Trainings (siehe »Autogene Imagination«, 4. Kap.) zu erwarten.

Manche Kursteilnehmer erscheinen auch mit einem ausgesprochenen »Lerneifer«, »wollen alles über das Autogene Training wissen«, haben ihre Grundstufenübungen »gelernt« und fragen mehr oder weniger direkt, welche neuen Übungen sie sich nun aneignen können. In dieser Haltung kommt eine Leistungsorientierung zum Ausdruck, die einer speziellen Einstellung, vielleicht auch der Leistungsorientierung unserer Gesellschaft entspricht. Ein Genießen des Erreichten wird oft gar nicht als Möglichkeit und Ziel erkannt. Hier bietet sich eine ausführliche Diskussion in der Gruppe an.

3.2.3 Erarbeitung formelhafter Vorsatzbildungen

3.2.3.1 Allgemeine Voraussetzungen

Die Aufarbeitung einzelner Störungen, die während der Grundstufenübungen aufgetreten waren, nimmt erfahrungsgemäß die beiden ersten (der vier vorgeschlagenen) Kurstreffen in Anspruch. Es sollte m.E. nie versäumt werden, ausdrücklich darauf hinzuweisen, daß die Grundstufe des Autogenen Trainings in sich abgeschlossen sei und sehr häufig, wenn sie vollständig beherrscht werde, keiner Ergänzung mehr bedürfe, auch keiner durch formelhafte Vorsatzbildungen. Andererseits bietet sich natürlich die Möglichkeit, das eingeengte Bewußtsein im Autogenen Training (»Hypnoid«, vgl. 1.3.1), auf bestimmte Zielvorstellungen hinzulenken. Die formelhaften Vorsatzbildungen sollen dabei - ganz vergleichbar den Standardformeln - die Vorstellung stützen; ein leeres Herunterleiern wird hier wie dort ohne Erfolg bleiben. Deutlicher als bei der Grundstufe wird hier auf das bekannte Phänomen des »posthypnotischen Auftrags« (siehe 1.3.1) zurückgegriffen.

Voraussetzung für die Verwendung der formelhaften Vorsatzbildung ist die vollständige Beherrschung der Grundstufe des Autogenen Trainings. (Ein anderes Konzept - mit Verwendung formelhafter Vorsatzbildungen bereits im Anschluß an die Schwere- und Wärmeübung - stellt die »gestufte Aktivhypnose« dar; auf sie wurde bereits eingegangen, vgl. 2.8.)

Für eine sichere Beherrschung der Grundstufe, für eine schnelle Realisation der »organismischen Umschaltung« sind vier bis sechs Monate Übungszeit einzukalkulieren. Erst dann können Kursteilnehmer und Kursleiter wirklich feststellen, welche körperlichen und/oder psychischen Störungen unbeeinflußt geblieben oder nur geringgradig beeinflußt worden sind. Es gehört zum Charakter des Autogenen Trainings, sich mit speziellen Formeln Zeit zu lassen, den Erfolg der Grundstufenübungen abzuwarten, nicht in einen »Aktivismus«, ein hektisches Jonglieren mit mal diesen, mal jenen formelhaften Vorsatzbildungen zu verfallen.

Die formelhaften Vorsatzbildungen können den Kursteilnehmern unter Hinweis auf das bereits besprochene Hypnoid, die organismische Umschaltung und den posthypnotischen Auftrag nahegebracht werden. Sie stellen nichts prinzipiell Neues dar, sondern lediglich eine spezielle und ganz individuelle Erweiterung der Grundstufe.

Wie wirksam Vorstellungen für das Erleben wie auch das Handeln sein können, sollte mit den Kursteilnehmern erarbeitet werden. Wer kennt nicht die ständig wiederkehrenden, angstbesetzten Vorstellungen vor einer wichtigen Prüfung, das Sich-Hineinsteigern in immer größere Unruhe. Es könnte hier direkt von einem *negativen Autogenen Training* gesprochen werden. Was aber in unerwünschter Richtung möglich ist, läßt sich auch - und gerade unter Zuhilfenahme der Grundstufe des Autogenen Trainings - in einer positiven, erwünschten Richtung verwirklichen; dies trifft sowohl für die Standardformeln als auch für die formelhaften Vorsatzbildungen zu.

Bevor die Erarbeitung einer formelhaften Vorsatzbildung erfolgt, muß zunächst klargestellt werden, welches Problem angegangen werden soll, ob es sich für eine Bearbeitung mit Hilfe formelhafter Vorsatzbildungen empfiehlt und wie es ggf. auf seinen wesentlichen Gehalt zu zentrieren ist. Es gibt Kursteilnehmer, die am liebsten für alle Eventualitäten des Lebens sich mit Hilfe formelhafter Vorsatzbildungen absichern, sich gewissermaßen einen »autogenen Panzer« anlegen möchten. Hier ist von einer Rückzugstendenz, einem Mißbrauch des Autogenen Trainings zu sprechen (vgl. 1.6.1).

Überhaupt sollte jeweils nur eine formelhafte Vorsatzbildung verwendet werden, nach mehrwöchigem Training ggf. eine zweite, allenfalls schließlich noch eine dritte. Eine Ausnahme hiervon bilden die Formeln, die lediglich eine Spezifizierung einer Standardformel sind (z.B. »Unterbauch strömend warm«), oder die die allgemeine Zielsetzung des Autogenen Trainings unterstützen (z. B. »Geräusche ganz gleichgültig«, »die Ruhe wird immer tiefer«). Diese Formeln können recht frei gehandhabt werden.

Je mehr Bedarf nach formelhaften Vorsatzbildungen zu bestehen scheint, desto eher ist die Frage zu prüfen, ob nicht eine andere Form der Psychotherapie zusätzlich oder alternativ zu empfehlen ist.

Aber nicht nur die absolute Anzahl formelhafter Vorsatzbildungen ist kritisch zu hinterfragen, sondern auch die jeweilige Indikation. Dies läßt sich am ehesten an einem Beispiel verdeutlichen:

Eine 26jährige Studienreferendarin, unverheiratet, lebt zusammen mit ihrer Mutter und der jüngeren Schwester in einer gemeinsamen Wohnung. Sie selber hat den Eindruck, den Problemen und Sorgen ihrer Mutter und Schwester nicht genügend Aufmerksamkeit entgegenzubringen. Sie fragt im Fortgeschrittenenkurs, ob eine formelhafte Vorsatzbildung wie z.B.: »Ich höre zu«, anzuraten sei. In dem folgenden ausführlichen Gespräch in der Gruppe stellt sich heraus, daß sie kaum in der Lage ist, sich um die (wohl relativ harmlosen) Probleme der Mutter und Schwester zu kümmern. Sie selbst quillt über von Eindrücken, Fragen und Sorgen, die sie kaum jemandem, insbesondere keinem – von ihr ersehnten – Partner mitteilen kann. Meist hatte sie in der Vergangenheit ihre eigenen Bedürfnisse und Sorgen zurückgestellt, nun aber unter den Belastungen des Referendariats überstieg dies ihr ansonsten gewohntes Verhalten ihre Kräfte. In dieser Situation die von der Kursteilnehmerin vorgeschlagene formelhafte Vorsatzbildung »Ich höre zu« gutzuheißen, wäre einer Mißachtung der wahren Bedürfnisse dieser jungen Frau gleichgekommen.
Da im Gruppengespräch der Eindruck entstand, daß massive Probleme in der Abgrenzung gegenüber der Mutter bestanden, »Trennung und Individuation« (*Mahler* u.a., 1980) im sozialen und psychischen Bereich noch keineswegs gelungen waren, wurde zur Bewältigung dieser schwierigen und langwierigen intrapsychischen und interpersonellen Arbeit eine analytische Psychotherapie empfohlen.

Diese Ausführungen sollen klarstellen, daß die Indikation zu formelhaften Vorsatzbildungen kritisch zu stellen ist.
Ist die Indikation positiv gestellt und eine Zentrierung auf das Wesentliche des Problems/des Konflikts erfolgt, stellt sich die Frage, wie nun eine entsprechende Formel gebildet werden soll. Hierfür gibt es einige Richtlinien, die bei der Erarbeitung formelhafter Vorsatzbildungen eine Hilfe sein mögen.

3.2.3.2 Allgemeine Charakteristika

1. Der wichtigste Gesichtspunkt und zugleich das wesentliche Unterscheidungsmerkmal zu den Standardformeln der Grundstufe ist, daß die formelhaften Vorsatzbildungen persönlichkeitsgemäß sein sollen wie auch aus einer *echten Motivation* des Übenden sich ergeben sollen. Formelhafte Vorsatzbildungen können nicht »per Rezept« verordnet werden, sondern müssen von Therapeut und Patient gemeinsam erarbeitet werden. Diese gemeinsame Arbeit wird wesentlich von der Art und vom Stand der Ausbildung des Therapeuten bestimmt sein (vgl. auch *Binder, H. u. K. Binder* 1987). Ein psychoanalytisch geschulter Therapeut wird eher reserviert den formelhaften Vorsatzbildungen gegenüberstehen als z.B. ein Verhaltenstherapeut; ein vorwiegend heterosuggestiv arbeitender Therapeut hat eine andere Einstellung zu den formelhaften Vorsatzbildungen als ein Therapeut, der sein Interesse primär auf die unbewußten intrapsychischen Konflikte und deren Bewußtmachung richtet. Unabhängig von der therapeutischen Ausrichtung gilt jedoch, daß der Therapeut lediglich eine beratende Funktion hat, er hilft bei der Klärung und Formulierung, er gibt zu bedenken, er gibt Hinweise, er hinterfragt. Die letztlich wirklich »stimmigen« formelhaften Vorsatzbildungen werden zumeist vom Übenden selbst gefunden. So fand z.B. eine schwangere junge Frau den für sie zutreffenden Satz »Wir sind ganz ruhig« (zit. nach *Krapf,* 1987). Der Therapeut ist – um hier im Bild zu bleiben – der »Geburtshelfer« für die formelhaften Vorsatzbildungen seiner Patientinnen und Patienten. Der Wunsch nach einer formelhaften Vorsatzbildung muß für ihn spürbar einer echten Motivation, einem inneren Bedürfnis entspringen.
Vorsatzbildungen können lediglich Vorhandenes verstärken, eine Formel besagt und bewirkt nichts, wenn der sie Verwendende nicht wirklich ihren Inhalt vertreten kann.

Für das Erarbeiten einer formelhaften Vorsatzbildung kann ein längerer Zeitraum benötigt werden. Sofern z.B. ein Problem erst einmal durchgesprochen, auf seinen wesentlichen Gehalt hin zentriert werden muß, kann dies – in seltenen Fällen – auch einmal Stunden in Anspruch nehmen.

Kruse (1978, 1984) berichtet, daß Kinder manchmal stolz vom »Erfinden eigener Formeln« sprechen. Im Prinzip gilt dies für alle formelhaften Vorsatzbildungen; es sind selbstgefundene/-erfundene Formeln.

2. In der Grundstufe des Autogenen Trainings sind Formeln, die mit »Es« beginnen, denjenigen in der »Ich«-Form vorzuziehen. Sie dienen der Passivierung, eine willentliche Beeinflussung wird reduziert. *»Ich«-Formeln* sind Ausdruck des Menschen als eines handelnden, zielorientierten Wesens. Sie dienen der Aktivierung. Da die formelhaften Vorsatzbildungen Ausdruck eines bewußten, vom Ich gesteuerten Eingreifens mit Aufforderungscharakter sind, wird im Unterschied zu den Standardformeln in den formelhaften Vorsatzbildungen oft »Ich« verwendet, z.B. »Ich schaffe es«, »Ich vertrete mein Recht«, »Ich bin und bleibe ganz sicher und frei« usw.

3. Galten die ersten beiden Charakteristika mehr der Unterscheidung der formelhaften Vorsatzbildungen von den Standardformeln, so sind die folgenden Empfehlungen, die sich speziell der erstgenannten unterordnen, direkt aus den Standardformeln abzuleiten.

Die Formel soll kurz sein, damit auch einprägsam; ohne große Konzentration soll sie vergegenwärtigt werden können. Es geht nicht darum, in umständlichen Sätzen einen Vorsatz pedantisch zu beschreiben, sondern eine prägnante Formulierung zu finden, die durch bestimmte Schlüsselworte Bilder und Emotionen provoziert.

Die Formel soll positiv sein, keine Verneinung enthalten. Wie wichtig dies für das Empfinden ist, läßt sich an einem bekannten einfachen Beispiel verdeutlichen: Ein Glas ist schon halb leer – oder noch halb voll. Beides beschreibt den gleichen Sachverhalt – und doch besteht ein vollkommen anderes Empfinden. So wäre z.B. auch die Formel: »Ich habe keine Angst mehr« abzulehnen, statt dessen könnte vorgeschlagen werden: »Ich bin ruhig, sicher und frei.«

Auch sollte daran gedacht werden, daß das zu Verneinende oder zu Vermeidende nicht in der Formel genannt wird (z.B. die Angst). Es gibt nur wenige Ausnahmen hiervon, insbesondere zur Unterstützung der Motivation bei einer Suchtproblematik. Hier wird eine strikte Verneinung empfohlen, z. B.: »Ich trinke nie!« Andere, weniger apodiktische Formeln sind allerdings auch denkbar, z.B.: »Alkohol ganz gleichgültig«, oder »Ich brauche nicht«.

Die Formel soll in der Gegenwartsform verwendet werden, dies ist ebenfalls von den Standardformeln her gut bekannt.

Rhythmische oder reimende Formeln werden oft als angenehm empfunden, sie prägen sich leichter ein, passen sich evtl. dem Atemrhythmus an. Für die deutsche Sprache spielt dabei auch der *Stabreim* eine Rolle, der Beginn betonter Worte mit dem gleichen Konsonanten, z. B. »Ich liebe das Leben«, oder »Ich weiß, was ich will.«

Die so gemeinsam mit dem Übenden erarbeiteten formelhaften Vorsatzbildungen werden gelegentlich als »7. Übung« der Grundstufe des Autogenen Trainings bezeichnet. Dies ist eine Bezeichnung, die nur bedingt zutrifft, da formelhafte Vorsatzbildungen erst zu einem Zeitpunkt verwendet werden sollten, zu dem die übrigen Übungen bereits im Sinne der organismischen Umschaltung realisiert werden können und kaum noch als einzeln voneinander abgrenzbare Übungen in Erscheinung treten.

Die formelhaften Vorsatzbildungen sollen im Entspannungszustand des Autogenen Trainings mehrmals vergegenwärtigt werden, gelegentlich wird besonders eine abendliche Verwendung vor dem Einschlafen empfohlen. Erst wenn eine formelhafte Vorsatzbildung für längere Zeit verwendet wurde, sie sich »eingeschliffen« hat, kann ggf. überlegt werden, eine weitere aufzugreifen.

3.2.3.3 Spezielle Formelbeispiele

Wenn im Folgenden einzelne formelhafte Vorsatzbildungen aufgeführt werden, so sind sie stets lediglich nur als Anregung gedacht. Je nach Bedürfnis, nach individueller Vorliebe oder Abneigung kann ggf. mit ihnen als Anregung eine persönlichkeitsgemäße formelhafte Vorsatzbildung erarbeitet werden.

1. Ergänzungen zu allgemeinen Zielsetzungen des Autogenen Trainings
Ruhe und Entspannung sind die Zielsetzungen des Autogenen Trainings. Einige spezielle Ruheformeln können hier unterstützend wirken.

> *»Die Ruhe wird immer tiefer.«*
> *»Ich fühle mich ganz ruhig,*
> *behaglich und wohl.«*
> *»Regelmäßiges Üben bringt Ruhe,*
> *Gelassenheit und Sicherheit.«*
> *»Jedes Geräusch vertieft die Ruhe.«*

J. H. Schultz betonte immer wieder die Wichtigkeit der Indifferenzformeln. Sie sind geeignet, Distanz zu schaffen, eine Neutralisierung sich aufdrängender und angstbesetzter Inhalte. Derartige Formeln wurden bereits erwähnt (»Geräusche ganz gleichgültig«, oder »Gedanken ganz gleichgültig«), sie sind jedoch noch weitergehend verwendbar. Dies gilt insbesondere für alle psychovegetativ gestörten Organe, gerade auch, wenn sie eine hypochondrische Aufmerksamkeitsbesetzung erfahren haben.

2. Formelhafte Vorsatzbildungen bei körperlichen Beschwerden
Bei chronischen, organisch bedingten Schmerzen kann die Indifferenzformel

> *»Schmerz ganz gleichgültig«*

zu einer Distanzierung vom Schmerzerleben führen, auch wenn hier der Schmerz sogar ausdrücklich genannt wird; aber es geht ja nicht etwa um eine Verleugnung des Schmerzes, sondern um eine Änderung der Erlebnisqualität, also um eine Änderung des pathischen Anteils. *Langen,* hat dies auf die treffende kurze Formulierung gebracht: »Man hat den Schmerz, aber er tut nicht mehr weh» (zit. nach *Krapf,* 1987). Dieser Ausspruch klingt zunächst zwar paradox, kennzeichnet aber treffend die Veränderung des Schmerzerlebnisses.
Allgemein gilt, daß bei Schmerzen an der Haut oder an den Zähnen eine Kühle-Suggestion geeignet ist, während bei Schmerzzuständen innerer Organe (z.B. Koliken) eine Wärme-Suggestion angebracht ist.
Bei Kopfschmerzen kann zu empfehlen sein:

> *»Die Stirn bleibt angenehm kühl.«*
> *»Schulter-Nacken-Feld*
> *angenehm warm,*
> *Kopf frei und leicht.«*

In seltenen Fällen wird auch von einzelnen Kursteilnehmern ein Wärmegefühl der Stirn als angenehm erlebt. In diesen Fällen kann auch die Formel

> *»Stirn ein wenig warm«*

hilfreich sein.
Bei *rheumatisch bedingten Schmerzen* ist ebenfalls eine Wärme-Suggestion zu empfehlen.

Als Vorbeugung gegen einen Schnupfen bei feuchtkaltem Wetter ist zu empfehlen

> *»Die Nase ist angenehm warm«,*

während bei Heuschnupfen eher das Gegenteil hilfreich sein kann:

> *»Die Nase bleibt ruhig,*
> *trocken und kühl.«*

Für alle Organe sind einzelne formelhafte Vorsatzbildungen möglich und sollten auch verwendet werden, wenn z.B. die Sonnengeflechtsübung nicht den erwünschten Erfolg zeigt. Gerade aber auch hier ist wieder die kritische Frage angebracht, warum die Sonnengeflechtsübung nicht zu dem erwünschten positiven Ergebnis geführt hat. Bei entsprechenden Nachfragen stellte sich häufig heraus, daß nur mangelhaft oder fehlerhaft geübt worden war.

Auf die kulturell sanktionierten Verdrängungen gegenüber den Verdauungsprozessen wurde bereits anhand kulturhistorischen Materials (vgl. 2.6.1) hingewiesen. Neben den lediglich aus der individuellen Genese des Betreffenden zu verstehenden unbewußten Konflikten müssen gerade bei der Sonnengeflechtsübung auch diese kulturellen Aspekte für eine Beeinträchtigung oder gar Verhinderung der »vegetativen Funktionslust« mit bedacht werden.

3. Formelhafte Vorsatzbildungen bei psychischen Problemstellungen

Oft muß ein Problem oder auch ein innerer Konflikt nicht expressis verbis angesprochen werden. Gar nicht selten führen sehr allgemein gehaltene Formeln zu guten Erfolgen. Die Formeln können soweit verkürzt sein, daß die Bedeutung nur für den Übenden erkennbar ist; entscheidend ist ja nicht die Formel, sondern die damit verbundene Vorstellung:

> *»Ich schaffe es.«*
> *»Ich lasse es.«*
> *»Ich brauche nicht.«*
> *»Ich gewinne Abstand.«*
> *»Ich lasse zu.«*

Eine in diesem Zusammenhang amüsante Episode berichtet *Krapf* (1987): »In Berlin übte Altmann mit Fürsorgezöglingen von Berlin-Tegel das A.T. ein. Sie nahmen als Vorsatzbildung: «Ich komme durch». Es dauerte drei Wochen, da waren fünf von ihnen aus der Haft entflohen. Sie nahmen den Vorsatz sehr realitätsgerecht.«

Schlafstörungen gehören zu den häufigen Indikationen des Autogenen Trainings, erste Erfolge stellen sich häufig schon nach der Schwere- und Wärmeübung ein. Sollte dies nicht der Fall sein und auch eine Besserung von Schlafstörungen nach längerem Üben nicht eintreten, ist nach der Einstellung des Übenden in Hinblick auf Autogenes Training und Schlaf zu fahnden. Gar nicht selten wird das Autogene Training in Art einer Schlaftablette verwendet, mit der der Schlaf erzwungen werden soll. Dies führt – wie zu erwarten – fast nie zu einem Erfolg: »Der Schlaf ist wie eine Taube. Wenn Du Deine Hand ruhig ausstreckst, kommt sie herbei und läßt sich darauf nieder, wenn Du sie aber ergreifen willst, fliegt sie davon« (*P. Dubois,* zit. nach *Thomas,* 1967).

Eine richtige Einstellung zum Autogenen Training als Einschlafhilfe kann durch folgende Formeln unterstützt werden:

> *»Schlaf gleichgültig,*
> *nur die Ruhe zählt.«*
> *»Ich lasse (mich) los.«*
> *»Die Augen bleiben müde und schwer.«*
> *»Jeder Atemzug vertieft die Ruhe.«*

Gar nicht selten muß ein Übender »seine« formelhaften Vorsatzbildungen erst ausprobieren, umstellen verändern

usw. Hierzu sollte auch (in weiterem Kontakt zum Übungsleiter) ermutigt werden. Hat er aber eine ihm gemäße Formel gefunden, so sollte diese konsequent beibehalten werden.
Wenn die Kursteilnehmer ihre Schwierigkeiten mit einzelnen Grundübungen des Autogenen Trainings besprochen und zum Teil behoben haben sowie in Einzelfällen formelhafte Vorsatzbildungen kritisch erarbeitet worden sind, so hat ein Kursus »Autogenes Training für Fortgeschrittene« seine Aufgaben erfüllt.
Zum Abschluß der Kurse für Fortgeschrittene im A. T. kann ein Ausblick auf die Autogene Imagination (sogenannte analytisch orientierte Oberstufe des A. T.) gegeben werden (vgl. Kapitel 4).

4 Autogene Imagination

sog. analytischorientierte Oberstufe des Autogenen Trainings

4.1 Zur Nomenklatur

J.H. Schultz (1976) sprach von einer Unterstufe und einer Oberstufe des Autogenen Trainings. Eine derartige Stufeneinteilung legt den Gedanken nahe, daß es sich um eine Aufeinanderfolge von Anfänger- und Fortgeschrittenenkurs handelt, wobei die Oberstufe als »besser« gelte und eine Teilnahme daran anzustreben sei. Es können damit auch leicht Wertungen verbunden sein, speziell die Vorstellung, die Unterstufe (Grundstufe) für sich allein sei unzureichend, nicht abgeschlossen, lediglich ein Fragment. *Hoffmann* (1977) sieht sogar die Gefahr eines Rückfalls in den überholten Leib-Seele-Dualismus (Unterstufe=[nur] körperliche Übung - Oberstufe=große Psychotherapie, »seelische« Behandlung).

Dies waren u.a. Gründe für eine Umbenennung der Unterstufe in »Grundstufe« (Beschluß des Vorstandes der Deutschen Gesellschaft für ärztliche Hypnose und autogenes Training, Lübeck 1976) (vgl. 2.).

Eine Einigung über eine Umbenennung der sogenannten »Oberstufe des Autogenen Trainings« ist hingegen bislang nicht erreicht worden. Mir erscheint die Bezeichnung *»Autogene Imagination«* geeignet, die neben die Grundstufe und die Übungen für Fortgeschrittene zu stellen wäre.

Schultz selbst sprach 1961 von »Autogener Bilderschau«, ein Begriff, der dem hier vorgeschlagenen nahekommt. *Thomas* (1972) verwendete u. a. den Begriff »Autogene Imagogik«, *Luthe* (1969) spricht im Englischen von »Autogenic Meditation«.

4.2 Voraussetzungen, Indikationen und Kontraindikationen

»Die Erlangung der Oberstufe unserer Technik setzt eine vollständige, sichere und prompte Beherrschung der allgemeinen Technik der Unterstufe voraus« (*Schultz,* 1976); *Schultz* ging davon aus, daß die Teilnehmer zumindest ein halbes, besser noch ein Jahr oder länger trainiert haben sollten. *H. Polzien* hat auf die Frage, wann ein Übender zu den Oberstufenübungen fähig sei, einmal geantwortet: »Sobald die Kerntemperatur - rektal gemessen - um 0,2 Grad abgesunken ist« (zit. nach *Steinfeld,* 1978). Was hier so pointiert ausgedrückt wird, ist lediglich die altbekannte Forderung von *J. H. Schultz,* daß die organismische Umschaltung prompt gelingen müsse. *Rosa* verweist darauf, daß auch andere Zugangswege zur Oberstufe nicht ausgeschlossen seien (z.B. »Funktionelle Entspannung«), »wenn die Voraussetzung der Bewußtseinsfokussierung auf somatische Binnenerlebnisse gegeben ist« (1975).

Schien am Ende eines Grundstufen- oder Fortgeschrittenenkurses das Interesse an einem Kurs für Autogene Imagination (Oberstufe) sehr groß, so stellt der Kursleiter bei dem vorzuschlagenden Zeitraum von einem halben bis ein Jahr fest, daß nur ca. 10 Prozent wirklich Interessierte verblieben sind.

Die Arbeit mit der Autogenen Imagination kann mit einzelnen Personen erfolgen sowie auch in Gruppen. Die folgenden Ausführungen beziehen sich jeweils auf eine Vermittlung der Autogenen Imagination in Gruppen.

Vor Kursbeginn sollte mit jedem Interessierten ein Einzelgespräch stattfinden.

Hierin ist zunächst die Motivation in Erfahrung zu bringen. Oft besteht die Vorstellung, »man müsse« doch am Oberstufenkurs teilnehmen, sonst sei das Autogene Training unvollständig. So gehen viele Vorgespräche bald in eine Information des Kursteilnehmers durch den Kursleiter über. Die Autogene Imagination sollte als eine spezielle analytisch orientierte psychotherapeutische Technik kenntlich gemacht und von der in sich *geschlossenen Grundstufe* (dem Autogenen Training schlechthin!) sowie dem Autogenen Training für Fortgeschrittene, das der Stabilisierung und der weiteren persönlichkeitsgemäßen Anwendung dient, abgegrenzt werden.
Findet in der Grundstufe eine Selbsterfahrung durch Hinwendung auf die psychophysische Ganzheit des Menschen statt, so wird dies in der Autogenen Imagination/Oberstufe durch Förderung der während der Grundstufe schon gelegentlich spontan aufgetretenen bildhaften (traumhaften) Erlebnisse nun gezielt ausgebaut. Das Ziel der *Autogenen Imagination* ist also eine vertiefte Selbsterfahrung mit Hilfe einer speziellen Wachtraumtechnik. Dies entspricht in besonderer Weise dem bekannten Ausspruch *Sigmund Freuds,* daß der Traum die »Via Regia zum Unbewußten« sei. »Als Behandlungsmethode kann die Oberstufe in einer Reihe gesehen werden mit allen tiefenpsychologischen Therapien, die sich der Äußerungen des Unbewußten annehmen – gleichgültig, wie sie gewonnen werden – und sie mit den drei klassischen Schritten der analytischen Technik bearbeiten: Erinnern, Wiederholen, Durcharbeiten« (*Rosa,* 1975). Es ist m.E. keinem Kursteilnehmer zuzumuten, in eine derartige spezielle Technik zu einer Vertiefung der Selbsterfahrung eingeführt zu werden, wenn er nicht klare Vorstellungen hiervon hat und zu einer derartigen Arbeit bereit ist.
Um dem zukünftigen Kursteilnehmer einen Eindruck von dem methodischen Vorgehen zu geben, eignet sich der Hinweis auf die Analogie zwischen den vorwiegend bildhaften Erlebnissen bei der Autogenen Imagination und dem Nachttraum. Eine Bearbeitung des gewonnenen bildhaften, oft sehr gefühlsbeladenen Materials erfolgt mit Hilfe von Assoziation und (gelegentlichen) Deutungen, mit denen der manifeste (erinnerte) Inhalt in den ihm zugrundeliegenden latenten Inhalt zurückverwandelt wird (weitere Ausführungen siehe 4.4).
Diese knappen Ausführungen machen bereits deutlich, daß die Vermittlung der Autogenen Imagination/Oberstufe lediglich in kleinen Gruppen erfolgen kann. Die für analytische Selbsterfahrungsgruppen übliche Gruppengröße von 6–8 Teilnehmern ist auch hier anzustreben, wobei wegen der Fülle des zutage tretenden Materials mir eine Begrenzung auf 6 Teilnehmer sinnvoll erscheint.
Die zeitliche Begrenzung der einzelnen Sitzungen sollte 90 Minuten nicht unterschreiten, es können sogar bis zu 2x90 Minuten als angemessene Gruppenzeit betrachtet werden (vgl. dazu z.B. die Kurse für die Oberstufe/Autogene Imagination auf den Lindauer Psychotherapie-Tagen)! Die Gruppe kann entsprechend ihrem Selbsterfahrungsansatz als fortlaufende Gruppe mit wöchentlichen Treffen oder aber als zeitlich begrenzte Gruppe mit 6, 8 oder mehr Treffen geführt werden.
Aus der Methodik und dem genannten Ziel lassen sich die *Indikationen* ableiten. Im nicht-therapeutischen Bereich besteht großes und berechtigtes Interesse an einer Selbsterfahrung zur Vertiefung des Wissens um die eigene Persönlichkeit, um Stärken und Schwächen; jeder Mensch weist »blinde Flecke« nicht nur in seiner optischen, sondern auch in seiner psychischen (Selbst-)Wahrnehmung auf. Von alters her sind Meditationstechniken, Techniken der Selbstversenkung, der Innenschau bekannt, die eine Weiterentwicklung der Persönlichkeit anstreben. Hier reiht sich die Autogene Imagination/Oberstufe des Autogenen Trainings zwanglos ein.

Die Übergänge zum therapeutischen Bereich sind fließend. Die Aufarbeitung innerer Konflikte und sogenannter »blinder Flecke« wird natürlich dann vordringlich, wenn daraus psychosomatische Beschwerden, Hemmungen, Kommunikationsstörungen und Ängste entstehen bis hin zu manifesten neurotischen Störungen. In diesen Fällen kann die Autogene Imagination - in der Hand des Psychotherapeuten oder Psychoanalytikers - als eine ganz spezielle psychotherapeutische Technik aufgefaßt werden.

Hinsichtlich der *Kontraindikationen* ist auf die bereits für die Grundstufe gemachten Ausführungen (vgl. 1.3) zu verweisen; zusätzlich sei angemerkt, daß eine Indikation für Patienten mit sogenannten endogenen Psychosen äußerst kritisch zu stellen ist. Die Provokation primärprozeßhaften Materials kann bei Strukturdefekten des Ichs möglicherweise zu einer psychotischen Desintegration führen, zu einer psychotischen Symptomprovokation also. *Shibata* (1968) berichtete von Suiziden psychotischer Patienten im Zusammenhang mit der Oberstufe des Autogenen Trainings; da ausreichende Erfahrungen nicht vorzuliegen scheinen, sollte zunächst m.E. von einer absoluten Kontraindikation ausgegangen werden.

Es gibt nicht nur Voraussetzungen von seiten der Kursteilnehmer, sondern auch *Voraussetzungen auf seiten des Kursleiters.* Für die Leitung von Kursen für Autogene Imagination/Oberstufe ist eine psychotherapeutische oder psychoanalytische Zusatzausbildung zu verlangen, wie sie seit 1981 von den Ärztekammern im Rahmen der Weiterbildung für die Zusatztitel »Psychotherapie« und »Psychoanalyse« definiert worden ist und an entsprechend anerkannten Instituten für Ärzte und Psychologen angeboten wird. Ärzte und Psychologen, die im Rahmen ihrer psychotherapeutischen Fortbildung Kurse für Autogene Imagination leiten wollen, sollten dies unter Supervision tun.

4.3 Physiologische Grundlagen

Da eine große Ähnlichkeit zwischen den bildhaften Erlebnissen während der Autogenen Imagination und dem Nachttraum besteht, sollen die physiologischen Phänomene des Nachttraums hier kurz erläutert werden.

Es lassen sich grob gesagt - 2 Schlafphasen unterscheiden, und zwar der REM-Schlaf (Rapid-Eye-Movement, der »paradoxe« Schlaf) und der NREM-Schlaf (Non-REM-Schlaf, der »orthodoxe« Schlaf). Der NREM-Schlaf wird entsprechend den EEG-Befunden, dem Ausmaß der muskulären Entspannung usw. in verschiedene Stadien unterteilt, die uns im Rahmen unserer Themenstellung nicht weiter interessieren sollen. Unser Interesse gilt vielmehr dem REM-Schlaf. Der Begriff »paradoxer« Schlaf bezieht sich auf die zum Teil große motorische Unruhe des Schläfers und insbesondere auf die EEG-Befunde; die EEG-Kurven mit Alphawellenrhythmus, z.T. spindelförmiger Anordnung usw., entsprechen eher einem Wach- als einem Schlafzustand.

Aserinsky und *Kleitman* entdeckten 1953 die REM-Schlafphase und ihre Beziehung zu den Träumen. Sie beobachteten ruckartige Augenbewegungen des Schläfers unter den geschlossenen Lidern. Unter den Bedingungen eines Schlaflabors sind derartige Augenbewegungen relativ leicht mit Hilfe eines Elektro-Okulogramms feststellbar. Eine erste REM-Phase tritt im allgemeinen ca. 70 bis 90 Min. nach dem Einschlafen auf, im weiteren Verlauf der Nachtruhe folgen vier bis fünf derartige Phasen; sie machen beim Erwachsenen ca. 20 bis 25 Prozent der gesamten Nachtschlafzeit aus. Wird ein Schläfer während dieser Phasen geweckt, so kann er meist (wenn auch nicht immer) über einen Traum berichten. Außerhalb dieser Phasen sind Traumerlebnisse nur selten aufzufinden, am ehesten noch in der Einschlafphase, wo es oft nicht zu schnellen, ruckartigen, sondern zu langsamen Pendelbewegungen der Augen kommt (vgl. *Kugler,* 1969). Die (wach-)traumhaften Erlebnisse der Autogenen Imagination entsprechen wohl eher denen der Einschlafphase als denen der REM-Phasen. Spezielle Untersuchungen liegen nicht vor.

Wird ein Mensch im Rahmen einer speziellen Versuchsanordnung in einem Schlaflabor immer wieder unmittelbar zu Beginn einer REM-Phase geweckt, so daß er nicht zum Träumen kommt, so führt dies bald zu einer erhöhten Reizbarkeit und Unausgeglichenheit am Tage. In der nächsten ungestörten Nacht werden die Traumphasen weitgehend nachgeholt, d.h., ein großer Teil des Nachtschlafes wird mit Träumen ausgefüllt. *»Träumen« ist also kein Luxus, sondern eine Notwendigkeit.*

Kontrollversuche mit gleich häufigem Wecken während der NREM-Phasen führten weder zu einer Vermehrung der Traumproduktion noch zu den z.T. doch recht erheblichen psychischen Auffälligkeiten, wie sie nach den Experimenten mit einem Wecken während der REM-Phasen beobachtet worden waren (*Dement,* 1960, 1965).

An dieser Stelle sei nun auch auf eine spezielle technische Anweisung im Zusammenhang mit der Autogenen Imagination/Oberstufe hingewiesen, der ein spezieller physiologischer Mechanismus im Sinne eines unbedingten Reflexes zugrundeliegt: »Als ersten Schritt zur gehobenen Stufe des Trainings veranlassen wir unsere Versuchspersonen, durch *willkürliche Innervation beide Augäpfel nach innen-oben zu drehen,* ›nach der Stirnmitte zu sehen‹. Dies Verfahren ist bekanntlich uralter Bestandteil aller Versenkungs- und Hypnotisierungstradition« (*Schultz,* 1976).

Zwischen den Augenmuskelkernen und dem sogenannten Schlafzentrum des Hirnstammes liegen neuroanatomisch gesehen – nur geringe Entfernungen. Hier bestehen Verbindungen, die eine Beeinflussung des Schlafzentrums über die Augenmotilität ermöglichen. Dies Phänomen läßt sich nicht nur beim Menschen, sondern auch in Tierversuchen nachweisen. So beschrieb z.B. *Völgyesi* (1938) die Immobilisation (»Hypnose«) einer siamesischen Katze. Der Katze wurde an einem Halsband ein von über den Kopf nach vorne reichender Stab mit einer kleinen Glühbirne und Reflektor befestigt. »Das überaus empfindliche, nervöse und ängstliche Tier erstarrt infolge des unerwarteten Aufblitzens der kleinen elektrischen Birne; alsbald beginnen die Augen zu tränen, sodann erschlaffen nach und nach die Muskeln und schließlich fällt es im Zustand der hypnotischen ›Reaktionshemmung‹ in sich zusammen« (*Völgyesi,* 1938).

Ein prinzipiell ähnlicher Mechanismus liegt auch beim Menschen vor. Darauf beruht z.B. die Fixationsmethode bei der Hypnose, wobei der Hypnotiseur den zu Hypnotisierenden auf einen Gegenstand blicken läßt, den er in ca. 10 bis 20 cm Entfernung so vor die Stirn hält, daß der Proband seine Augen nach innen und oben drehen muß, um den Gegenstand anzuschauen.

Bei der gestuften Aktivhypnose (vgl. 2.9) wird diese Augenstellung bereits nach dem Einüben der Schwere und Wärme verwendet, während sie im Rahmen des Autogenen Trainings erst zu Beginn der Oberstufe bzw. der Autogenen Imagination verwendet wird. Es ist dabei dann eine vielfach ruckartig einsetzende Vertiefung der vegetativen Umschaltung zu beobachten.

Bei dieser technischen Anweisung ist zu beachten, daß für Myope (Kurzsichtige) diese Augenstellung anstrengend, ja geradezu schmerzhaft sein kann. Hier wie immer im Autogenen Training gilt die Anweisung: »Solange es angenehm ist.« Ein krampfhaftes Verdrehen der Augäpfel wird kaum je zu einer Versenkung und Entspannung beitragen können.

4.4 Theorie und Praxis der Autogenen Imagination

Auf der Grundlage neuerer psychoanalytischer Auffassungen zur Traumtheorie (vgl. 4.4.1) soll ein Konzept zur praktischen Vorgehensweise in der Autogenen Imagination, speziell zum Umgang mit den Wachträumen in der Gruppe, vorgestellt werden (vgl. 4.4.2). Ich bin mir dabei bewußt, daß die theoretischen Grundlagen und die vorgestellte Konzeptualisierung lediglich erste Orientierungen erlauben und keineswegs eine erschöpfende Darstellung dieser schwierigen Thematik darstellen. Für Kursleiter bei der Autogenen Imagination sei deshalb ausdrücklich auf die zwingende Notwendigkeit einer abgeschlossenen psychotherapeutischen, besser psychoanalytischen Weiterbildung unter besonderer Berücksichtigung praktischer gruppendynamischer Erfahrungen hingewiesen.

4.4.1 Traum und Wachtraum aus psychoanalytischer Sicht

Auch wenn neurophysiologische Untersuchungen bei allen Menschen Nachtträume nachweisen, so stellen wir doch bei uns selbst wie auch bei anderen Menschen immer wieder fest, daß wir uns beim morgendlichen Aufwachen weder an einen Traum noch überhaupt an die Tatsache, geträumt zu haben, erinnern können. Praktische Relevanz bekommt dann die Frage, welche Träume erinnert werden (z.B. stets sich wiederholende Angstträume), in welcher Form sie erinnert werden (z.B. nur Bruchstücke, die durch spätere Erinnerungen ergänzt werden können?) und wem sie erzählt werden (kommunikative Funktion der Träume, Übertragungsaspekt).

Wissenschaftliche Beachtung fanden diese Phänomene des Traums und des Träumens über lange Zeit nicht, erst *Sigmund Freuds* Hauptwerk »Die Traumdeutung« (1900), von ihm selbst als eine seiner größten wissenschaftlichen Leistungen gewertet, brachte die verworren erscheinenden Phänomene der Träume einem Verstehen näher. Auch wenn inzwischen mehrere verschiedene Traumtheorien existieren (eine Übersicht siehe bei *Battegay* und *Trenkel,* 1976), soll im Folgenden im wesentlichen nur auf die neueren Entwicklungen der psychoanalytischen Traumtheorie und einige Elemente aus der analytischen Psychologie Bezug genommen werden. Die Auffassung *Freuds,* der Traum sei der Hüter des Schlafes, darf heute als widerlegt gelten: der Schlaf ist ganz im Gegenteil als der Hüter des Traumes zu betrachten (vgl. hierzu auch *Thomä* u. *Kächele,* 1986, S. 142–171). Auch die von Freud nachdrücklich behauptete Bedeutung infantiler Wünsche als »Traummotor« sowie die Wunscherfüllungstheorie engen unser Traumverständnis mehr ein, als daß sie es fördern. In einer Fußnote der »Traumdeutung« gab Freud jedoch einen übergeordneten Gesichtspunkt an, der eher als Grundlage weiterer Überlegungen dienen kann und der erst von *Erikson* (1955) wieder aufgegriffen wurde: »Der Traum ist im Grunde nichts anderes als eine besondere *Form* unseres Denkens, die durch die Bedingungen des Schlafzustandes ermöglicht wird. Die *Traumarbeit* ist es, die diese Form herstellt, und sie allein ist das Wesentliche am Traum, die Erklärung seiner Besonderheit. Ich sage dies zur Würdigung der berüchtigten ›prospektiven Tendenz‹ des Traums. Daß der Traum sich mit den Lösungsversuchen der unserem Seelenleben vorliegenden Aufgaben beschäftigt, ist nicht merkwürdiger, als daß unser bewußtes Wachleben sich so beschäftigt, und fügt nur hinzu, daß diese Arbeit auch im Vorbewußten vor sich gehen kann, was uns ja bereits bekannt ist« (*Freud,* 1900/1972, S. 486; Hervorhebungen im Original).

Freud unterschied einen *manifesten* von einem *latenten Trauminhalt.* Den nach dem Erwachen erinnerlichen und oft so unverständlichen Traum nannte er den manifesten. Durch Assoziationen des Träumers und eine entsprechende Deutungsarbeit kann er in den ihm zugrundeliegenden latenten, verstehbaren, »sinnvollen« Trauminhalt zurückgeführt werden.

Wie ist nun die Beziehung der beiden zueinander? Oft lassen sich im manifesten Trauminhalt noch »Tagesreste« (Erlebnisse des vergangenen Tages) oder auch nächtliche Sinneseindrücke feststellen (z. B. das Klingeln des Weckers, das in das Traumgeschehen integriert wird). Der vom Träumer oder Wachträumer zu nennende Tagesrest fungiert als Brücke zwischen Wachdenken und Traumdenken. Von hier aus ist oft ein erster Ansatz zum Verständnis des (Wach-)Traums möglich. Diese Brückenfunktion kann besonders eindrucksvoll bei traumexperimentellen Studien gesehen werden, wenn Patienten im Traumlabor nachts geweckt und über ihre Träume befragt werden. *Greenberg* u. *Pearlman* (1975) beobachteten diesen Prozeß gleichzeitig aus der Perspektive der psychoanalytischen Situation und unterstrichen die »relativ unverstellte Einarbeitung« affektgeladener Ereignisse in den manifesten Traum (vgl. hierzu *Thomä* u. *Kächele,* 1986, S.148).

Auch wenn Gegenwart und erlebte Vergangenheit mit ihren bewußten und unbewußten Niederschlägen in uns vielfältig verknüpft sind, ist eine Rückführung des manifesten Traums über den latenten Trauminhalt zu einer infantilen Wunschquelle die Ausnahme und keineswegs die Regel. Entsprechend unserem heutigen Kenntnisstand können wir demgegenüber am ehesten von einer dreifachen Funktion des Träumens ausgehen (vgl. dazu auch *Dallet,* 1973):

1. Das Träumen dient der *Informationsverarbeitung,* der Regelung der täglichen Assimilations- und Adaptationsprozesse;
2. Das Träumen stellt einen spezifischen *Problemlösungsversuch (French,* 1952) dar; sich wiederholende Angstträume z. B. sind in dieser Sicht als Versuche der Meisterung eines ehemals traumatischen Erlebnisses zu verstehen;
3. Das Träumen dient einer *Re-Organisation* des Selbst, der Aufrechterhaltung des seelischen Gleichgewichts des Träumers: »Ziel und Ende aller Denkvorgänge ist also die Herbeiführung des Identitätszustandes« (*Freud,* 1950, S. 416).

Die Arbeitsweisen dieser von *Freud* so bezeichneten »besonderen Form unseres Denkens, die durch die Bedingungen des Schlafzustandes ermöglicht wird«, sind von ihm als primärprozeßhafte Mechanismen, als »Verdichten« und »Verschieben«, als »bildhafte Darstellung«, als Relativierung von Zeit- und Raumgefühl und eine daran anschließende sekundäre »logische« Bearbeitung (evtl. in der Aufwachphase?!) beschrieben worden.

Die Unverständlichkeit und die oft scheinbare Sinnlosigkeit des manifesten Traums können einerseits aus den für den Schlafzustand typischen, primärprozeßhaften Denkprozessen verstanden werden, andererseits, darin durchaus auch dem Wachbewußtsein vergleichbar, als Ergebnis der unbewußten Abwehrtätigkeit des Ichs, die von Freud als »Traumarbeit« bezeichnet wurde. »Zusammenfassend kann man festhalten, daß gegenwärtig viele Autoren das Traumdenken in allgemeine Prinzipien seelischer Funktion einzuordnen versuchen und Theorien ablehnen, die dem Traumdenken einen Sonderstatus einräumen« (*Thomä* u. *Kächele,* 1986, S. 146).

Die analytische Arbeit entspricht einer Aufhebung, einem Rückgängigmachen der Traumarbeit; *Freud* nannte den Traum die »Via Regia«, den Königsweg zum Unbewußten.

Anders liegen die Verhältnisse beim *Tagtraum.* In dem Bedürfnis, sich einer belastenden aktuellen Lebenssituation zu entziehen, die Realität zu leugnen oder zu beschönigen, gibt sich der Tagträumer seinen Phantasien hin. Durchweg handelt es sich ganz offensichtlich um unver-

hüllte *Wunscherfüllungsträume,* die beim Versuch eines Menschen, mit Enttäuschungen fertig zu werden, häufig eine wesentliche Rolle spielen. Allerdings leistet sich der Tagträumer gar nicht selten einen Bärendienst; je weiter und höher ihn die Flügel seiner wunscherfüllenden Phantasien tragen, desto härter kann der Aufschlag auf dem Boden der Realität erlebt werden (vgl. hierzu *Rosa,* 1975).
Während sich im Tagtraum Wünsche mühelos erfüllen, erscheinen die bildhaften Erlebnisse bei der Autogenen Imagination meist rätselhaft und unverständlich wie Nachtträume (vergleichbar auch den bildhaften Erlebnissen beim katathymen Bilderleben); sie bedürfen wie die Nachtträume einer Entzifferung ihrer Aussage, einer Überführung des manifesten in den latenten Trauminhalt. Um die bildhaften Erlebnisse bei der Autogenen Imagination, die ja nicht während des Schlafens, aber auch nicht entsprechend den Tagträumereien hervorgebracht werden, sowohl vom Nachttraum als auch vom Tagtraum abgrenzen zu können, empfiehlt sich m.E. der Begriff »Wachtraum«. Bei der Autogenen Imagination/ Oberstufe des Autogenen Trainings handelt es sich also um eine spezielle *Wachtraumtechnik.* Andere Autoren machen diese Unterschiede nicht, da »Wachtraum« auch als ein Synonym für »Tagtraum« verwendet werden kann. Da jedoch im allgemeinen Sprachgebrauch »Tagträumerei« zu einem recht klaren Begriff geworden ist, erscheint es mir empfehlenswert, für unsere Technik auf den umgangssprachlich ungebräuchlichen Begriff »Wachtraum« zurückzugreifen.
Stellen wir Nachttraum und Wachtraum nun einander vergleichend gegenüber, so ist hervorzuheben,

a) daß Wachträume nach Beendigung einer Übung nahezu immer lückenlos wiedergegeben werden können im Gegensatz zu Nachtträumen, die zu einem großen Teil vergessen werden;
b) daß sich bei längerer Beschäftigung mit einer Wachtraumtechnik meist auch eine »Lockerung der Verdrängung« für die Nachtträume ergibt, diese also leichter und umfangreicher erinnert werden können;
c) und daß die Wachtraumtechnik die Möglichkeit eröffnet, in bestimmten Grenzen steuernd und klärend auf das Traumgeschehen einzuwirken. So kann z.B. eine einzelne, unvollständig gebliebene Szene in einem späteren Wachtraum noch einmal vergegenwärtigt und die eigengesetzliche weitere Entwicklung und evtl. Klärung des bildhaften Geschehens erlebt werden (siehe dazu Beispiele am Ende dieses Kapitels).

Über die verbale Assoziationsmethode der Psychoanalyse hinaus gelangen wir so zu einer bildhaft-imaginativen Assoziationsmethode!

Ohne eigens darauf hinzuweisen, haben wir in unseren Ausführungen zwei grundlegende Hypothesen eingeführt. Zum einen wurde postuliert, daß die Träume einen Sinn haben, daß nichts zufällig geschieht, zum anderen wurde - in Verbindung damit - dargestellt, daß ein großer Teil psychischer Prozesse vorbewußt (d.h. durch Hinwendung der Aufmerksamkeit erinnerbar) bzw. unbewußt ist (d.h. auch bei Hinwendung der Aufmerksamkeit nicht ohne weiteres erinnerbar ist). Auch die Strukturhypothese des »Psychischen Apparates« (»Es«-»Ich«-»Über-Ich«) wurde bereits herangezogen (*Freud,* 1916/1917 und 1933), insbesondere auch das Phänomen der unbewußten (!) Abwehrmechanismen des Ichs, wie sie sich u.a. auch in der Traumarbeit zeigen (vgl. hierzu auch A. *Freud,* 1973).

4.4.2 Zur Konzeptualisierung der Kurse für Autogene Imagination

In den folgenden Ausführungen stelle ich ein Konzept der Autogenen Imagination als eine themenzentriert-interaktionelle und analytisch orientierte Form der Gruppenpsychotherapie vor. Die Frage nach einer mehr strukturierend-stützenden Vermittlung, wie sie für die Grundstufe des A.T. immer wieder zu beachten und zu diskutieren war, stellt sich hier nun nicht mehr. Unabhängig davon ist jedoch, daß die bereits genannten drei Funktionen des Träumens (Informationsverarbeitung, Problemlösungsversuch und Re-Organisation des Selbst) vor jeder analytisch orientierten Deutungsarbeit auf den Imaginierenden eine klärende, ausgleichende und »re-organisierende« Wirkung haben können. *J.H. Schultz* (vgl. 4.5.1) war bekanntlich äußerst zurückhaltend in der Deutung der Wachträume; in Anbetracht der Reichhaltigkeit und zunächst größtenteils unbewußten Bedeutung des zutage tretenden Materials erscheint eine vorsichtige und ggf. auch zurückhaltende Vorgehensweise durchaus gerechtfertigt und empfehlenswert. Ziel der Kurse für Autogene Imagination ist nicht etwa eine - illusionäre - lückenlose Interpretation der Wachträume der Teilnehmer, sondern die Förderung der Fähigkeit des einzelnen, in Zukunft »autogen« und autonomer als zuvor mit seinen Nacht- und Wachträumen zwecks besserer Informationsverarbeitung, Problemlösung und Re-Organisation des Selbst umzugehen. Es geht also, ganz entsprechend dem grundlegenden Charakter des A.T., um Selbsterfahrung und Selbstorganisation mit Hilfe der Wachträume. Für Therapeuten stellt die Autogene Imagination darüber hinaus auch eine Schulung ihres Umgangs mit den Träumen ihrer Patienten in der Psychotherapie dar.

4.4.2.1 Einführung in die Autogene Imagination

Vorgespräche mit jedem einzelnen Gruppenteilnehmer sind dringend anzuraten, um Mißverständnissen vorzubeugen (vgl. 4.2) und eine arbeitsfähige Gruppe hinsichtlich Alter, Bildungsstand etc. zusammenstellen zu können.
Der Kursumfang sollte nicht zu knapp bemessen sein, 20 Stunden (z.B. fünf Treffen in Wochenabstand mit jeweils zweimal 100 Minuten oder sechs bis sieben Treffen zu jeweils dreimal 50 Minuten) sind für die praktische Arbeit günstig. Erfahrungen auf Kongressen mit 90-Minuten-Sitzungen (allerdings täglich) zeigen, daß diese Zeit doch sehr knapp bemessen ist. Fortlaufende Gruppen sind möglich (vgl. *Rosa,* 1975).
Die Vorstellung der Gruppenteilnehmer zu Beginn der ersten Sitzung und die Absprache der Schweigepflicht (vgl. hierzu auch *Wallnöfer,* 1978, S. 89-90) entsprechen dem in der Gruppenpsychotherapie Üblichen.
Die praktische Einführung durch den Gruppenleiter kann knapp gehalten werden. Daß bereits in der Grundstufe des A.T. spontan bildhafte, oft gefühlsintensive Erlebnisse sich einstellen, ist vielen Gruppenteilnehmern bekannt. Jetzt geht es darum, die mittels der Grundstufe erreichte »organismische Umschaltung« bewußt zu nutzen, um Bilder vor unser inneres Auge treten zu lassen. Dazu ist weder eine formelhafte Vorgabe notwendig noch sind konkrete bildhafte (»zu erledigende«) Aufgaben wünschenswert. Auf Grund der inneren Einstellung zum Imaginieren steigen im Zustand der Entspannung spontan bildhafte Erlebnisse in uns auf. *Luthe* hat dies als »Carte blanche«-Technik beschrieben (vgl. hierzu 4.5.3): Die aus dem Unbewußten aufsteigenden Bilder sollen sich wie auf eine weiße, leere Leinwand projizieren können. »Was kommt, ist richtig, weil es aus ihnen selbst aufsteigt« hat *Rosa* (1975, vgl. 4.5.4) dazu treffend formuliert. Gruppen-

teilnehmer, die auf eine formelhafte Unterstützung nicht verzichten möchten, können als neutrale, Inhalte nicht vorwegnehmende Formel z.B. verwenden: »Vor meinem inneren Auge entwickelt sich ein Bild...Das Bild wird immer klarer...«

Skeptiker, die an die formelhaften Einführungen von *Schultz* (1987) oder *Thomas* (1967) gewöhnt sind oder davon gehört und gelesen haben (vgl. 4.5.1 und 4.5.2), sind durch die spontanen Erfolge während der ersten - formelfreien - gemeinsamen Übung in der Autogenen Imagination leicht zu überzeugen. Für die gemeinsame Übung sollten, in Absprache miteinander, ca. 30 Minuten angesetzt werden. Im Anschluß an die Übung ist eine Pause zu empfehlen, da es kaum möglich ist, nach ggf. aufrührenden eigenen bildhaften Erlebnissen sich sogleich dem Wachtraum eines anderen Gruppenmitglieds zuzuwenden. Eine optimale Nutzung dieser Pause ist durch ein bildnerisches Gestalten der Wachtraumerlebnisse möglich; auch vor der Übung kann freies bildnerisches Gestalten gut als Einstimmung genutzt werden (vgl. auch *Wallnöfer,* 1972). Da die meisten Menschen zeichnerisch weniger geübt sind als im verbal-intellektuellen Bereich, ermöglicht gerade diese technische Unbeholfenheit dem Unbewußten, sich - zunächst unerkannt - auszudrükken. In der Besprechung der Wachträume sind die Bilder dann oft wertvolle zusätzliche Hilfen, da sie Konkretisierungen oder aufschlußreiche Ergänzungen/Weglassungen zum Wachtraum enthalten.

Dem *Initialwachtraum* sollte in Anlehnung an den Initialtraum in der Psychoanalyse (vgl. hierzu *Becker,* 1972; *Freud,* 1911/1975; *Rapaport,* 1959; *Yazmajian,* 1964) besondere Beachtung geschenkt werden: »Wir können also sagen, daß der Initialtraum in der Regel die Konflikte klarer und umfassender aufzeigen, Aspekte von Vergangenheit, Gegenwart und Zukunft deutlicher zu vereinen vermag, als es im späteren Verlauf der Behandlung der Fall ist« (*Becker,* 1972, S. 693). Meiner Erfahrung nach ist diesen auf die psychoanalytische Therapie bezogenen Ausführungen auch im Hinblick auf den Initialwachtraum zuzustimmen; aus diesem Grunde sollte Wert darauf gelegt werden, daß alle Initialwachträume der Gruppenmitglieder besprochen werden, auch wenn dies stets mehr als nur die erste Gruppensitzung beansprucht (vgl. 4.4.2.2).

Entsprechend den Zielen der Kurse für Autogene Imagination (Förderung der Fähigkeit, mit eigenen (Wach-)Träumen umzugehen; Selbsterfahrung) hat sich folgende Vorgehensweise in der Bearbeitung der Wachträume bewährt: Nachdem ein Gruppenmitglied ausführlich über seinen Wachtraum berichtet und vorher/nachher angefertigte Zeichnungen gezeigt hat, soll die Gruppe genügend Zeit und Muße haben, ihre Assoziationen dazu vorzubringen. Der oder die Vorstellende soll zunächst schweigen und die Assoziationen der anderen auf sich wirken lassen.

Dieses themenzentrierte (wachtraumzentrierte) Assoziieren der Gruppe bewegt sich auf unterschiedlichen Ebenen der Regression. Einige wollen gleich intellektuelle Deutungen geben - also eben nicht frei assoziieren. Abgesehen davon, daß derartige Deutungsversuche auf Grund fehlender Informationen zur biographischen Anamnese bestenfalls »Zufallstreffer« ergeben könnten, kommt hier eine Abwehr regressiver Prozesse zum Ausdruck. Da umgekehrt die Bedeutung zu früher Deutungsversuche auf Grund fehlender Informationen im Einzelfall noch nicht verstanden werden kann, sollte sich der Gruppenleiter darauf beschränken, Deutungsversuche als verfrüht zurückzuweisen und weiterhin zu Assoziationen anzuregen. Assoziationen sagen zunächst etwas über den Assoziierenden aus, nicht notwendigerweise auch etwas darüber, wozu assoziiert wurde. Die Bedeutung der Assoziationen für den Vortragenden und seinen Wachtraum muß und soll zunächst offenbleiben. Der von manchen Gruppenteilnehmern zunächst nicht erkannte Vorteil dieser Methode besteht darin, daß auf Grund der unterschiedlichen Persönlichkeits- und Abwehrstrukturen der einzelnen Gruppenmitglieder gerade diejenigen Assoziationen hervorgerufen werden können, die der Vortragende auf Grund seiner Struktur und seiner unbewußten Konflikte abwehren - mußte. Indem ihm - gewissermaßen unaufdringlich »von Ferne« - die Assoziationen der anderen präsentiert werden, kann er selber bestimmen, wie weit er diese für sich annehmen will und kann. Da Deutungen vermieden werden und gleichzeitig eine Atmosphäre des freien Einfalls, also eine Zensurlockerung des Ichs, entsteht, kann der Vorstellende ein Umkreisen und Einkreisen seines »blinden Fleckes«, seiner unbewußten Anteile, erleben, ohne sofort in eine Verteidigungs-Abwehr-Haltung verfallen zu müssen.

Immer wieder faszinierend ist es für die Gruppe, wenn im Einzelfall deutlich wird, daß eine zunächst fernab liegende Assoziation im nachhinein als treffend erkannt wird, was einerseits Zufall sein kann, andererseits den bekannten Ausspruch Freuds illustriert, daß das Unbewußte mit dem Unbewußten spreche.

Wenn zu Beginn der Zusammenarbeit Schwierigkeiten bestehen, sich in die wachtraumzentrierte Assoziation hineinzufinden, kann es eine Hilfe sein, auf die »objektive Amplifikation« nach *C. G. Jung* zurückzugreifen: »Der *kollektive* Sinn ergibt sich dann durch die *objektive Amplifikation,* d.h. durch die Anreicherung der einzelnen Traumelemente mit dem allgemeinen, symbolischen Material der Märchen, Mythologien usw., indem diese den allgemeinen, für jeden einzelnen Menschen gültigen Aspekt des Problems beleuchten» (*Jacobi,* 1949). Allerdings sollte in diesem Zusammenhang m.E. letzlich doch nicht vergessen werden, daß die Sprache des Traumes keine Universalsprache ist, sondern eine private (*Lüders,* 1982, S. 828). Neben der objektiven Amplifikation erweist sich auch eine rein phänomenologische Beschreibung des Wachtraumtextes als Hilfe für den Einstieg (z.B.: »In allen Szenen des Wachtraumes halten sie sich fest - oder werden festgehalten!«).

Erst nach einer längeren Zeit der Gruppenarbeit, in die der Gruppenleiter lediglich eingreift, um anzuregen oder Deutungen freundlich, aber bestimmt zurückzuweisen, wird der Vorstellende gefragt, ob er sich von einigen der Assoziationen angesprochen gefühlt habe, evtl. zu eigenen Assoziationen angeregt worden sei – oder ob er sich und seinen Wachtraum gar nicht darin wiedererkannt habe. Da jeder mit seinem Wachtraum, speziell dem Initialwachtraum, erheblich mehr von sich zu erkennen gibt, als ihm zunächst bewußt ist, soll dem Vorstellenden jetzt die Gelegenheit gegeben werden zu entscheiden, welche zunächst unbewußt gewählten Verhüllungen er nun bewußt ablegen will - oder nicht. Wer sich durch keine einzige Assoziation verstanden oder zumindest zu eigenen Assoziationen angeregt fühlt, ist offensichtlich zu diesem Zeitpunkt noch nicht bereit, weiter am Verständnis seines Wachtraumes zu arbeiten. Unser Interesse für die Bedeutung des Inhalts darf auch angesichts uns prägnant erscheinender Wachträume nicht zu einer Vernachlässigung der Abwehrstrukturen führen, speziell in Hinblick auf ihren schützenden und selbsterhaltenden (das Selbst erhaltenden!) Aspekt. Ein rigides Festhalten an einer bewußten und damit einseitigen Sicht des Wachtraumes kann z.B. einerseits Ausdruck einer Identitätsunsicherheit/ -verwirrung sein (mit dem Versuch, sich gegen das drohende Chaos zur Wehr zu setzen!), andererseits kann es Ausdruck einer zwanghaft strukturierten Abwehr sein (mit einer Hilflosigkeit des Ich bzw. Selbst, diese starren Mauern zu überwinden). Das therapeutische Vorgehen muß sich nach den Möglichkeiten und Bedürfnisses des Gruppenteilnehmers richten.

Zumeist aber sind die Vorstellenden bereit und interessiert - oft verbunden mit einer erwartungsvollen Unruhe und sogar einem Mitteilungsdrang -, Assoziationen aufzugreifen, von denen sie sich angesprochen fühlten und die sie zu eigenen Einfällen anregten. Entsprechend der Bedeutung des Tagesrestes (vgl. 4.4.1) kann der Gruppenleiter hier entsprechende Überlegungen anregen; auch die Mitteilung biographischer Details im Zusammenhang mit dem Wachtraum ist stets hilfreich - und freiwillig.

Zu beachten ist auch die aktuelle, zumeist stark emotional aufgeladene Situation der Gruppe selbst. Hier können schon zu Gruppenbeginn spezifische Übertragungen erkennbar werden. Übertragungsphänomene zeigen sich sowohl in den Wachträumen selbst wie auch in den Gruppengesprächen. Ein eindrucksvolles Beispiel berichtet ein Kursteilnehmer nach dem ersten gemeinsamen Üben:

Der ca. 45 Jahre alte, promovierte Volkswirt gab an, sein Gesicht gesehen zu haben, hauptsächlich und klar jedoch nur das Mund-Nase-Dreieck. Aus der Nase seien Würmer gekommen, er habe sich geekelt vor diesen häßlichen Würmern. Mehr sei nicht gewesen.

Die Assoziationen der Gruppe bewegten sich schnell auf den bekannten Spruch zu »Jemandem Würmer aus der Nase ziehen«.

Der Kursteilnehmer, dem dieses Bild zunächst vollkommen unverständlich gewesen war, berichtete nun, daß er diesen Kurs mit gemischten Gefühlen begonnen habe. Es sei ihm nicht klar gewesen, ob er hier in der Gruppe etwas würde von sich preisgeben können, ob ihm hier nicht »Würmer aus der Nase gezogen würden«, ob hier nicht häßliche und gar eklige Dinge sichtbar würden, die er lieber für sich behalten wolle.

Im weiteren Kursverlauf wurde dann der Übertragungsaspekt deutlich. Er hatte stets die Schwierigkeit, sich abzugrenzen, Dinge bei sich zu behalten auch gegen den Widerstand von Kollegen, Freunden usw.; Assoziationen aus der Kindheit vervollständigten das Bild dahingehend, daß er schon als Kind sehr gefügig war, »hergabebereit«, folgsam, ein »braver Junge«. Er berichtete, daß das Gefühl, gegen Mitschüler und Freunde nicht anzukommen, durchgängig gewesen sei. So wurde auch jetzt die Angst, gegen »die Methode«, den Kursleiter und auch die anderen Kursteilnehmer (»Mitschüler«) nicht anzukommen, gegen den eigenen Willen häßliche Würmer aus der Nase gezogen zu bekommen, gut verständlich.

Inwieweit die Assoziationen der Gruppe und diejenigen des Vorstellenden zu einem Verständnis des Wachtraumes zusammengeführt werden können, hängt - wie auch das vorgestellte Beispiel zeigt - weitgehend vom vorstellenden Gruppenmitglied ab. Auch ohne eine ausreichende Information über aktuelle und psychogenetische Hintergründe kann die Arbeit am Wachtraum sowohl für den Vorstellenden als auch für die Gruppe durchaus zu einem befriedigenden Ergebnis führen, wie das nachfolgende Beispiel zeigt:

Ein weibliches Gruppenmitglied (Büroangestellte, 46 Jahre, unverheiratet) berichtet, sie habe in ihrem ersten Wachtraum vor einem Schaufenster mit vielen schönen Kleidern gestanden; plötzlich seien es nur noch zwei Abendkleider gewesen, und sie habe gewußt, daß sie sich zwischen diesen beiden Kleidern entscheiden müsse. Es habe sich um ein schwarzes und um ein rotes Abendkleid gehandelt. Sie habe in ihrer Entscheidung geschwankt. Da sei zum schwarzen Kleid Schmuck hinzugegeben worden, das schwarze Kleid sei immer schöner geworden. Trotzdem habe sie sich nicht entscheiden können. Als das Bild dann wechselte zu einer Kirche, sei sie ganz erleichtert gewesen, da sie sich nun nicht unmittelbar entscheiden mußte. Die Assoziationen der Gruppe gingen zunächst dahin, daß die Unterschiede zwischen schwarzem und roten Kleid verdeutlicht wurden. Dem schwarzen Kleid mit dem Schmuck wurde mehr Würde zuerkannt, es wurde als hochgeschlossen, streng und teuer phantasiert. Das rote Kleid erschien in den Phantasien demgegenüber verführerischer, aufreizender, als schulterfrei, gewagt geschnitten. Schließlich bewegten sich die Assoziationen in Richtung Nonne (schwarz) und Hure (»rotes Licht«), wobei ein Gruppenteilnehmer wieder beide Aspekte zusammenfaßte, indem er auf die schwarze

Reizwäsche unter einem roten Kleid verwies. Ganz offensichtlich sprachen diese Assoziationen die Vorstellende nicht an. Das änderte sich erst, als ein Gruppenmitglied von den Assoziationen in Hinblick auf einzelne Elemente des Wachtraums zu einer den Wachtraum als Ganzes widerspiegelnden Sichtweise fortschritt. Es wurde nun hervorgehoben, daß bei oberflächlicher Betrachtung das schwarze Kleid ja offensichtlich an Wert gewinne, indem Schmuck hinzugegeben werde, so daß die Schwierigkeit, sich zu entscheiden, immer erstaunlicher anmute! An dieser Stelle nun fügte die Vorstellende an, daß sie sich real in einer schwierigen Entscheidungssituation befinde. Obwohl das Gesagte ja offensichtlich sei, habe sie im Wachtraum selbst gar nicht bemerkt, wie eigentümlich es sei, daß sie sich nicht für das schwarze Kleid entschieden habe. Die anfänglichen Assoziationen aufgreifend und gleichzeitig doch auch ganz nahe am Geschehen des Wachtraums verbleibend, wurde jetzt von der Gruppe herausgestellt, es scheine nun so, als stehe sie vor einer Entscheidung für etwas Verlockendes, sachlich offensichtlich Vorteilhaftes (das wertvolle schwarze Kleid mit dem Schmuck), aber etwas anderes stehe dem entgegen (das rote Kleid als Ausdruck einer mehr gefühlshaften Einstellung oder als Wunsch und Wagnis). Die vorstellende Gruppenteilnehmerin wirkte nun sehr betroffen und fand ihre gegenwärtige Entscheidungssituation im Wachtraum wie auch in den Assoziationen der Gruppe sehr gut und bildhaft beschrieben wieder.

Da es sich offensichtlich um eine sehr persönliche und in der Gruppe (noch) nicht mitteilbare Entscheidung handelte, wurden die lebensgeschichtlichen Hintergründe nicht genannt und die Arbeit an diesem Initialwachtraum (Kirchenszene!) nicht weitergeführt. Eindrucksvoll für die Gruppe war an diesem konkreten Beispiel, daß erst die exakte Beschreibung des Traumgefüges als Ganzem einen Zugang eröffnete, wobei dann sekundär die vorangegangenen Assoziationen als hilfreiche Details bzw. Stimmungen benutzt werden konnten.

In Anlehnung an *French* und *Fromm* (1964) sind folgende Anforderungen an das Deuten von (Wach-) Träumen zu stellen:

1. Die verschiedenen in der Gruppe erarbeiteten Bedeutungen eines Wachtraumes müssen zusammenpassen, also z.B. als unterschiedliche Aspekte eines Problemlösungsversuches und/oder einer Re-Organisation des Selbst - Herbeiführung des Identitätszustandes - verstanden werden können.
2. Die erarbeiteten Bedeutungen müssen zur emotionalen Situation des berichtenden Gruppenmitglieds passen, also von ihm als stimmig empfunden werden.
3. Gegenüber der Überbewertung eines Teilaspekts und damit auch angesichts der Vernachlässigung der Wachtraumbilder als Gesamtheit sollte stets Wachsamkeit bestehen, hierin liegt eine der wesentlichen Arbeitsaufgaben des Therapeuten im Gruppenprozeß.
4. Nur wenn das berichtende Gruppenmitglied zu seinem Wachtraum weitere Informationen gibt, kann das wachtraumzentrierte Assoziieren der Gruppe konkretisiert werden (Was ist das aktuelle Problem, der Tagesrest, die auslösende Situation? Gibt es ein oder mehrere vergleichbare Probleme in der Lebensgeschichte? Aktualisiert sich dies ggf. hier und jetzt in der Gruppe als Ganzes oder in Beziehung zu einzelnen Gruppenmitgliedern, speziell auch zum Gruppenleiter?).
5. Widersprüche in der Interpretation sollten stets als Hinweise genommen werden für die Unvollständigkeit der Deutungsarbeit.
6. Ein einzelner Wachtraum - auch der Initialwachtraum - erlaubt noch keine weittragenden Rekonstruktionen; es sind lediglich erste - wenn auch wichtige und erinnerungswerte - Wegmarkierungen. Erst eine Serie von Wachträumen läßt mit größerer Sicherheit zentrale Konflikte benennbar werden.

Speziell Punkt 6. mahnt noch einmal, keineswegs in einen Deutungsfanatismus zu verfallen! Viele (Wach-) Träume können nicht voll verstanden werden: »Die Frage, ob jeder Traum zur Deutung gebracht werden kann, ist mit Nein zu beantworten« (*Freud,* 1900/1972, S. 502). Angesichts der im Traum selbst liegenden prospektiven Funktionen (Informationsverarbeitung, Problemlösungsversuch und Re-Organisation des Selbst) können und müssen sich der Vorstellende, die Gruppe und der Gruppenleiter von jedem inneren Zwang zum Deutungserfolg freihalten.

4.4.2.2 Kursverläufe in der Autogenen Imagination

Auch über die erste Kursstunde hinaus sollte die Zeit genutzt werden, um alle Initialwachträume der Gruppenmitglieder ausführlich zu besprechen. Dabei kann es bei größeren Zeitabständen zwischen den Sitzungen hilfreich sein, die Gruppe die organismische Umschaltung realisieren zu lassen um in diesem regressiven Zustand den Wachtraumbericht auf sich wirken zu lassen. Gerade diejenigen Gruppenmitglieder, die zum Intellektualisieren und verstandesmäßigen Interpretieren neigen, erleben bei diesem Vorgehen - oft erstmalig! -, daß sie selber bildhafte und stark emotional getönte Einfälle bzw. »Antwort-Bilder« haben. Besser als eine theoretische Erklärung oder gar ein Zurechtweisen eröffnet dieses methodische Vorgehen den Zugang zum eigenen Assoziieren - bis hin zu *Freuds* Formulierung, daß das Unbewußte mit dem Unbewußten spreche. Gleichzeitig werden spätestens hier nun auch die ersten deutlichen Widerstandsphänomene erkennbar. Die Unsicherheit angesichts der regressiven Prozesse wird ggf. als »Spinnerei«, als »sinnloses Herumphantasieren« bezeichnet, oder es tauchen ganz im Gegenteil Ängste auf, dem anderen mit den eigenen, speziell sexuellen Assoziationen, zu nahe zu treten. Auch die Tendenz, die »besten Assoziationen« (oft als versteckte Deutungen) zu präsentieren, also ein Rivalisieren um die Gunst des Gruppenleiters oder mit ihm, sind häufig zu beobachten. Wenn es dem Gruppenleiter nicht gelingt, die spezielle Eigenart und Dynamik dieser Gruppenprozesse zu erkennen und ggf. zu deuten, kann der Verlauf der Gruppe ernsthaft gefährdet sein. Die Forderung nach einer abgeschlossenen psychotherapeutischen, besser noch psychoanalytischen Weiterbildung mit gruppendynamischer Erfahrung ist hier zu wiederholen! *Wallnöfer* (1978) plädiert deshalb - speziell für Anfänger in dieser Methode - für eine Begrenzung der Interaktion auf Kursleiter und das vorstellende Gruppenmitglied; der Reichtum der spontanen Assoziationen der Gruppe tritt dabei zugunsten einer behutsamen Führung durch den Therapeuten in den Hintergrund.
Für die weiteren gemeinsamen Übungen in der Autogenen Imagination bieten sich unterschiedliche Möglichkeiten an, wenngleich auch m. E. dem freien Aufsteigenlassen der inneren Bilder (Carte blanche) im allgemeinen der Vorzug einzuräumen ist (vgl. hierzu auch *Wallnöfer,* 1987). So läßt sich natürlich nichts dagegen einwenden, wenn z. B. ein Gruppenmitglied den Wunsch hat, ein bestimmtes Bild des letzten Wachtraums noch einmal zu imaginieren, um daran anzuknüpfen, um das Bild und die darin liegende Stimmung weiterzuentwickeln und zu verdeutlichen. Ein gutes Beispiel für die Klärung eines zunächst unverständlichen Bildes durch Fortführung der Imagination liefert das folgende Beispiel:

In einem Kurs für Autogene Imagination mit sechs Teilnehmern (vier Frauen, zwei Männer) berichteten die Anwesenden über einzelne bildhafte Erlebnisse während der in der vergangenen Woche zu Hause durchgeführten Übungen. Als die Reihe an Frau N., eine unverheiratete, ca. 40 Jahre alte Zahnärztin, kam, teilte diese mit, daß sie keine bildhaften Erlebnisse gehabt habe. Gleichzeitig fragte sie, ob sie nicht statt dessen einen sie bedrückenden Nachttraum berichten könne. Nachdem dieser in der Gruppe besprochen worden war, begann die nächste Kursteilnehmerin zu berichten, wurde dabei jedoch von ihrer Vorrednerin Frau N. unterbrochen: »Da fällt mir ein, einmal habe ich während der Übungen doch etwas gesehen, und zwar ein Paar Filzstiefel. Ganz deutlich! Sonst nichts, nur dieses Paar Filzstiefel. Aber da war sonst nichts weiter, ist auch nicht wichtig, es fällt mir nur gerade noch ein.« Damit wendete sie sich wieder der neben ihr sitzenden Kursteilnehmerin zu und bedeutete damit, daß sie nichts weiter mitteilen wolle. Nun aber hatten alle Anwesenden aufgehorcht, die Gruppe blieb bei der sehr plastischen Wahrnehmung der Filzstiefel. (Die Form des Vorgehens - Vorschieben eines Traumes, dann Mitteilung eines »Postskriptum« - ließ wichtiges und zugleich heftig abgewehrtes Material erwarten.) Die Gruppe begann mit einer objektiven Amplifikation, d. h., sie sammelte Einfälle zum Thema Filzstiefel, wobei für einige jüngere Kursteilnehmer geklärt werden mußte, worum es sich dabei überhaupt handelt. Während die Gruppe sich mit sichtlichem Vergnügen einem »Filzstiefel-Brainstorming« hingab, blieb Frau N. reserviert, hörte aber aufmerksam dem Kaleidoskop der Einfälle zu. Nichts schien ihr weiterzuhelfen, sie schüttelte den Kopf, sagte mehrfach, daß die Filzstiefel so ganz für sich isoliert blieben. Dies änderte sich erst, als ein Gruppenmitglied sagte, daß man die Augen niederschlagen müsse, wenn man - vor einer Person stehend dieser auf die Stiefel gucken wolle. Hier hatte Frau N. plötzlich den Eindruck, daß dieser Einfall ihr weiterhelfen könne. Die Assoziationen bewegten sich jetzt um das Thema »Die Augen niederschlagen« und »Sich schämen«. Frau N. war sicher, daß die Filzstiefel im Zusammenhang mit einem beschämenden Erlebnis stünden, konnte aber in der laufenden Stunde keine weiteren Angaben hierzu machen.

In der nächsten Gruppensitzung eine Woche später berichtete sie, daß zu Hause bei weiteren Übungen das Bild sich erweitert und geklärt habe. Als Kind von ca. drei oder vier Jahren habe sie mit der Mutter nach der Flucht auf einem Bauernhof gewohnt. Die Bäuerin habe Filzstiefel getragen. Auf dem Hof wohnte eine weitere Familie, die einen etwa gleichaltrigen Jungen hatte. Sie habe viel mit diesem Jungen gespielt; in der Scheune im Stroh hätten sie oft »Doktorspiele« gemacht. Dabei seien sie einmal von der Bäuerin erwischt worden. Sie seien ganz in ihr Spiel vertieft gewesen, hätten ihr Hereinkommen nicht bemerkt, auf einmal habe sie vor sich die Filzstiefel gesehen! Die Bäuerin habe geschimpft, ihrer Mutter von den Doktorspielen erzählt, es habe ein riesiges Donnerwetter gegeben.

Von hier ausgehend, berichtete Frau N. sichtlich erregt, daß ihre Mutter ihr eigentlich all das ausgeredet oder schlecht gemacht habe, was ihr als Kind oder auch Jugendliche Spaß gemacht habe. Die Geschichte mit den Doktorspielen und den Filzstiefeln sei nur eine einzelne sehr frühe Erinnerung, speziell auf sexuellem Gebiet ziehe sich dieses »Miesmachen« und abfällige Bewerten durch ihr ganzes Leben. An jedem Freund, den sie mit nach Hause gebracht habe, habe die Mutter etwas auszusetzen gehabt, keiner sei gut genug gewesen. Schlimmer aber sei noch, daß sie diese Haltung der Mutter unbewußt wohl sogar übernommen habe. Ihr sei auch nach der Trennung von der Mutter später nie ein Mann gut genug gewesen. Sie sei unverheiratet geblieben, obwohl sie sich nach einem Partner gesehnt habe und sehne. Wenn sie einen Mann kennengelernt habe, so habe sie ihn bald jedoch wieder vor die Tür gesetzt. Einen wirklichen Grund für die von ihr ausgehenden Trennungen habe sie nie angeben können, rückblickend betrachtet seien einige dieser Freunde doch wohl sehr nette Männer gewesen.

Der in diesem Erlebnis wie auch im Gruppenprozeß steckende Übertragungsaspekt wurde nicht angesprochen, da die Gruppe sich erst in der zweiten bzw. dritten Gruppensitzung befand. Es stellte sich natürlich die Frage, inwieweit sich Frau N. in der Gruppe/vom Gruppenleiter »erwischt« fühlte, bei intimen Dingen, die ihr Spaß machten, verurteilt zu werden glaubte. Gleichzeitig sind exhibitionistische Tendenzen zu diskutieren. In der Form der Präsentation des Wachtraums ist schließlich noch ein Verführungsmoment zu erkennen; Frau N. machte die Gruppe aufmerksam - und zog sich zurück, ließ die Gruppe aktiv werden. Sie hatte so die Möglichkeit, sich zunächst weitgehend aus dem Geschehen herauszuhalten, die Gruppe um sie - ihre Zustimmung zu den Einfällen - werben zu lassen.

Wurde mit der Carte blanche-Technik begonnen, so ist die Gruppe erfahrungsgemäß an anderen Vorgaben kaum noch interessiert, sondern empfindet diese als Einengung der sich spontan einstellenden Bilder (zu den unterschiedlichen Möglichkeiten für formelgebundene bildhafte Vorgaben vgl. 4.5.1 und 4.5.2).
Auf Grund guter Erfahrungen einiger Gruppenteilnehmer mit der Autogenen Imagination bei Musik wurde von einigen Gruppen das gemeinsame Imaginieren sowohl bei klassischer als auch moderner Unterhaltungsmusik gewünscht und mit gutem Erfolg praktiziert (vergleichbare Erfahrungen im katathymen Bilderleben s. *Kreische,* 1980, *Leuner,* 1974). Eindrucksvoll für alle Beteiligten ist hierbei, daß weitgehend ähnliche Bilder zu bestimmten Musikstücken auftauchen können. Wichtiger als ein »Ausprobieren« verschiedener Ansätze und Möglichkeiten in der Autogenen Imagination erscheint jedoch, wenn die Entwicklung der individuellen Wachtraumserie reflektiert wird. Erfahrungsgemäß stehen die einzelnen Wachträume keineswegs beziehungslos nebeneinander, sondern lassen oft eine in sich sinnvolle und verständliche Abfolge erkennen. Die Gruppenteilnehmer empfinden dies schon bald und fragen dann z.B. spontan: »Ja, und wie ist es jetzt bei Dir weitergegangen im Wachtraum?!«

4.5 Zum Vergleich: Methodisch-didaktische Darstellungen der Oberstufe des Autogenen Trainings

Zur Autogenen Imagination bzw. zur Oberstufe des Autogenen Trainings bestehen sowohl hinsichtlich der Methodik der Imagination als auch zum Umgang mit dem (vorwiegend) bildhaften Material kein einheitliches Konzept. Es sollen deshalb im Folgenden die verschiedenen methodisch-didaktischen Darstellungen von *Schultz, Thomas, Luthe* und *Rosa* referiert werden. Die Konzeption von *Rosa* sowie die schon mehrfach erwähnten Ausführungen von *Wallnöfer* (1972, 1973, 1978, 1987) zur »analytischen Oberstufe des Autogenen Trainings« weisen am ehesten Verbindungen und z.T. Übereinstimmungen mit meinem Konzept der Autogenen Imagination auf.

4.5.1 Methodisch-didaktische Darstellung bei J. H. Schultz

Bereits 1929 hat *J. H. Schultz* über »gehobene Aufgabenstufen im Autogenen Training« berichtet; in den folgenden Jahrzehnten blieb jedoch die sogenannte »Oberstufe« mehr ein Randgebiet in seinem Schaffen. In seinem Standardwerk über das Autogene Training nimmt die Darstellung der Oberstufe nur 32 Seiten ein, d.h. weniger als ein Zehntel des Gesamtumfanges des Buches! Der Grund hierfür dürfte am ehesten darin zu sehen sein, daß *J. H. Schultz* aus seinem allgemeinen psychophysischen (bzw. psychosomatischen) Arbeitsansatz heraus, dem die Grundstufe des Autogenen Trainings in so hervorragender Weise entspricht, an speziellen tiefenpsychologischen Zusammenhängen, wie sie sich in Wachträumen darstellen - und von ihm klar erkannt wurden! - relativ weniger Interesse hatte. Für die Oberstufe forderte er eine »günstigstenfalls eigentlich tiefenpsychologische Prüfung der Versuchsperson«; den Umgang mit der Oberstufe empfahl er als »ein Umgehen mit außerordentlich subtilen, empfindlichen und oft tief aufrührenden Dingen« (1987). So hat er zwar eine wertvolle psychotherapeutische Technik beschrieben, sie jedoch nur in sehr begrenztem Umfang selbst ausgebaut: »Welch reiche Ausbeute das hier dargelegte Oberstufenverfahren für eine allgemein- und neurosenpsychologische Bearbeitung verspricht, soll hier nicht im einzelnen dargetan werden« (*Schultz,* 1987).

Im Folgenden sollen nun die knappen Ausführungen von *J. H. Schultz* zur sogenannten Oberstufe dargestellt werden. *Schultz* veranlaßte die Übenden zunächst, beide Augäpfel nach innen-oben zu drehen (vgl. 4.3). Die Befolgung dieser einfachen Anweisung bewirkt oft eine erhebliche, geradezu ruckartige Vertiefung der vegetativen Umschaltung; Schwere und Wärme werden z. B. plötzlich von manchen Übenden intensiver erlebt. Das Gefühl der Abschirmung gegen Außenreize kann erheblich zunehmen. Die verstärkte hypnoide Wirkung kann hin bis zu Anästhesierungserlebnissen bei schmerzhaften Eingriffen reichen, speziell unter Zuhilfenahme formelhafter Vorsatzbildungen, deren Wirkung durch die Augendrehung ebenfalls nachhaltiger werden kann.

Von diesen *»gehobenen Leistungen physiologischer Art«* geht *Schultz* dann über zu einer Benutzung wie auch Beeinflussung des »besonderen seelischen Zustandes«: »Hier hat sich im Verlaufe der letzten Jahre eine bestimmte Stufenfolge von Übungen als nutzbringend erwiesen, die ich prinzipiell kurz charakterisieren möchte. Den Erfahrungen des Nachttraumes entsprechend ist, wie schon mehrfach hervorgehoben, in gut dargestellter autogener Versenkung der psychologische Typus der Versuchspersonen so weitgehend gelockert, daß wir, von ganz außerordentlichen Ausnahmen abgesehen, immer zur Darstellung von optischen Erlebnissen gelangen können, zu einer Innenschau eigentlichen Sinnes, zu bildhaftem Erleben« (*Schultz,* 1987).

Die Oberstufe des Autogenen Trainings wird bei Schultz in sieben Stufen dargestellt:

a) *Auffinden der »Eigenfarbe«*
Unter »Eigenfarbe« wird diejenige Farbe verstanden, die »dem Wesen der eigenen Persönlichkeit am meisten Rechnung trägt« (*Thomas,* 1967). Sie kann, muß aber nicht mit der dem Individuum bewußten »Lieblingsfarbe« übereinstimmen. Oft taucht eine bestimmte Farbe immer wieder spontan vor dem sogenannten »inneren Auge« auf, eine Besprechung der Farbsymbolik kann dann hilfreich sein. In der schriftlichen Mitteilung einer Kursteilnehmerin heißt es: »Meine Eigenfarbe ist Lila.

Nach anfänglichem Staunen und Sträuben habe ich mich auch bewußt daran gewöhnt. Ich war früher eifersüchtig, wenn jemand Lila als Kleidung hatte; das war meine Farbe, ohne es zu wissen. Als Kind fand ich Lila mit Gold wunderschön. Nach langem Überlegen ist mir auch klar geworden, was Lila mir bedeutet. Lila ist ein Mischmasch aus Blau und Rot; oder anders gesagt, eine Mischung aus Gefühl und Verstand (Vernunft); eine Art Kompromiß, ein Ringen um die goldene Mitte. Wenn aber das Gefühl (die rote Seite) bei mir die Hauptsache werden will, beginnt ein regelrechter Kampf zwischen Blau und Rot und der dauert so lange, bis ich bei Lila, also in der Mitte, wieder angekommen bin.«

b) *Spektrumversuch*
Hierbei erhält der Übende die Aufgabe, zunächst einzelne vom Kursleiter gegebene Farben, später alle Farben des Spektrums sich nacheinander zu vergegenwärtigen.
Eine Verbesserung der Ergebnisse durch »Störversuche« (z. B. Händeklatschen) des Kursleiters, wie sie von *Schultz* noch empfohlen wurde, dürfte allerdings wenig oder gar nicht hilfreich sein (vgl. *Rosa,* 1975).

c) *Schau konkreter Gegenstände*
Hierbei empfiehlt *Schultz,* sich irgendeinen beliebigen realen Gegenstand vorzustellen. Sofern hierbei Schwierigkeiten bestehen, empfiehlt er, eine Zeitlang mit der Einstellung allgemeiner Objekterwartung zu arbeiten: »Sie stellen sich lediglich ›innerlich schauend‹ in ihr Augendunkel mit der ganz

allgemeinen Erwartung, daß irgendein Objekt erscheint« (*Schultz,* 1987).

d) *Schau abstrakter Gegenstände*
Unter dieser etwas eigentümlich anmutenden Bezeichnung versteht Schultz Begriffe wie »Gerechtigkeit«, »Glück« usw. Bei dieser Übung kommt es meist zu allegorischen, gelegentlich auch zu symbolischen Bilderlebnissen. Während die allegorischen Erlebnisse meist recht einfach »lesbar« sind, enthalten die symbolischen durch die ihnen eigene Verdichtung vieler Aspekte oft reiches Material für eine Aufarbeitung.

e) *Eigengefühl*
Sobald das Gebiet der Objektschau zur Verfügung steht, soll der Übende sich als nächstes auf ein Erlebnis konzentrieren, das für ihn Ausdruck oder Sinnbild des intensivsten und erwünschtesten Gefühlszustandes ist. In Analogie zur Eigenfarbe spricht *Schultz* hier von »Eigengefühl«.

f) *Das Bild eines bestimmten anderen Menschen*
Schultz gibt als nächstes die Aufgabe, sich einen bestimmten anderen Menschen ganz konkret vorzustellen und dieses auf sich wirken zu lassen. Die Einfühlungsfähigkeit in andere Menschen und das Verständnis für andere soll auf diese Weise entwickelt werden.

g) *Fragen an das Unbewußte*
Hierbei empfiehlt *Schultz,* zur Klärung in bestimmten Lebensbereichen sich selbst spezielle Fragen vorzulegen, z.B. »Was ist der Sinn des Lebens?«, »Was wünsche ich?«, »Was mache ich falsch?«

In seinen Ausführungen zur Oberstufe bedient sich *Schultz* auffällig vager Begriffe. Es ist die Rede von »unanschaulichen« seelischen Vorgängen, die ihr »sinnenhaftes Attribut« enthüllen und einen Beitrag leisten sollen zu den »verschwiegenen Gesetzen der Symbolik«. *Schultz* war bestrebt, das offensichtlich aus dem Vorbewußten und insbesondere Unbewußten stammende Material so behutsam wie nur möglich anzugehen.
Aus heutiger Sicht ist insbesondere der starre stufenförmige Aufbau, der an ein Abhaken einzelner Leistungen erinnert, als wenig geeignet für eine tiefenpsychologische Arbeit anzusehen. Ob *Schultz* die bildhaften Erlebnisse mit den »Versuchspersonen« überhaupt besprochen hat, erscheint fraglich; es geht zumindest aus seinen Ausführungen nicht hervor. Was er hier als Pionier einer Methode ansatzweise beschrieb, konnte und wollte er offensichtlich nicht bis zu einem ausgereiften Verfahren selbst entwickeln. So wird auch verständlich, daß die sogenannte »Oberstufe« neben der Grundstufe (Unterstufe) bislang mehr ein Schattendasein geführt hat, obwohl zweifellos großes Interesse an einer derartigen Wachtraumtechnik besteht (vgl. das katathyme Bilderleben 4.6.1).

4.5.2 Methodisch-didaktische Darstellung bei K. Thomas

Eine weitere Ausarbeitung hat die Technik der Oberstufe durch *Klaus Thomas* (1967), einem Schüler von *J. H. Schultz,* erfahren.
Sein Oberstufenkonzept umfaßt sieben Doppelstunden im Abstand von acht bis 14 Tagen. *Thomas* weist eigens auf die Notwendigkeit hin, möglichst homogene Gruppen in bezug auf Alter, Beruf usw. zusammenzustellen.
Die Formeln und Übungen sind zwar weit weniger einheitlich gestaltet als in der Grundstufe, wurden von Thomas jedoch - im Gegensatz zur Darstellung bei *J. H. Schultz* - so präzise und ausführlich dargestellt, daß meiner Erfahrung nach über lange Zeit Gruppen fast ausschließlich nach der von ihm angegebe-

nen Methode in die Oberstufe des Autogenen Trainings eingeführt wurden. Es soll deshalb hier eine ausführliche Darstellung erfolgen. Die ersten vier Übungsschritte sind eng an *Schultz* angelehnt, die beiden letzten haben keine direkte Entsprechung bei *Schultz*.

a) *Farberlebnisse*
Aus einer größeren Anzahl von Farbpapieren läßt *Thomas* diejenige Farbe auswählen, die der Lieblingsfarbe entspricht. Anschließend wird der *Pfister-Heiss*-Farbpyramidentest oder auch der Farbtest nach *Lüscher* (1971) durchgeführt. Auch wenn beide Tests in ihrer wissenschaftlichen Validität sicherlich fragwürdig sind, so sind sie doch – ohne größeren wissenschaftlichen Anspruch – für eine Heranführung der Übenden an Farberlebnisse von Wert.
Die eigentliche Übung besteht darin, daß irgendeine Farbe, später die Eigenfarbe, imaginiert werden soll. Nach dem für die Oberstufe üblichen Hinweis auf die Innen-Oben-Stellung der Augäpfel gibt *Thomas* folgende Formeln zur Unterstützung des Farberlebnisses an:

»Vor meinem inneren Auge entwickelt sich eine Farbe.«

Später erfolgt der Zusatz:

»Es ist meine Farbe.«

Nach mehrmaliger Wiederholung schließt sich an:

»Die Farbe wird immer deutlicher.«

Und schließlich:

»Die Farbe steht klar vor mir.«

Die Übung wird schrittweise zurückgenommen:

»Die Farbe zieht sich allmählich zurück.«

bis schließlich bestimmt und knapp formuliert wird:

»Die Farbe ist verschwunden.«

Die Rücknahme wird bei Thomas für die Oberstufe ausführlicher gestaltet als bei der Grundstufe. Er gibt folgende ausführliche Rücknahmeformel an:

»Ich zähle bis 6,
bei 6 fühle ich mich ganz ruhig,
frisch und wohl–
1, die Beine sind leicht –
2, die Arme sind leicht –
3 und 4, Herz und Atmung
sind ganz normal –
5, die Stirn hat die
normale Temperatur–
6, Arme fest, tief Luft holen,
Augen auf!«

In einem weiteren Schritt empfiehlt Thomas, eine Farbe intensiv zu betrachten, um sie dann während des Übens wieder vor sich erstehen zu lassen und sie nachzuerleben.
Vergleichbar den Vorgängen bei Schultz kommt auch Thomas schließlich zu dem Erleben des gesamten Spektrums:

»Vor meinem inneren Auge entwickelt
sich eine Farbe:
Es ist ein klares Blau –
Das Blau wird immer deutlicher –
Das Blau steht klar vor mir –
Das Blau wandelt sich
allmählich zum Grün –
Das Grün wird immer deutlicher –
usw.»

Als Hilfsvorstellungen bei der Imagination empfiehlt er z. B., sich einen überquellenden Farbeimer vorzustellen, farbige Vorhänge, farbige Gegenstände usw. Er weist abschließend darauf hin, daß es ratsam sei, die folgenden Bilderlebnisse durch Farbübungen einzuleiten, eine zwingende Vorbedingung seien die Farberlebnisse jedoch nicht; auf sie könne bei Zeitmangel gegebenenfalls verzichtet werden.

b) *Wahrnehmung konkreter Gegenstände*
Thomas weist darauf hin, daß einerseits schlichte Gebrauchsgegenstände in Frage kommen, aber auch solche mit einem deutlichen symbolischen Gehalt (z.B. eine Vase, eine Kerze). Diese Gegenstände sollten real vorhanden sein. Vor der Übung vertiefen sich die Kursteilnehmer in die Betrachtung des jeweils ausgewählten Gegenstandes.
Formelmäßig wählt *Thomas* die bereits bekannten Formulierungen:

»Vor meinem inneren Auge
entwickelt sich ein Bild.
Ich sehe... –
Das Bild wird immer deutlicher –
Das Bild steht klar vor mir.»

c) *Schau abstrakter Werte*
Die Übung entspricht der 4. Übung bei *J. H. Schultz* (»Schau abstrakter Gegenstände«), ist von *Thomas* jedoch auch wieder stärker ausgearbeitet worden. Er unterscheidet einleitende Übungen (»Ich sehe und erlebe Frieden«, bzw. Ruhe oder Stille) von der Schau existentieller Werte (»Ich sehe und erlebe Freiheit«, bzw. Harmonie, Kraft usw.) und geistiger Werte (z.B. Schönheit, Wahrheit, Güte). Entsprechend seinem Doppelberuf als Seelsorger und Arzt fügt *Thomas* die Schau religiöser Werte an.

d) *Übungen zur Charakterbildung*
Die Übung entspricht teilweise der 5. (»Eigengefühl«) und der 7. (»Fragen an das Unbewußte«) bei *Schultz.* Übungen zur vertieften Selbsterkenntnis setzt Thomas an den Beginn der Übungen zur Charakterbildung (z.B. »Das Bild zeigt mir, was ich eigentlich suche«). Übungen zur Selbstverwirklichung schließen sich an (z.B. »Ich nehme mich an«, »Ich erlebe meinen Wert«), wobei es in der Beschreibung, die *Thomas* hier gibt, im wesentlichen um die Aussöhnung mit Ich-Ideal-Forderungen zu gehen scheint.
Thomas gibt viele Beispiele für formelhafte Vorsatzbildungen, die als eine Unterstützung in verschiedenen Schwierigkeiten gedacht sind und am ehesten als Ich-stützende Maßnahmen aufzufassen sind (z.B. »Ich erkenne das Recht«, »Ich erfülle meine Pflicht«).

e) *Der Weg auf den Meeresgrund*
In Anlehnung an *Désoille* (1955) entwickelte *Thomas* die Vorstellung eines Ganges auf dem Meeresgrund. Er verweist auf die Wichtigkeit der vertikalen Richtungsvorstellung, auf das »In-die-Tiefe-Gehen«: »Das Einbeziehen der vertikalen Richtungsvorstellung hat sich im wahrsten Sinne des Wortes als eine wesentliche Vertiefung der Oberstufen-Übungen erwiesen« (*Thomas,* 1967). Es ist ein bildhafter Einstieg ins eigene Unbewußte.
Die Formel für diese Übung lautet:

»Vor meinem inneren Auge
entwickelt sich ein Bild –
Ich stelle mir vor,
ich bin am Ufer des Meeres –
(die Formel wird bei Bedarf
zwei- bis viermal wiederholt)
Das Bild wird deutlicher –
Das Bild steht klar vor mir.»

Das Training erreicht nun »die Bilderwelt in jenen tiefen Schichten, in der die Märchenbilder und Begriffe einer Kindheit-archaischen Zauberwelt herrschen« (*Thomas,* 1967). Mit dieser Begründung gibt *Thomas* nun folgende Zusatzformel:

> *»In meiner rechten Hand*
> *befindet sich ein Zauberstab –*
> *Er läßt sich nach Belieben verwandeln,*
> *in jede Waffe, um mich zu schützen,*
> *oder in einen Schlüssel,*
> *der jede verschlossene Tür*
> *oder jeden Behälter öffnet.*
> *Der Stab kann auch jedes*
> *lebende Wesen verwandeln. –*
> *An meiner linken Hand*
> *trage ich einen Zauberring,*
> *seine Strahlen durchdringen*
> *jede Dunkelheit.»*

Es muß dahingestellt bleiben, ob Kursleiter und Kursteilnehmer sich mit derart magischen Vorstellungen auseinandersetzen wollen. In vielen Kursen habe ich Widerstände gegen derartige Formeln erlebt, sie scheinen mir meist entbehrlich (vgl. dazu auch *Wallnöfer,* 1973).
Als weitere Formel gibt *Thomas* an:

> *»Ich gehe ganz ruhig,*
> *Schritt für Schritt,*
> *immer weiter und tiefer hinunter*
> *auf den Grund des Meeres.»*

Die auftauchenden Bilder bei diesem Gang auf dem Meeresgrund sind meist von erstaunlicher Lebhaftigkeit und Fülle. *Thomas* berichtet von einem eindrucksvollen Beispiel, das ein 26jähriger Student nach dieser Übung berichtete:

»In Erwartung eines Heeres von Ungeheuern war ich zunächst enttäuscht über die Leere. Ein großer Tintenfisch hatte es, von unten her kommend, auf mein Genitale abgesehen. Die Verwandlung identifizierte ihn als eine sexuell nimmersatte Dame. Im übrigen verhielten sich die Tiere erstaunlich friedlich: Sie taten, wenn auch widerwillig, was ich von ihnen verlangte. Ein Nashorn, an dessen Horn ich mich festhielt, schleuderte mich in die Runde, ein Saurier ließ mich aufsitzen; auf einem schwarzen Flügelpferd jagte ich einmal eine große Strecke hin und wieder zurück. Wenn ich einmal große Seesterne, Kraken oder Tintenfische abschlachtete – es geschieht immer mit Wonne – so bin ich darauf bedacht, daß die Reste nicht herumliegen: Ich verfüttere sie oder verbrenne sie zu Asche und verscharre auch diese noch im Sand. Mühe machen nur die Schlangen, die sich um die Glieder winden und einem die Bewegungsfreiheit nehmen. Trotzdem vermisse ich noch das große Handgemenge, das abenteuerliche Gemetzel. In einen mannshohen Tangwald dringe ich ein und sehe Maria mit dem Kind in der Krippe; ich kann nicht umhin, es anzubeten.
Die Maria mit dem Kind wiederholt sich oft in Höhlen, manchmal ist Josef dabei, oder die Maria ist meine »Freundin« und das Kind mein Sohn. Immer wieder sehe ich die Hexe in der Höhle: Trotz ihres Protestes dringe ich ein zu den Leuten, die sie gefangenhält. Es ist junges Volk, das mörderisch lärmt, so daß ich mich nicht entschließen kann, es zu befreien. Doch als ich wieder bei der Hexe bin, stürmt es auch ohne mein Zutun an mir vorbei und hinaus bis auf eine: Hinten in der Ecke sitzt meine Mutter so, wie sie in Wirklichkeit auch ist, grübelnd, von Arthritis gebeugt. Ich beordere zwei Engel herbei und lasse sie hinausführen! Während der Diskussion über die Sinnlosigkeit ihrer Maßnahmen schlage ich die Hexe mit der Breitseite meines Schwertes. Unabsichtlich schlage ich ihr den Kopf ab.
In einer anderen Höhle sehe ich in einer Katakombennische einen schwarzhaarigen Teufel mit golden leuchtenden Augen gefangen. Auf meine Frage nach dem Grund, höre ich, er habe den Menschen soviel Böses gesagt und getan. Ich zweifle nicht daran, daß ich das selber bin.

Neuerdings wiederholt sich die Begegnung mit einem kleinen Wal. In diesem finde ich in einem lampenerhellten Zimmer einen mittelgroßen älteren Mann, der behauptet, mein Vater zu sein und mich jedesmal als seinen Sohn begrüßt. Das stört mich nicht. Einmal höre ich die Bemerkung von anderen Personen: Mir müsse etwas sehr Schönes begegnet sein, denn ich strahle so. Vor- und hinterher nimmt mich der Wal mit nach unten und wartet dort, um mich nach meinen Erkundungsgängen wieder mit hinaufzunehmen.
In der Regel münden alle Höhlen in das Licht: Ein erleuchtetes gemauertes Gewölbe, ein Spiegelsaal, ein Plateau. Neuerdings schwimmt mir ein dicker Fisch nach: harmlos, aber da er mich ärgert, spieße ich ihn auf und nehme ihn in den Arm, um ihm den Kopf abzuschneiden. Es ist mein Mädchen» (*Thomas,* 1967).

f) *Der Weg auf die Bergeshöhe*
Der Richtungsvorstellung nach unten (Meeresgrund) als Abstieg ins eigene Unbewußte entspricht in der 6. Übung die Richtungsvorstellung nach oben als Weg zu den Idealvorstellungen, den Zielen, dem »Überblick« wie auch den Phantasien über die Zukunft. Auf magische Hilfsmittel verzichtet *Thomas* bei dieser Übung. Die Formel lautet:

> *»Vor meinem inneren Auge*
> *entwickelt sich ein Bild –*
> *Ich stelle mir einen hohen Berg vor,*
> *Das Bild wird deutlicher –*
> *Das Bild steht klar vor mir. –*
> *(Bei Bedarf mehrmals wiederholen).*
> *Ich steige ganz ruhig*
> *Schritt für Schritt*
> *immer höher und höher hinauf.»*

Evtl. kann angefügt werden:

> *»Ich stehe auf der Bergeshöhe.*
> *Ich schaue mich um,*
> *was ich sehe und erlebe.»*

Die bildhaften Erlebnisse sind meist nicht ganz so prägnant wie bei der vorangegangenen Übung; depressive Patienten, »die nicht weiterwissen«, erleben z.B. oft eine Nebelwand, die ihnen den Blick versperrt.
Die Rücknahme der Bilderlebnisse erfolgt wiederum schrittweise:

> *»Ich steige ganz ruhig,*
> *Schritt für Schritt,*
> *hinunter zum Fuß des Berges.«*

g) *Freie und gesteuerte Bilderlebnisse mit bestimmter Zielsetzung*
Hierunter versteht Thomas, daß auf der Grundlage der ersten sechs Übungen die Kursteilnehmer sich nun völlig neue, individuelle Bilder auswählen sollen. Nach der weitestgehenden Standardisierung folgt nun eine individuelle Gestaltung der Oberstufe. Er gibt eine Fülle von Beispielen, wobei deutlich wird, daß auch bei dieser Übung ein einfaches Geschehenlassen (»was kommt, ist richtig«) *nicht* das Ziel der Übung ist.
Wie diese Darstellung zeigt, sind die technischen Anleitungen bei *Thomas* ausgefeilter als sie es noch bei *Schultz* waren. Der Übende wird im Rahmen des stufenförmigen Aufbaus sehr weitgehend geleitet. Dabei finden sich, ganz besonders deutlich beim Weg auf den Meeresgrund, suggestive Einflüsse. So ist es auch nicht verwunderlich, daß *Thomas* zu Beginn der Oberstufe folgende formelhafte Vorsatzbildung empfiehlt:

> *»Kein Unbefugter,*
> *kein Nicht-Arzt, wird Sie je*
> *hypnotisieren können.«*

Die kräftige Vermischung autogener und hypnotisch-suggestiver Einflüsse ist auch der Hauptnachteil der Oberstufentechnik bei *Thomas,* so daß strenggenommen kaum noch von einem Autogenen Training gesprochen werden kann. Sollte ein derartiges Vorgehen im Rahmen einer Therapie sinnvoll erscheinen, so ist heutzutage doch wohl eher dem katathymen Bilderleben der Vorzug zu geben. Dieses ist inzwischen methodisch eindeutiger und sehr differenziert ausgearbeitet worden (vgl. 4.6.1).

4.5.3 Methodisch-didaktische Darstellung bei W. Luthe

Luthe spricht von der Oberstufe als »Autogenic Meditation«, die Übungen selbst bezeichnet er als »Meditative Exercises« (1965, S. 171–191, vgl. auch *Rosa,* 1975).
Die von ihm angegebenen Vorbedingungen zur Oberstufe entsprechen im wesentlichen den von *Schultz* genannten.

Die 1. Übung nennt *Luthe* »Spontane Farberfahrungen«; im Unterschied zu *Schultz* und *Thomas* erscheint hier nicht so sehr das Lösen einer gestellten Aufgabe gefordert, sondern doch eher eine Anregung gegeben zu werden, eine Erfahrung zu machen. Auf diesen zunächst als geringfügig erscheinenden und doch wichtigen Unterschied weist *Rosa* (1975) zu Recht hin.
In der 2. Übung werden Erfahrungen mit ausgewählten Farben gemacht.
Die beiden nächsten Übungen sind wie bei *Schultz* der Schau »konkreter« und »abstrakter« Objekte vorbehalten.
In Anlehnung an das »Eigengefühl« bei *Schultz* wird bei der 5. Übung die Erfahrung mit einem frei gewählten Gefühlszustand angestrebt.
In der 6. Übung läßt *Luthe* eine andere Person imaginieren, wobei er zur Vorsicht rät gegenüber emotional nahestehenden Personen (z.B. Ehepartner).
In der ersten wie auch in der letzten Übung findet sich schließlich wieder ein kleiner und doch wesentlicher Unterschied zur Technik bei *Schultz:* Luthe fragt nach den *»Antworten aus dem Unbewußten«,* worin ein Geschehenlassen, ein Aufsteigenlassen zum Ausdruck kommt, wo Schultz noch aktiv mit einer *»Frage an das Unbewußte«* in dieses einzudringen suchte. Dieser Unterschied wird treffend in dem von *Luthe* stammenden Begriff der *»Carte blanche«* zusammengefaßt. *Luthe* drückt damit aus, daß die aus dem Unbewußten aufsteigenden Bilder auf eine weiße Leinwand, eine weiße, d. h. leere Karte projiziert werden sollen. Allen heterosuggestiven Einflüssen in das prinzipiell autosuggestiv orientierte Autogene Training wird hier eine klare Absage erteilt: »Unter Beachtung des ›autogenen Prinzips‹ kann die selbstheilende Arbeit des zentralen Sicherheits-Entladungsmechanismus weiter gefördert werden, wenn man die eingefahrenen Unterstufen-Übungen verlängert und der Patient eine Verschiebung seiner mentalen Aktivität von der ›formelgebundenen passiven Konzentration‹ zugunsten einer ›formelfreien passiven Akzeptation‹ (d.h. ›Carte blanche‹) erlaubt. Der dann meistens stufenweise einsetzende, sich progressiv entfaltende Ablauf sehr verschiedenartiger autogener Abreaktionen kann durch gelegentliche Hilfen unterstützt werden. Solche Hilfen dienen aber lediglich zur Unterstützung der vom Patientengehirn bereits eingeschlagenen Funktionsrichtungen. Ein solches psychophysiologisches, unterstützendes Vorgehen ist aber unter keinen Umständen mit vom Therapeutengehirn diktierten und das Patientengehirn überrumpelnden Kunstgriffen und ähnlichen unpräzisen Manövern zu verwechseln. Die auf visuelle Abläufe abgestellten, von der Heterohypnose übernommenen psychologischen Einbahnstraßenmanöver verschließen leicht und nachhaltig die ebenso wichtigen und in vielen Fällen noch wichtigeren ›Entladungsventile‹ anderer Hirnbereiche« (*Luthe,* 1965).
Neurophysiologische Hypothesen und Denkweisen (z.B. der »centrencephaler

Sicherheits-Entladungs-Mechanismus«, *Luthe,* 1965) werden von *Luthe* immer wieder in den Vordergrund gerückt. Der Wert derartiger Hypothesen für die praktische Arbeit, zumal in der Oberstufe, erscheint mir sehr fraglich. Auch scheint mir die neurophysiologisch und neuroanatomisch orientierte Sprache (»Patientengehirn«) den in Frage stehenden psychodynamischen Mechanismen nicht adäquat zu sein.

Neben den sieben einzelnen Übungen hat *Luthe* einen Stufenaufbau beschrieben, eine sich ausdifferenzierende und damit sich quantitativ wie auch qualitativ anreichernde Innenschau. Während *Luthe* also erwartet, daß das Bildhafte sich stufenweise ausdifferenziert, hierzu von ihm lediglich einzelne Hilfen gegeben werden, gaben *Schultz* und insbesondere *K. Thomas* zu lösende Aufgaben.

Die Beschreibung der einzelnen Stufen soll im nächsten Kapitel erfolgen, da *K. R. Rosa* in seinem Verständnis der Oberstufe, das meinen Vorstellungen von einer Autogenen Imagination als analytischer Technik entspricht, ausführlich auf die »Stufen« von *W. Luthe* eingeht.

4.5.4 Methodisch-didaktische Darstellung bei K. R. Rosa

Wie die anderen Autoren weist auch *Rosa* darauf hin, daß die prompte und sichere Beherrschung der Übungen der Grundstufe die Voraussetzung für die Oberstufe sei, andere Entspannungsverfahren allerdings ebenfalls als Einstieg verwendet werden können: »Ich besitze Erfahrung damit, daß eine reguläre Oberstufe auch auf der Basis einer absolut korrekt hergestellten funktionellen Entspannung nach *M. Fuchs* möglich ist. Deshalb kann ich so ausschließlich nicht eine einfache Forderung fortschreiben: Keine Oberstufe ohne meisterhafte Unterstufe, genauer definiert: Oberstufe gelingt als eigenständige Äußerung neben Nachttraum und freiem Einfall und abgegrenzt gegen den Tagtraum methodisch korrekt, wenn eine Einengung und Absenkung des Bewußtseins vorgenommen wurde. Diese Fokussierung ist regulär erreichbar durch eine vollständige Unterstufe im Sinne der ›organismischen Umschaltung‹ nach *Schultz.* Andere Zugangswege zur Oberstufe sind nicht ausgeschlossen, wenn die Voraussetzung der Bewußtseinsfokussierung auf somatische Binnenerlebnisse gegeben ist; durch die Hinwendung zum Körper wird der Übende ›gewissermaßen feinjustiert‹ auf die diskreten Wahrnehmungen aus seinem Körper, was bei so gesenkter Reizschwelle nur mit Hilfe völliger Abschaltung zum Draußen, Außerkörperlichem, Nicht-Ich möglich ist« (*Rosa,* 1975).

In Abhebung von dem methodisch-didaktischen Vorgehen bei *Schultz, Thomas* und auch *Luthe* empfiehlt *Rosa* eine technisch sehr viel simplere, gerade dadurch jedoch meines Erachtens dem Autogenen Training sehr viel entsprechendere Vorgehensweise. Nach einer kurzen Wiederholung der Grundstufe und der Vergewisserung, daß diese voll beherrscht wird, gibt er folgende Instruktionen:

»Die Unterstufe (bzw. Grundstufe) ist Ihnen also gut verfügbar, wir können mit der Oberstufe (bzw. Autogene Imagination) beginnen. Trainieren Sie ab jetzt zu Hause bei ausreichender Zeitverfügung bis zu 30 oder 40 Minuten nach Ihrem instinktiven Zeitgefühl. Weniger oder mehr als die angegebene Zeit ist ohne Belang. Achten Sie darauf, was Ihnen in der tiefen Umschaltung vor das innere Auge tritt. Bei vielen sind es Farbeindrücke, es kann aber auch etwas ganz anderes sein. *Was kommt, ist richtig, weil es aus Ihnen selbst aufsteigt.* Machen Sie darüber einige Aufzeichnungen.«

Wenn der Übende bei der nächsten Sitzung über Farberlebnisse berichtet, dann wird dies von *Rosa* als gelungen, gekonnt, völlig normal, bestätigt – und er weist darauf hin, daß auch anderes kommen könne. Wird beim darauffolgenden Treffen über Figuren, Formen, Gegenstände usw. berichtet, weist *Rosa* darauf hin, daß ab jetzt mit wiederkehrenden Bildern dieser Art zu rechnen sei - aber auch noch ganz anderes auftauchen könne:

> *»Was kommt, ist richtig!«*

Rosa stellt dem Übenden also keinerlei Aufgaben, sondern folgt den spontanen Bildern. Allenfalls werden Überlegungen angeboten, so z.B. die Möglichkeit, unvollständig gebliebene Wachtraum-Erlebnisse oder die Reste eines Nachttraumes wieder aufzugreifen. Die erneute Vergegenwärtigung einer Szene, »die ihr Geheimnis nicht preisgegeben hat«, kann eine wesentliche Hilfe in der Bearbeitung bislang unbewußter Phantasien sein.
Der Unterschied zu den zuvor besprochenen Techniken ist evident! Hinzu kommt, daß *Rosa* ausführlich auf die analytische Bearbeitung des gewonnenen Materials eingeht, wobei seine zurückhaltende, einfühlsame und den Patienten nicht überfordernde Vorgehensweise deutlich wird. Überhaupt ist *Rosa* einer der wenigen Autoren (neben z.B. *Wallnöfer,* 1972, 1973), die auf eine analytische Bearbeitung des Materials eingehen, denen nicht das Lösen einer Aufgabe im Vordergrund steht, sondern der Umgang mit dem Patienten unter Zuhilfenahme des gewonnenen Materials. Das Durcharbeiten des bildhaften Materials mit Hilfe der bekannten analytischen, assoziativen Technik (»Was fällt mir [Ihnen] dazu ein?«) steht im Vordergrund. Dabei kann sich herausstellen, daß z. B. eine monochrome Farbe einen höheren Aussagewert hat als ein noch so faszinierendes buntes Cinerama; die Produktion bildhaften Materials in Hülle und Fülle steht gar nicht selten im Dienste der Abwehr! Neben der assoziativen Technik wurde bereits die aus der *Jung*schen analytischen Psychologie stammende »Amplifikation« erwähnt (siehe 4.4); in Abhängigkeit von der wissenschaftlichen Herkunft des Therapeuten sind selbstverständlich auch andere methodische Zugangswege möglich. Besonders hervorzuheben ist z. B. das Malen und Zeichnen vor und nach dem Autogenen Training, wie es von *Wallnöfer* (1972, 1973), *Schröder* (1979) beschrieben worden ist. Es ist ein großer Vorteil, daß die meisten Erwachsenen im Zeichnen und Malen ungeübt sind; auf diese Weise entstehen relativ unverfälschte Dokumente, die nicht nur »weniger gekonnt« sind, sondern auch weniger gekonnt inhaltliche und formale Dinge verhüllen. Die Bilder sollten in der Gruppe besprochen werden, sie sind oft sehr aufschlußreich.
Allgemein gesagt, besteht die wesentliche Aufgabe des Therapeuten sicherlich darin, daß er dem Übenden hilft, forschendes Fragen und marterndes Grübeln (»Was soll das bloß alles bedeuten?«) zugunsten einer offeneren Fragestellung und eines assoziativen Vorgehens aufzugeben. Dies gilt für den einzelnen wie gerade auch für die ganze Gruppe. Einzelne versuchen immer wieder, sich als »spekulative Deuter« hervorzutun, anstatt sich mit ihren Assoziationen einzubringen. Hier ist zum Wohle der Gruppe wie auch zum Schutze jedes einzelnen Einhalt zu gebieten. Der Gruppenleiter wird also stärker steuernd eingreifen, als dies bei einer analytischen Selbsterfahrungsgruppe gemäß der freien Interaktionsregel der Fall wäre; vom technischen Vorgehen her besteht eine deutliche Beziehung zur TZI-Gruppentechnik (vgl. 1.5).
Andererseits kann bei einer gut arbeitenden Gruppe auf eine aktive Leitung weitgehend verzichtet werden. Die Gruppenteilnehmer lernen meist recht bald, nach einem Bericht zwar zunächst durch Fragen Unklarheiten zu beseitigen, dann aber sich als Gruppe assoziativ mit einzelnen Details (zunächst nicht mit dem Wachtraum als Ganzes) auseinanderzusetzen. Das Sammeln von Assoziationen ist am ehesten einem Puzzle zu vergleichen: Je mehr Puzzleteilchen vorhanden

sind und ausprobiert werden, desto eher wird das Gesamtbild zu erkennen sein. *Rosa* schreibt hierzu: »Der Kundige sieht: Es geht zu wie in einer analytischen Sitzung. Zwei Unterschiede fallen ihm jetzt nochmal auf, die schon weiter oben genannt waren. Wir haben weniger und seltener ›Stunde‹ als in der Psychoanalyse, und wir verfügen über ein Blatt mehr im Spiel, nämlich die Oberstufenübungen des letzten Intervalls, zusätzlich also zum Traum und zu den Einfällen, die wir auch in der Oberstufe über alles stellen.
Und der Therapeut? Wann deutet er, wie oft, wieviel ist zu deuten? Die einfache Antwort lautet: Noch seltener als in der psychoanalytischen Sitzung, im Zweifel besser nicht. Deutung ist nicht das Wichtigste. Über lange Zeit ist treues Mitgehen viel wichtiger, damit der Patient Zutrauen zu seinem eigenen Unbewußten bekommt. Hat er durch Erfahrung im Oberstufen-Training gelernt, sein Unbewußtes ganz real als vorhanden zu akzeptieren, dann geht ihm oft selbst ein Licht auf im Blick auf das, was zusammengenommen in der Oberstufe, vielleicht in einem Traum und in einigen Einfällen und Erinnerungen vor ihm ausgebreitet liegt. Das vielgerühmte ›Aha‹-Erlebnis braucht einen Boden, auf dem es keimen kann. Der Therapeut soll solche Bodenbearbeitung unterstützen, statt dem Patienten eigene ›Ahas‹ anzubieten oder gar aufzudrängen» (*Rosa,* 1975).
Unter Rückgriff auf die von *Luthe* beschriebenen sieben Stufen bildhafter Erlebnisse, denen inhaltlich auch nichts hinzuzufügen ist, entwickelt *Rosa* ein m. E. überzeugendes Modell der »rosettenförmigen Anordnung« als ein Ineinandergreifen von sieben Bereichen der Oberstufe des Autogenen Trainings in Anlehnung an die sieben Stufen bei *Luthe* (siehe Abb. 8). Die Überwindung des Stufenmodells entspricht dem praktischen Vorgehen wie auch den Erfahrungen. Es gibt Übende, die direkt mit einem Filmstreifen (Stufe/Bereich VI) oder einem bunten Cinerama (Stufe/Bereich VII) beginnen, andere sehen als erstes einen konkreten Gegenstand (Stufe/Bereich IV oder V), wieder andere einen Farbschleier (Stufe/Bereich I bis III).
Die sieben Stufen, die im Rahmen dieses Modells besser als »Bereiche« bezeichnet werden sollten, sind inhaltlich durch *Luthe* beschrieben worden (zit. nach *Rosa,* 1975):

»Stufe I: Statische einheitliche Farben.

Eine Elementarstufe, die durch eine Ein-Ton-Farbe (*Schultz:* ›Gleichförmige Farbe‹) charakterisiert wird, die das gesamte Gesichtsfeld ausfüllt. Farbe ist hier zumeist eine unbestimmte dunkle Schattierung. Weniger häufig sind hellere Schattierungen wie Silbergrau, Gelb, Hellblau, Rosa.

Stufe II: Dynamische vielgestaltige Farben.

Ebenfalls eine Elementarstufe, allerdings mit differenzierteren Entwicklungen, wobei chromatische, strukturelle und dynamische Merkmale zusammenkommen. Die jetzt in der Mehrzahl auftretenden Farben binden sich teilweise an vage Formen, einfache Muster, und sie geraten in Bewegung.

Stufe III: Vielfarbigkeit und einfache Formen.

Auch hier spricht *Luthe* noch von Elementarstufe. Zur Differenzierung von Formen und Farben kommt die Spezifizierung hinzu. Die Formen werden bestimmter (Scheiben, Ovale, Kreise, Ringe, Linien, Textilmuster), die Farben entschiedener und zugleich gemischt (Purpur, Orange, Braun, verschiedene Grün- und Blautöne). Die zunehmende Dynamik beschränkt sich nicht mehr auf ungerichtete diffuse Bewegungen

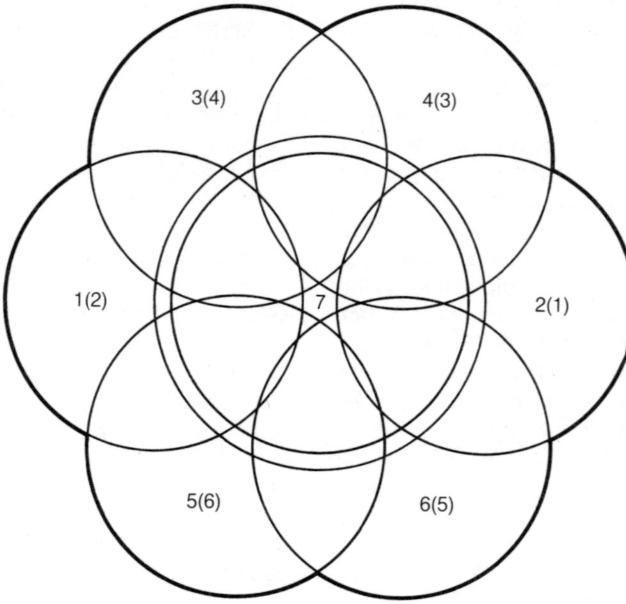

Abbildung 8: Das Rosettenmodell von *K.R. Rosa* (Ineinandergreifen von sieben Bereichen typischer Wachtrauminhalte – in Anlehnung an die Stufeneinteilung von *W. Luthe)* (nach *Rosa,* 1975)

(›Kreise‹), es kommt vielmehr zu exakt beschriebenen Drehbewegungen (mit Angabe der Drehrichtung), Näherkommen, Größerwerden und es gibt Gegensätze wie ›Fallen‹ und ›Steigen‹.

Stufe IV: Objekte.

Es findet eine weitere strukturelle und farbliche Differenzierung statt mit meist statischen Objekten (Alltagsgegenstände, ornamentale und symbolische Objekte, Gesichter, Masken, Monstren), die auf einem farblich-dunklen Hintergrund erscheinen. Die Bewegtheit kann realistisch oder unrealistisch sein.

Stufe V: Umwandlung von Objekten,

d. h. die Umgestaltung des Gegenständlichen, wobei sich Entwicklungen neuer Art abzeichnen: Die geschauten Bilder differenzieren sich im Raum, drinnen und draußen werden unterschieden, Landschaften, Szenerien, Innen- und Außenräume wechseln. Die Farben können noch differenzierter erscheinen, feines Nuancenspiel wird erlebt. Die Selbstbeteiligung des Übenden ist noch selten.

Stufe VI: Filmstreifen.

Hochdifferenziert und komplexe Gestaltungen mit strukturellen, chromatischen und dynamischen Elementen laufen wie im Film ab. Der Trainierende kann gelegentlich aus der Rolle des passiven Beobachters in die des aktiven Teilnehmers überwechseln.

Stufe VII: Buntes Cinerama.

Die Selbstbeteiligung in oft mehrfach wechselnden Szenerien und mit intervallären, zwischengeschobenen Bildinhalten einfacherer Art ist sehr häufig und für diese Stufe bezeichnend. *Luthe* legt ausführlich dar, daß »diese Stufe größter Aufmerksamkeit beim Therapeuten bedarf.»

Der 7. Stufe (Bereich) nach *Luthe* räumt *Rosa* in seinem Modell eine Sonderstellung - das Zentrum - ein. Dieser Zentralbereich schließt Teile aus den übrigen sechs Bereichen ein.
Das Modell repräsentiert eine theoretische Vorstellung, zeigt den möglichen inhaltlichen Umfang an. *Rosa* empfiehlt, die bildhaften Erlebnisse durch die Übenden mittels Pfeilen, Umrandungen usw. in dieses Schema (siehe Abb. 8) eintragen zu lassen. Unter Hinweis auf den Nachttraum dürften die möglichen Inhalte allerdings auch als bekannt vorausgesetzt werden, so daß es mir von keinem größeren Nutzen erscheint, das von *Rosa* angegebene - theoretisch lehrreiche und zutreffende - Modell für die praktische Arbeit mit Klienten oder Patienten zu benutzen.

4.6 Verwandte Verfahren

4.6.1 Das Katathyme Bilderleben (KB)

Die Anfänge dieser von *Leuner* (1970, 1980) inaugurierten Methodik gehen auf das Jahr 1948 zurück. Es handelt sich beim Katathymen Bilderleben (KB) um ein *gelenktes* Tag- bzw. Wachtraumverfahren (zur Problematik der Bezeichnung »Tagtraum« siehe 4.4).
Die Arbeiten von *Silberer* (1909), *Frank* (1914), *Kretschmer* (1922), *Happich* (1932) und *Désoille* (1955) können als »unsystematisierte Vorläufer« angesehen werden. Keiner dieser Autoren, auch nicht *Frederking* (1948/49), hat seine Methodik derartig differenziert ausgebaut, wie es für das KB der Fall ist.
Der wesentliche Unterschied zur Autogenen Imagination besteht darin, daß der Übende im allgemeinen nicht allein trainiert, sondern während der Übung in einen verbalen Austausch mit dem anwesenden Therapeuten tritt. Dieser hat auf diese Weise die Möglichkeit, steuernd auf das imaginative Geschehen einzuwirken im Sinne einer »Operation am Symbol« (*Leuner,* 1980).
Leuner geht bei seinem in Unter-, Mittel- und Oberstufe unterteilten Verfahren von »spontanen Imaginationen« aus, die sich auch ohne eine Entspannungstechnik wie z.B. das Autogene Training einstellen: »Es gibt ein sehr einfaches Experiment, in dem Ihnen die Psyche, gewissermaßen freiwillig, zeigt, worauf es ankommt. Es beruht auf der spontanen Manifestation des Dranges der Seele, sich selbst darzustellen. Wir veranlassen einen Gesunden, oder noch besser einen neurotischen Patienten, sich auf die Couch zu legen und weisen ihn an, sich möglichst zu entspannen und lockern, seine Augen zu schließen und einfach passiv zu liegen, nichts zu wollen und nichts zu erwarten. Wenn Sie dann mit dem Betreffenden Geduld haben, ihn zehn Minuten oder eine halbe Stunde in Ihrer Gegenwart so liegenlassen, ereignet sich früher oder später etwas Eigentümliches: Er wird unruhig. Die Augenlider flattern, die Arme beginnen, sich in kurzen unkoordinierten Zuckungen zu bewegen, ebenso die Beine, er wirft sich hin und her. Nach einiger Zeit berichtet er, gleichzeitig oder unabhängig davon, daß er vor geschlossenen Augen eigentümliche spontane optische Erscheinungen bemerke. Er beschreibt z.B. das Auftauchen abstrakter Muster, zunächst vielleicht noch als ganz zarte Gebilde wie Stäbchen, Kugeln oder Kreise, die sich zu geometrischen Figuren zusammenschließen. Anfangs stehen sie nur schwarzweiß, später auch farbig vor Augen. Diese Phänomene hat *J. H.*

Schultz (auch) auf der Oberstufe seines Autogenen Trainings beschrieben. Für uns ist wichtig zu wissen, daß Derartiges ohne systematische, lange Übungszeiten des Autogenen Trainings spontan entstehen kann. Die zunächst abstrakten Gebilde vervollständigen sich im weiteren Verlauf mehr und mehr zu Bruchstücken von Bildern. Bald folgen Einblendungen von farbigen Einzelbildern, die, zunächst vielleicht noch sinnlos erscheinend, sich allmählich zu einer szenischen Bildabfolge zusammenschließen können. Je nach Veranlagung erscheinen diese Bilderlebnisse schließlich in leuchtenden Farben, können sich zu grotesken, traumartigen Gebilden verdichten und werden dabei so plastisch und lebend wahrgenommen, daß selbst die feinsten Nuancen unterscheidbar sind. Mit anderen Worten: Im Endstadium stehen vollständig ausgebildete optische Imaginationen vor Augen des Betreffenden« (*Leuner,* 1970).

Hier zeigt sich zunächst eine große Nähe zur Autogenen Imagination, die im KB jedoch nur beim sogenannten »Assoziativen Vorgehen« (*Leuner,* 1980), wobei der Therapeut sich in der Interaktion sehr zurückhält, beibehalten wird. Ansonsten werden die Wachtrauminhalte vorstrukturiert (vgl. auch 4.5.2) und ein verbaler Rapport während der Übung aufrechterhalten.

Standardmotive der Unterstufe (*Leuner,* 1970), die inzwischen ebenfalls in »Grundstufe« (*Leuner,* 1980) umbenannt wurde, sind z. B. Wiese, Bach, Berg und Waldrand.

In der Mittelstufe konzentrieren sich die bildhaften Vorgaben auf Begegnungen und Beziehungspersonen, Motive zur Prüfung der Einstellung zur Sexualität, zur Aggressivität sowie Motive zur Darstellung des Ich-Ideals.

Motive der Oberstufe sind z. B. die Höhle oder auch das Sumpfloch.

Den verschiedenen Stufen des Verfahrens entsprechen verschiedene therapeutische Techniken.

Das KB unterscheidet sich also von der Autogenen Imagination durch eine klar definierte und systematische Strukturierung des projektiven Feldes der Imagination einerseits und den stets verbalen Kontakt zwischen Patient/Klient und Therapeuten andererseits.

Der knappe Abriß zum KB dürfte deutlich gemacht haben, daß dieses *dialogische Verfahren* in erster Linie ein Verfahren ist zur Anwendung bei einzelnen Personen. Daß zu Lehr- und Ausbildungszwecken das KB innerhalb von Gruppen vermittelt wird, ändert nichts an der zugrundeliegenden Zwei-Personen-Beziehung von Therapeut und Klient/Patient, denen gegenüber die restlichen Teilnehmer Zuschauer, ggf. anschließend Mitdiskutierende sind. Über die Anwendung des KB als Gruppentechnik mit gemeinsamen Imaginationen der Gruppe (z.B. gemeinsame Bergbesteigung, gemeinsame Safari in Afrika) liegen inzwischen erste Ergebnisse vor (vgl. *Leuner* u.a., 1986). Im Unterschied zur Autogenen Imagination mit der rein individuellen Ausgestaltung der Wachträume wird hierbei nun ein gemeinsames Thema der Imagination vorgegeben und während des Imaginierens in der Gruppe darüber kommuniziert. Eine anschließende Umsetzung der Imaginationen in ein Rollenspiel, also die Kombination des KB mit dem Psychodrama, ist besonders von *Wächter* (1986) als eine Form der tiefenpsychologisch orientierten Gruppenpsychotherapie erarbeitet worden.

4.6.2 Aktive Imagination

Dieses Verfahren wurde von *C. G. Jung* entwickelt (siehe z.B. *Jung,* 1945), ohne daß jedoch von ihm eine systematische Beschreibung erfolgt wäre. Es finden sich lediglich einige verstreute Textstellen. Über die ersten eigenen Versuche einer Imagination berichtet *C. G. Jung:* »Um die Phantasien, die mich unterirdisch bewegten, zu fassen, muß ich mich sozusagen in sie hinunterfallen lassen. Dagegen empfand ich nicht nur Widerstände, sondern ich fühle auch ausgesprochene Angst. Ich fürchtete, meine Selbstkontrolle zu verlieren und eine Beute des Unbewußten zu werden, und was das heißt, war mir als Psychiater nur allzu klar. Ich mußte jedoch wagen, mich dieser Bilder zu bemächtigen... es war in der Adventszeit des Jahres 1913, als ich mich zum entscheidenden Schritt entschloß (12. Dezember). Ich saß an einem Schreibtisch und überdachte noch einmal meine Befürchtungen, dann ließ ich mich fallen. Da war es mir, als ob der Boden im wirklichen Sinn unter mir nachgäbe und als ob ich in eine dunkle Tiefe sauste. Ich konnte mich eines Gefühls von Panik nicht erwehren. Aber plötzlich und nicht allzutief kam ich in einer weichen, stickigen Masse auf die Füße zu stehen – zu meiner großen Erleichterung. Jedoch befand ich mich in einer fast völligen Finsternis. Nach einiger Zeit gewöhnten sich meine Augen an die Dunkelheit, die nun einer tiefen Dämmerung glich. Vor mir lag der Eingang zu einer dunklen Höhle, und dort stand ein Zwerg. Er erschien mir wie aus Leder, so, als ob er mumifiziert wäre. Ich drängte mich an ihm vorbei durch den engen Eingang und watete durch knietiefes, eiskaltes Wasser zum anderen Ende der Höhle. Dort befand sich auf einem Felsband ein roter, leuchtender Kristall. Ich faßte den Stein, hob ihn auf und entdeckte, daß darunter ein Hohlraum war. Zunächst konnte ich nichts erkennen, aber schließlich erblickte ich strömendes Wasser in der Tiefe. Eine Leiche schwamm vorbei, ein Jüngling mit blondem Haar, am Kopf verwundet. Ihm folgte ein riesiger schwarzer Skarabäus, und dann erschien, aus der Wassertiefe auftauchend, eine rote, neugeborene Sonne. Geblendet vom Licht, wollte ich den Stein wieder auf die Öffnung legen, da drängte sich jedoch eine Flüssigkeit durch die Öffnung. Es war Blut! Ein dicker Strahl sprang auf, und ich empfand Übelkeit. Der Blutstrom währte, wie mir schien, unerträglich lange. Endlich versiegte er, und damit war die Vision zu Ende« (zit. nach *Ammann,* 1978).

Ammann (1978) hat inzwischen eine Einführung in die *aktive Imagination* vorgelegt. Er gibt folgende knappe Einführung in die Methodik:

»Ausgangspunkt der aktiven Imagination ist das Unbewußte, wie es sich gerade manifestiert, die aktuelle seelische Konstellation: Ein Bild, eine Phantasie, eine Stimme, ein Traum, eine (obsedierende) Melodie, eine Stimmung, ein Affekt, eine Emotion, ein deprimierter oder sonstwie gestörter Gemütszustand.

Der Imaginierende konzentriert sich auf ein seelisches Phänomen, z.B. auf ein Bild, nachdem er sich ›leer‹ gemacht, d. h., die nicht dazugehörigen Einflüsse abgeschaltet hat. Er darf sich durch nichts ablenken lassen. Nichts von außen, das nicht dazugehört, darf hereingelassen werden. Der Umkreis des Objektes darf nicht verlassen werden: ›Das Gefäß muß wohlverschlossen sein‹, sagen die Alchimisten (Vas bene clausum). Der Imaginierende muß am Bilde festhalten und warten, bis er sich von selbst wandelt. Er beobachtet das Bild eingehend und genau, wie es sich entfaltet und zu verändern beginnt. Aufgrund einer spontanen Assoziation wird sich jedes seelische Bild, früher oder später, umgestalten. Nun kommt der entscheidende Schritt: Der Imaginierende geht selbst ins Bild hinein. Er handelt mit, entsprechend der gegebenen Situation. Er spricht mit, wenn auftretende Personen die Möglichkeit zum Sprechen bieten.

Am einfachsten und natürlichsten geht der Imaginierende von einer Traumsituation aus, die unbefriedigend blieb, die unvollständig oder ungelöst abbrach.»

Das Charakteristikum – und hierauf bezieht sich der Begriff »Aktiv« – besteht also darin, daß der Imaginierende sich als aktiv Handelnder in seine Imagination einbringt. Dies ist sowohl aus der Autogenen Imagination (vgl. Stufen/Bereiche VI und VII) als auch aus dem KB bekannt.

Technisch, gesehen besteht in der Einleitung des Verfahrens eine Nähe zum KB, und zwar insofern, als auf eine spezielle Versenkungstechnik verzichtet wird. Das zunächst non-direktive Vorgehen, das freie Aufsteigenlassen, hat die aktive Imagination wiederum mit der Autogenen Imagination gemeinsam.

Die Vergleiche machen deutlich, daß wir in der aktiven Imagination zwar eine weitere Variante einer Wachtraumtechnik vor uns haben, sie jedoch keine Gesichtspunkte beisteuert, die über das bei der Autogenen Imagination oder beim Katathymen Bilderleben Genannte hinausgehen.

5 Fragen zum Autogenen Training

Die folgenden Fragen sollen helfen, den in diesem Buch dargestellten Stoff noch einmal zu überdenken. Sie sind in Hinblick auf Ärzte und Psychologen formuliert, die sich in die Leitung von A. T.-Gruppen einarbeiten wollen. Vielleicht können diese Fragen auch zu weitergehenden Überlegungen oder gar Diskussionen im Kollegenkreis anregen. Auf die Vorgabe von Antworten – gar ein Multiple-Choice-System – wurde deshalb bewußt verzichtet. Wer dieses Buch als Begleitlektüre zu einem Kurs gelesen hat, an dem er aktiv zum Erlernen des A. T. teilnahm, wird durch die Fragen möglicherweise einige Anregungen zur weiteren Beschäftigung mit dem A. T. erhalten. Die Abfolge der Fragen richtet sich in etwa nach der Gliederung des Buches.

1. Ein Kursteilnehmer sagt, der Begriff »Konzentrative Selbstentspannung« scheine ihm einen Widerspruch zu enthalten. Entweder er konzentriere sich, oder er entspanne sich. Er fragt, wie dieser Begriff zu verstehen sei.
2. Worin ähneln sich und worin unterscheiden sich Schlaf, Hypnose und Autogenes Training?
3. Was ist unter einem Hypnoid zu verstehen?
4. Was verstehen wir unter einem »Posthypnotischen Auftrag« und inwiefern hilft dieses Phänomen, die Wirkungsweise des Autogenen Trainings zu beschreiben?
5. Ein Kursteilnehmer fragt, welchen Vorteil das Autogene Training gegenüber einem ca. 15minütigen Schlaf habe.
6. Was wird unter Ideoplasie verstanden? Lassen sich die gleichen Phänomene auch lerntheoretisch erklären?
7. Wozu dient der »Pendelversuch«?
8. Welcher prinzipielle Unterschied besteht in der Innervationsart und -weise bei Sympathikus und Parasympathikus?
9. Geben Sie einige Beispiele für die z.T. entgegengesetzte Wirkungsweise von Sympathikus und Parasympathikus.
10. Läßt sich die Wirkungsweise des Autogenen Trainings ausschließlich aus einer Zunahme des Parasympathikus-Tonus erklären? Begründen Sie Ihre Antwort.
11. Wie läßt sich die Wirkungsweise des Autogenen Trainings aus lerntheoretischer Sicht erklären?
12. Geben Sie Beispiele für Hilfestellungen bei einzelnen Übungen der Grundstufe des Autogenen Trainings, die dem Einüben bedingter Reflexe entsprechen.
13. Welche begrenzenden Faktoren für die Vermittlung des Autogenen Trainings gibt es?
14. Welche Kontraindikationen für die Grundstufe des Autogenen Trainings kennen Sie?
15. Stellt eine Hypochondrie eine Kontraindikation dar?
16. Was verstehen Sie unter »sekundärem Krankheitsgewinn« und welche Bedeutung hat dieser für die Indikationsstellung zum Autogenen Training?
17. Das primäre Indikationsgebiet des Autogenen Trainings sind funktionelle Störungen; ist daraus abzuleiten, daß das Autogene Training bei klar definierten organischen Störungen sinnlos ist?
18. Begründen Sie, warum bezüglich der Grundstufe des Autogenen Trainings von einem Ich-stützenden Therapieverfahren, nicht jedoch von einem »zudeckenden Therapieverfahren« gesprochen werden sollte.

19. Welche Stellung nimmt das Autogene Training in der Behandlung psychosomatischer Erkrankungen ein?
20. Was ist unter einem »Relaxation analytique« zu verstehen?
21. Ein Kursteilnehmer fragt, inwiefern das Autogene Training als »Dopingmittel« zu bezeichnen bzw. zu verwenden sei.
22. In welchen Fällen ist von einem Mißbrauch des Autogenen Trainings durch Lehrende zu sprechen?
23. Welche Elemente der Themenzentrierten Interaktion (TZI) sind für die Vermittlung des Autogenen Trainings in Gruppen von Bedeutung?
24. Ein Kursteilnehmer berichtet, daß nach anfänglich guten Erfolgen er nun eher einen Rückschritt in der Realisationsfähigkeit der Übungen bemerkt habe. Er fragt, wie dies zu erklären sei.
25. Worauf würden Sie achten, wenn Sie eine Gruppe von zuckerkranken Patienten in das Autogene Training einführen?
26. Wie würden Sie vorgehen, wenn Sie eine Fußballmannschaft ins Autogene Training einführen sollen?
27. Ein Kursteilnehmer berichtet, er habe zu Hause eine Tonbandkassette zum Autogenen Training; er fragt, ob er diese benutzen könne oder solle.
28. Während des gemeinsamen Übens in der Gruppe beobachten Sie als Kursleiter die Kursteilnehmer. Woran können Sie bei der Beobachtung erkennen, ob der Übende erfolgreich trainiert/trainiert hat?
29. Warum und unter welchen Umständen würden Sie auf einer radiologischen Untersuchung bei einem Teilnehmer am Autogenen Training bestehen? Geben Sie klinische Beispiele!
30. Warum und unter welchen Umständen würden Sie auf einer elektroenzephalographischen Untersuchung bei einem Teilnehmer am Autogenen Training bestehen? Geben Sie klinische Beispiele an!
31. Warum sollte dem Gruppenunterricht im Autogenen Training gegenüber der Einzelunterrichtung im allgemeinen der Vorzug gegeben werden?
32. Welche Argumente sprechen für die Unterrichtung einer »geschlossenen Gruppe« gegenüber einer »offenen Gruppe«?
33. Warum sollte sich der Kursleiter beim sogenannten »Fallversuch« neben und nicht hinter den Kursteilnehmer stellen?
34. Was wird unter »set and setting« in bezug auf das A.T. verstanden? Geben Sie Beispiele!
35. Ein Kursteilnehmer klagt bei der Droschkenkutscherhaltung über ziehende Schmerzen im Schulter-Nakkenbereich. Wie gehen Sie mit dieser genannten Störung um?
36. Mit welcher Begründung wird sowohl die Übungshäufigkeit als auch die Übungsdauer im A.T. begrenzt?
37. Was ist unter einer sogenannten »Bayrischen Zurücknahme« zu verstehen?
38. Erläutern Sie das Pro und Kontra in bezug auf eine eigene Ruhe-Übung vor der sogenannten Schwere-Übung.
39. Was ist unter »Walroßtechnik« zu verstehen?
40. Warum sollen Schuhe mit hohen Absätzen vor einer Übung im Droschkenkutschersitz oder auch der Lehnsesselhaltung ausgezogen werden?
41. Mit welcher Begründung sollte den Übenden nahegelegt werden, die Übung des A.T. mehr oder weniger stets zur gleichen Tageszeit durchzuführen?
42. Wie ist ein Übender zu beraten, der nach einer Zeit von ca. drei bis vier Wochen trotz regelmäßigen Übens noch über keinen Übungserfolg zu berichten hat?
43. Zu welchem Zeitpunkt kann und soll ein Lernender eine bestimmte Übung generalisieren?
44. Welche Argumente sprechen dafür, daß der Kursleiter den Kursteilnehmern während der gemeinsamen

Übung die Übungsformeln *nicht* vorspricht?

45. Ein Kursteilnehmer berichtet, daß der Übungserfolg während des gemeinsamen Übens in der Gruppe stärker sei als beim alleinigen Üben zu Hause. Wie ist dieser Unterschied zu erklären?
46. Von Kursteilnehmern wird oft berichtet, daß sie sich beim Üben durch eine Vielzahl von Gedanken ablenken ließen. Welche Hilfsmöglichkeiten gibt es?
47. Welche Möglichkeiten gibt es, die Wirkungen des Autogenen Trainings zu objektivieren?
48. Mit welcher Begründung ist die Formel »Mein rechter Arm ist bleischwer« strikt abzulehnen?
49. Mit welcher Begründung empfehlen Sie den Kursteilnehmern, mit ihrem sogenannten »Arbeitsarm« die Übungen zu beginnen?
50. Manche Kursteilnehmer kommen mit dem »unphysiologischen« seitendifferenten Schweregefühl nicht zurecht. Was raten Sie diesen Kursteilnehmern?
51. Was mögen die Gründe dafür sein, daß ein Kursteilnehmer die Schwere nur auf einer Körperseite empfindet?
52. Ein Kursteilnehmer berichtet, daß sich bei ihm während der Schwereübung ein Leichtigkeitsgefühl einstelle! Worauf ist dies zurückzuführen?
53. Bei einem Kursteilnehmer stellt sich anstatt im rechten Arm, der sein »Arbeitsarm« ist, im linken Arm das Schwere- wie auch das Wärmegefühl ein, obwohl er während der Übung formelmäßig den Arbeitsarm angesprochen hat. Woran ist hier zu denken?
54. Ein Kursteilnehmer klagt darüber, daß er trotz Rücknahme noch eine Schwere in den Armen verspüre. Woran ist zu denken; wozu raten Sie?
55. Ist das A.T. bei sogenanntem »Muskelkater« indiziert/wirksam? Begründen Sie Ihre Antwort.
56. Ein Kursteilnehmer gibt skeptisch zu bedenken, daß alles doch nur Einbildung sei. Wie gehen Sie mit diesem Einwand um?
57. In relativ seltenen Fällen berichten Kursteilnehmer über eine »lastende Schwere« bei der Schwereübung. Wie ist hiermit umzugehen?
58. Was wird im A.T. unter dem Begriff »Erinnerungsfähigkeit der Gewebe« verstanden?
59. Was wird unter »Autogenen Entladungen« verstanden? Geben Sie Beispiele!
60. Manche Kursteilnehmer berichten, daß sie während des Übens stets einschliefen. Wie gehen Sie mit dieser Mitteilung um?
61. Kursteilnehmer fragen häufig, was sie sich unter Wärme vorzustellen haben, wie warm denn der Körper werden solle. Worauf ist zu verweisen?
62. Ist das A.T. bei Morbus Raynaud indiziert?
63. Ein Kursteilnehmer klagt über Schmerzen im linken Bein bei der Wärmeübung. Woran ist zu denken, wozu raten Sie?
64. Was ist unter einer »abgeschwächten Wärmeübung« zu verstehen? Welche Indikationen gibt es hierfür?
65. Welchen wesentlichen Unterschied gibt es in der Ausbreitung der Schwere- und der Wärmeübung?
66. Auf welchen physiologischen Gegebenheiten beruht der Erfolg der Wärmeübung?
67. Ein Kursteilnehmer berichtet, daß er bei der Wärmeübung ein Kribbeln in den Fingerspitzen empfunden habe. Wie läßt sich dies erklären?
68. Nennen Sie einige Begleiterscheinungen bei der Wärmeübung.

69. Worauf ist bei Patienten, die an einer echten Migräne leiden, beim Erlernen der Wärmeübung zu achten?
70. Ein Kursteilnehmer klagt, daß während der Wärmeübung Hände und Füße unangenehm schwitzen würden. Wie ist mit dieser Störung umzugehen?
71. Welche Hilfestellungen können angeboten werden, wenn das Wärmegefühl trotz regelmäßigen Übens über einige Wochen hinweg nicht realisiert werden kann?
72. Viele Kursteilnehmer haben auch noch nach mehreren Übungswochen Schwierigkeiten, eine Wärmeempfindung in den Beinen zu realisieren. Welche Hilfestellungen können hier gegeben werden?
73. Ein Kursteilnehmer berichtet, daß er während des Übens seine Hände als ganz unförmig und geschwollen empfunden habe. Dies habe ihn beunruhigt. Wie dies zu erklären sei?
74. Ein Kursteilnehmer berichtet, daß er beim Üben rote Ohren bekäme. Wie ist mit dieser Störung umzugehen?
75. Viele Kursteilnehmer klagen über eine zunehmende Empfindlichkeit gegen Außenreize, obwohl doch das A.T. gerade gegen Außenreize abschirmen solle. Wie ist dies zu erklären? Welche Hilfestellung gibt es?
76. Welche Gründe sprechen dafür, die Atemübung als 3. Übung vor der Herzübung einzutrainieren?
77. Kommt es zu einer Veränderung des Atemrhythmus bei der Atemübung? Begründen Sie Ihre Antwort!
78. Was wird unter einem »passiven Atemerlebnis« verstanden und wie spiegelt sich dieser theoretische Ansatz in den angebotenen Formeln wider?
79. Ein Kursteilnehmer berichtet, er könne mit der Atemübung nichts anfangen, seine Atmung sei ja sowieso schon ruhig und regelmäßig; zu Beginn der Atemübung komme es sogar zu einem Beklemmungsgefühl! Wie gehen Sie mit diesem Einwand um?
80. Viele Kursteilnehmer berichten, daß sie während der Atemübung in gewissen Abständen das Bedürfnis hätten, tief durchzuatmen. Wie ist dies zu erklären?
81. Hat das A.T. eine Bedeutung in der Therapie des Asthma bronchiale? Wenn ja, welche?
82. Ein Kursteilnehmer klagt darüber, daß er mit der Konzentration auf den Atemrhythmus einerseits und den Herzrhythmus andererseits nicht zurecht komme. Wozu raten Sie?
83. Ist bei einer sogenannten »Herzneurose« das A.T. kontraindiziert?
84. Welche Hilfsmöglichkeiten sind bei der Herzübung zu empfehlen?
85. Inwiefern weisen die Atem- und die Herzübung Übereinstimmungen auf?
86. Aus welchen Gründen werden die Atem- und die Herzübung ins A.T. mit hineingenommen, obwohl bei der Übung ausdrücklich keine Beeinflussung der vorgefundenen Rhythmen erfolgt?
87. Stellt ein vor ca. sechs Monaten durchgemachter Herzinfarkt eine Kontraindikation für das Erlernen des A.T., speziell auch der Herzübung, dar?
88. Welche Alternativformeln zur Standardformel der Herzübung kennen Sie?
89. Nennen Sie kardio-vaskuläre und vasomotorische Reaktionen, die im A.T. als Störungen auftreten können, und erklären Sie Ihr dementsprechendes Vorgehen.
90. Wie und warum gelangte *J. H. Schultz* zum Begriff »Sonnengeflecht«? Begründen Sie, warum dieser Begriff auch heute noch beibehalten werden kann.
91. Bei der Sonnengeflechtsübung können Störungen auftreten. Welcher Art sind diese? Wie gehen Sie in diesen Fällen vor?

92. In bezug auf welche Erkrankungen kann die Sonnengeflechtsübung hilfreich sein?
93. Welche Hilfsvorstellungen zur Sonnengeflechtsübung können den Kursteilnehmern angeboten werden?
94. Welche Argumente sprechen dafür, in einem Kurs die Lage des Sonnengeflechts anhand einer Skizze zu erläutern?
95. Wieso kommt es bei der Sonnengeflechtsübung häufig zu einer Vermehrung von Darmgeräuschen?
96. Wieso kann man sagen, daß die Stirnkühleübung durch die zuvor gelernte Wärmeübung bereits vorbereitet sei?
97. Zu welchem Übungszeitpunkt sollte auf die Stirnkühleübung unbedingt verzichtet werden?
98. Welches sind die besonderen Indikationen für die Stirnkühleübung?
99. Unter welchen Voraussetzungen ist die Stirnkühleübung in den Vordergrund zu rücken?
100. Bei welchen Vorerkrankungen ist im Umgang mit der Stirnkühleübung Vorsicht geboten?
101. Welche prinzipiellen Möglichkeiten gibt es, wenn bei einer der sechs Gruppenübungen unerwünschte Nebenwirkungen auftreten?
102. Erklären Sie die Sonderstellung des Schulter-Nacken-Feldes und die sich daraus ergebende spezielle Übungsmöglichkeit im A.T.
103. Wie lange muß ein Übender das A.T. trainieren, bevor es - bei durchschnittlichem Verlauf - regelmäßig und prompt zu einer sogenannten »Organismischen Umschaltung« kommt, das A.T. also wirklich beherrscht wird?
104. Was ist darunter zu verstehen: »In den Übungen spazierengehen«?
105. Welche Teilentspannungsmöglichkeiten im A.T. kennen Sie?
106. Worin besteht der wesentliche Unterschied zwischen A.T. und Hypnose? Welche unterschiedlichen Indikationen ergeben sich daraus?
107. Welche Gemeinsamkeiten und welche Unterschiede bestehen zwischen A.T. und gestufter Aktivhypnose?
108. Inwieweit kann die progressive Relaxation nach *Jacobson* als Hilfestellung beim A.T. dienen?
109. Ein Patient nimmt Medikamente gegen Herzinsuffizienz (ein Digitalispräparat) sowie ein Medikament gegen Bluthochdruck (ein Clonidinpräparat). Er fragt, ob er die Medikamente absetzen oder reduzieren solle zu Beginn oder im Verlauf des A.T.-Kurses. Was raten Sie ihm?
110. Ein Patient, der aufgrund eines Diabetes mellitus täglich zweimal 18 Einheiten Depot-Insulin spritzt, hat gelesen, daß eine Senkung des Blutzuckerspiegels mit Hilfe des A.T. möglich sei. Er fragt nach den entsprechenden Möglichkeiten, insbesondere auch nach einer evtl. Verringerung der Insulindosis. Was raten Sie ihm?
111. Ein Patient hat seit einer Kopfverletzung (offene Schädel-Hirn-Verletzung) ca. alle zwei Monate einen großen hirnorganischen Krampfanfall (eine sogenannte symptomatische Epilepsie). Er nimmt regelmäßig Antikonvulsiva. Er fragt, ob er das A.T. überhaupt erlernen dürfe.
112. Welche Erfahrungen bestehen hinsichtlich der Kombination von A.T. und Tranquilizern?
113. Welche Rolle spielt das A.T. in der Verhaltenstherapie?
114. Welche Argumente sprechen für die Einführung sogenannter »Kurse für Fortgeschrittene im A.T.«? Nennen Sie Ziel und Inhalt dieser Kurse.
115. Welche Übungen der Grundstufe machen erfahrungsgemäß vielen Kursteilnehmern größere Schwierigkeiten?

116. Inwieweit gehen Sie in A.T.-Kursen für Fortgeschrittene analytisch-deutend mit berichteten Schwierigkeiten um?
117. Worin unterscheidet sich der Einsatz formelhafter Vorsatzbildungen im A.T. von der Verwendung sogenannter »wandspruchartiger Leitsätze« bei der gestuften Aktivhypnose?
118. Ein Kursteilnehmer fragt, ob er die Formel: »Ich habe keine Kopfschmerzen« verwenden solle?
119. Welche allgemeinen Richtlinien gibt es für die Erarbeitung formelhafter Vorsatzbildungen?
120. Ein Patient klagt über pektanginöse Beschwerden; gegenüber der Herzübung bestehen Ängste. An welche möglichen Alternativformeln denken Sie?
121. Für einige formelhafte Vorsatzbildungen empfiehlt sich eine strikte Verneinung. Welche sind dies?
122. Wann und wie sollen im A.T. formelhafte Vorsatzbildungen angewendet werden?
123. Worin bestehen Ähnlichkeiten und worin Unterschiede der formelhaften Vorsatzbildungen zu den Standardformeln der Grundstufe des A.T.?
124. Bei Schmerzen an der Haut sowie auch bei Zahnschmerzen empfehlen sich welche formelhaften Vorsatzbildungen? In welcher Beziehung stehen sie zur zweiten Übung der Grundstufe?
125. Bei Magen-Darm-Koliken, Gallengangsdyskinesien, Nierensteinkoliken usw. empfehlen sich welche formelhaften Vorsatzbildungen? Welche weiteren Möglichkeiten gibt es?
126. Geben Sie einige Beispiele für formelhafte Vorsatzbildungen bei Schlafstörungen.
127. Welche alternativen Begriffe bestehen zu dem von *J. H. Schultz* verwendeten Begriff »Oberstufe des A.T.«?
128. Ab wann kann die sogenannte Oberstufe/Autogene Imagination erlernt werden?
129. Welche absolute Kontraindikation gibt es für die Oberstufe/Autogene Imagination?
130. Erklären Sie den Begriff »Wachtraum« und grenzen Sie ihn vom Nachttraum sowie auch dem Tagtraum ab.
131. Was wird unter dem manifesten, was unter dem latenten Trauminhalt verstanden?
132. Aus welcher Indikation heraus empfehlen Sie einem Kursteilnehmer die Teilnahme an der Autogenen Imagination?
133. Welche Bedeutung haben Träume für den Menschen?
134. Auf welchen physiologischen Gegebenheiten basiert die positive Wirkung der Aufforderung, beide Augäpfel nach innen-oben zu drehen?
135. Welche Vorteile bietet die Wachtraumtechnik der Autogenen Imagination gegenüber dem alleinigen Umgang mit Nachtträumen, wie er z.B. in der psychoanalytischen Einzeltherapie üblich ist?
136. Was verstehen Sie unter subjektiver und objektiver Amplifikation und welche Bedeutung hat diese für die Bearbeitung der Wachträume?
137. Was unterscheidet die Darstellung der sogenannten Oberstufe des A.T. bei *J.H. Schultz* und *Klaus Thomas* von derjenigen bei *K. R. Rosa?*
138. Welches sind die Voraussetzungen für die Leitung eines Kurses in Autogener Imagination auf seiten des Kursleiters?
139. *K. R. Rosa* hat für den von *Luthe* beschriebenen Stufenaufbau für die Oberstufe des A.T. eine »rosettenförmige Anordnung der Stufen« vorgeschlagen. Inwiefern wird die von *Rosa* vorgeschlagene rosettenförmige Anordnung der Realität der Oberstufe/Autogenen Imagination

gerechter als der von *Luthe* vorgeschlagene stufenförmige Aufbau?

140. Welche Vorteile bietet das Malen und Zeichnen vor und nach den Übungen des A.T.?
141. Ein Kursteilnehmer an einem Kurs für Autogene Imagination beginnt im Anschluß an einen Vortrag eines Wachtraums dem Vortragenden seine Deutungen mitzuteilen. Wie verhalten Sie sich als Kursleiter?
142. Ein Kursteilnehmer beschwert sich, daß während des Kurses nicht alle Wachträume »entschlüsselt« worden seien. Wie gehen Sie mit diesem Einwand um?
143. Bei mehreren Treffen berichtet ein Kursteilnehmer jeweils, daß er eine »Unmenge von bildhaften Erlebnissen« gehabt habe und nun berichten müsse. Er wisse gar nicht, wo er anfangen solle. Wie gehen Sie als Kursleiter hier vor?
144. Worin unterscheidet sich die Stufe/Bereich »Filmstreifen« von einem »bunten Cinerama«?
145. Erläutern Sie das Pro und Kontra hinsichtlich der Vorgabe bestimmter Bilder (z.B. »Meeresgrund«, »Bergeshöh«) bei der Oberstufe des A.T.
146. Worin unterscheidet sich die Autogene Imagination vom Katathymen Bilderleben hinsichtlich der Einführung in die Methodik?
147. Worin unterscheidet sich die Autogene Imagination im Sinne von *K. R. Rosa* hinsichtlich ihres methodischen Vorgehens vom Katathymen Bilderleben?
148. Wo bestehen Überschneidungen zwischen Katathymem Bilderleben und Autogener Imagination?
149. Was hat die Aktive Imagination nach *C. G. Jung* methodisch mit der Autogenen Imagination gemeinsam?
150. Vorangehend wurden Ihnen eine größere Anzahl von Fragen vorgelegt. Wie würden Sie sich in einer A.T.-Trainingsgruppe verhalten, wenn Sie derartig mit Fragen »bombardiert« würden?

6 Literatur

Adler, R.: Konversion. In: Uexküll, Th. von (Hrsg.) 1986
Alexander, F.: Psychosomatische Medizin. de Gruyter, Berlin 1951
Ammann, A.N.: Aktive Imagination - Darstellung einer Methode. Walter, Olten/Freiburg 1978
Aserinsky, E., Kleitmann, N.: Regularly occuring periods of eye motility and concomitant phenomena during sleep. Science 118 (1953) 273–274
Badura, H. 0.: Vergleichende Untersuchungen von Persönlichkeitsvariablen bei Versagern im A. T. mit Hilfe des MMPI. Z. psychother. med. Psychol. 23 (1973) 200–205
Baerwald, R.: Psychologie der Selbstverteidigung in Kampf-, Not- und Krankheitszeiten, Autosuggestion (Couéismus) und Willenstraining. Hinrichsche Buchhandlung, Leipzig 1927
Balint, M.: Der Arzt, sein Patient und die Krankheit Klett, Stuttgart, 3. Auflage 1965
Balint, M.: Therapeutische Aspekte der Regression. Klett, Stuttgart 1970
Barolin, G. S., Dongier, M.: Das autogene Training beim epileptischen Kind. Wien. Z. Nervenheilkunde 19 (1962) 88–98
Barolin, G. S., Wöllersdorfer, E.: Gruppentherapie mit integriertem Autogenen Training bei Senioren In: Pesendorfer, F. (Hrsg.) 1987
Bartl, G.: Anforderungen an den Therapeuten - Der Therapeut in der Entwicklung zum Psychotherapeuten In: Pesendorfer, F. (Hrsg.) 1987
Battegay, R.: Der Mensch in der Gruppe, Bd. III. Huber, Stuttgart 1972
Battegay, R., Trenkel, A.: Der Traum - aus der Sicht verschiedener psychotherapeutischer Schulen. Huber, Stuttgart 1976
Baudouin, Ch.: Suggestion und Autosuggestion. Dresden 1923. Neuauflage bei Schwabe, Basel/Stuttgart 1972
Becker, A.: Zum Initialtraum. Psyche 26 (1972) 689–706
Becker, H.: Konzentrative Bewegungstherapie - Integrationsversuch von Körperlichkeit und Handeln in den psychoanalytischen Prozeß. Thieme, Stuttgart 1981
Bergmann, I.: Mein Leben. Hoffmann & Campe, Hamburg 1987
Beutelspacher, M.: Kultivierung bei lebendigem Leib - alltägliche Körpererfahrungen in der Aufklärung. Drumlin, Weingarten 1986
Bezzola, O: Elementarautoanalyse. Zbl. ges. Neurol. Psychiat. 17 (1919) 149–150
Biermann, G.: Autogenes Training mit Kindern und Jugendlichen. Reinhardt, München/ Basel 1975
Binder, H.: Praktische Winke zum A.T. Psychother. 3 (1958) 93–95
Binder, H.: Seminar über Gruppenpsychotherapie mit dem Autogenen Training und Einführung in die Hypnose. J. F. Lehmanns Verlag, München 1964
Binder, H. (Hrsg.): Zwanzig Jahre praktische und klinische Psychotherapie. J. F. Lehmanns, München 1973
Binder, H: Autogenes Training - Supervision. Eigenverlag, Hamburg-Wentorf 1979
Binder, H.: Gesundheit durch Entspannung. J. F. Bergmann Verlag, München 1981
Binder, H.: Autogenes Training - die wertvolle Lebenshilfe. Video-Film, 35 min. Videal, Hamburg (ohne Angabe des Jahres)
Binder, H., Binder, K.: Vorsatzbildungen im Autogenen Training - eine differenzierte Methode der Psychotherapie? Schlesw.-Holst. Ärztebl. (1987) 650–653
Bittner, G.: Vernachlässigt die Psychoanalyse den Körper? Psyche 40 (1986) 709–734
Bonnet, G.: Précis d'autosuggestion volontaire. Paris 1910
Boss, M.: Es träumte mir vergangene Nacht. Huber, Bern/Stuttgart/Wien 1975
Bosse, K.: Psychosomatische Gesichtspunkte in der Dermatologie. In: Uexküll, Th. von (Hrsg.) 1986.
Brähler, E. (Hrsg.): Körpererleben - Ein subjektiver Ausdruck von Leib und Seele. Springer, Berlin Heidelberg New York 1986
Bräutigam, W., Christian, P.: Psychosomatische Medizin, Thieme Stuttgart 1974.
Bräutigam, W.: Verbale und praeverbale Methoden in der stationären Therapie. Z. Psychosom. Med. Psychoanal. 24 (1987) 146–155.

Brenner, Ch.: Grundzüge der Psychoanalyse. Fischer, Frankfurt 1976

Brenner, H.: Autogenes Training Schritt für Schritt. Humboldt, München 1978

Brocher, T.: Gruppendynamik und Erwachsenenbildung. Westermann, Braunschweig 1967

Bykow, K. M.: Großhirnrinde und innere Organe. Verlag Volk Gesundheit, Berlin 1953

Bykow, K. M., Kurzin, I. T.: Kortikoviszerale Pathologie. VEB Verlag Volk und Gesundheit, Berlin 1966

Carnegie, D.: How to win friends and influence people. Simon Schuster, New York 1936

Carpenter: Principles of mental physiology. 1873

Cohn, R.: Von der Psychoanalyse zur themenzentrierten Interaktion. Klett, Stuttgart 1975

Coué, E.: Die Selbstbemeisterung durch bewußte Autosuggestion. Schwabe, Basel/Stuttgart 1972

Curtius, F.: Die Colitis ulcerosa und ihre konservative Behandlung. Springer, Berlin 1962

Dallet, J.: Theories of dream function. Psychol. Bull. 79 (1973) 408–416

Décsi, E.: Über Autosuggestionsbehandlung, insbesondere die Lehre von Coué und ihr Verhältnis zur Medizin und zur Kurpfuscherei. Klin. Schr. Seelenforsch. Heft 4, 1925

Dement, W. C.: The effect of dream deprivation. Science 131 (1960) 1705–1707

Dement, W. C.: Does rapid eye movements sleep have a function? in: Jouvet, M. (Hrsg.): Aspects Anatomo-Fonctionnels de la Physiologie du Sommeil (Symposiumsbericht). Paris 1965

Désoille, R.: Introduction à une Psychotherapie rationnelle. L'arche, Paris 1955

Dick-Read, G.: Mutter werden ohne Schmerz. Hoffmann & Campe, Hamburg 1950

Durand de Bousingen, R.: Übertragung (Gegenübertragung) und Identifizierung im Autogenen Training (Unter- und Oberstufe). Vortrag IX. Int. Seminar für A. T. und Allg. Psychoth. Bad Gastein 22.9.–1.10.1978

Eberhardt, G.: Ergebnisse der Behandlung von essentieller Hypertonie mit autogenem Training. Med. Diss., Jena 1964

Eberlein, G.: Das autogene Training in der Gesundheitsvorsorge. In: Binder, H. (Hrsg.) 1973

Eberlein, G.: Gesund durch autogenes Training. rororo, Reinbek 1973

Eberlein, G.: Autogenes Training mit Märchen. Econ, Düsseldorf 1976

Eiff, A. W. von: Seelische und körperliche Störungen durch Streß. Fischer, Stuttgart 1976

Eliade, M.: Yoga – Unsterblichkeit und Freiheit. Rascher, Zürich 1960

Engel, G. L., Schmale, A. H.: Eine psychoanalytische Theorie der somatischen Störung. Psyche 23 (1969) 241–261

Erdheim, M.: Die gesellschaftliche Produktion von Unbewußtheit. Eine Einführung in den ethnopsychoanalytischen Prozeß. Suhrkamp, Frankfurt 1982

Erikson, E. H.: Das Traummuster der Psychoanalyse, Psyche 8 (1954) 561–604

Erikson, E. H.: Kindheit und Gesellschaft, 5. Auflage. Klett, Stuttgart 1973

Ernst, K.: Die psychiatrische Behandlung im Rückblick von Patient und Nachuntersuchung. Nervenarzt 35 (1964) 248–256

Fedor-Freybergh, P. G. (Hrsg.): Pränatale und perinatale Psychologie und Medizin – Begegnung mit dem Ungeborenen. Saphir, Älvsjö (Schweden) u. München 1987

Feiereis, H.: Beobachtungen zur psychischen Struktur bei Colitis-Kranken. Verh. dtsch. Ges. inn. Med. 73 (1967) 701–706

Florin, I.: Entspannung – Desensibilisierung. Kohlhammer, Stuttgart 1978

Frank, L.: Affektstörungen. Springer, Berlin 1914

Frederking, W.: Über Tiefenentspannung und das Bildern. Psyche 2 (1948/1949) 211–228

French, T.M.: The integration of behaviour, Bd. 1: Basic postulates. Univ. of Chicago Press, Chicago 1952

French, T.M., Fromm, E.: Dream interpretation. Basic Books, New York 1964

Freud, A.: Das Ich und die Abwehrmechanismen. (8. Aufl.), Kindler, München 1973

Freud, S.: Über die Berechtigung, von der Neurasthenie einen bestimmten Symptomenkomplex als »Angstneurose« abzutrennen (1895). Neurol. Zentbl. 14 (1895) 50–66 (G. W. Bd. 1, 1952)

Freud, S., Breuer, J.: Studien über Hysterie. Deuticke, Wien 1895 (G. W. Bd. I, Imago Publ., London 1952)

Freud, S.: Die Traumdeutung. Deuticke, Leipzig/Wien 1900 (G. W. Bd. II und III)

Freud, S.: Über Psychoanalyse (1910). Gesammelte Werke Band 8

Freud, S.: Die Handhabung der Traumdeutung in der Psychoanalyse (1911) (G.W. Band VIII). Studienausgabe, Ergänzungsband. S. Fischer, Frankfurt 1975

Freud, S.: Erinnern, Wiederholen und Durcharbeiten (1914). Studienausgabe, Ergänzungsband. Fischer, Frankfurt 1975, 205-216

Freud, S.: Aus den Anfängen der Psychoanalyse. Briefe an Wilhelm Fliess, Abhandlungen und Notizen aus den Jahren 1887-1902. Imago, London 1950

Freud, S.: Vorlesungen zur Einführung in die Psychoanalyse/Neue Folge. Deuticke, Wien 1916/1917 und Wien 1933 (G.W. Band XI und XV), Studienausgabe, Band I, 6. Aufl. S. Fischer, Frankfurt, 1975

Fuchs, M.: Atemtherapie oder rhythmisierende Entspannungstherapie. Prax. Psychoth. 4 (1959) 173-178

Fuchs, M.: Funktionelle Entspannung. Hippokrates, Stuttgart 1979

Gebhardt: Das autogene Training in der Jugendpsychiatrischen Praxis. In: Binder, H. (Hrsg.) 1973

Gerber, G.: Autogenes Training für Kinder und Jugendliche In: Pesendorfer, F. (Hrsg.) 1987

Grace, W. J., Graham, D. T.: Relationship of specific attitudes and emotions to certain bodily diseases. Psychosom. Med. 14 (1952) 243-251

Greenacre, P.: The Childhood of the Artist: Libidinal Phase Developement and Giftedness. Psychoanal. Study Child 12 (1957), 27-72

Greenberg, R., Pearlman, C.: A psychoanalytic dream continuum. The source and function of dreams. Int. Rev. Psychoanal 2 (1975), 441-448

Greenfield, N.S., Roessler, R., Crosley, A.P.: Ego strength and length of recovery from infectious mono-nucleosis. J. Nerv. Ment. Dis. 128 (1959) 125-128

Greeson, R.R.: Technik und Praxis der Psychoanalyse. Klett, Stuttgart 1975

Groddeck, G.: Psychische Bedingtheit und psychoanalytische Behandlung organischer Leiden. Hirzel , Leipzig 1917

Groddeck, G.: Das Buch vom Es. Int. Psychoanal. Verlag, Leipzig 1923

Happich, C.: Das Bildbewußtsein als Ansatzstelle psychischer Behandlung. Zentralblatt Psychother. 5 (1932) 633-643

Haring, C.: Lehrbuch des autogenen Trainings. Enke, Stuttgart 1979

Heckhausen, H.: Förderung der Lernmotivierung und intellektuelle Tüchtigkeit. Stuttgart 1972

Henry, J. P., Ely, D. L., Stevens, P. M.: The Role of Psychosocial Stimulation in the Pathogenesis of Hypertension. Verhandlungen der Deutschen Gesellschaft für Innere Medizin, 80 (1974) 107-111 und 1724-1740

Heyck, H.: Der Kopfschmerz. Thieme, Stuttgart 1975

Hildesheimer, W.: Mozart, 3. Aufl. Suhrkamp, Frankfurt 1982

Hinkle, L.E., Plummer, N.: Life stress and industrial absenteism. Med. Sur. 21 (1973), 363-375

Hoffmann, B.: Handbuch des autogenen Trainings. dtv, München 1977

Hoffmann, B.: Autogenes Trainung und Psychoanalyse - Ein Bericht über die Arbeit einer französischen Forschergruppe. Prax. Psychother. Psychosom.26 (1981 a) 61-66

Hoffmann, B.: Autogenes Training und Psychoanalyse, Schlesw.-Holst. Ärztebl., Heft 10 (1981 b) 462-466

Hoffmann, S. O.: Niederfrequente psychoanalytische Langzeittherapie. Vortrag Symposion »Reichweite der psychoanalytischen Therapie« Essen 22.-23.5.1987

Höfle, K.-H.: Selbstübende Methoden beim primären Raynaud-Syndrom. Psychother. Psychosom. med. Psychol. 30 (1980) 174-179

Hull, C. L.: Principles of behaviour. New York 1943

Huppmann, G.: Zur Problematik der Anwendung des autogenen Trainings (Unterstufe). Prax. Psychother. 22 (1977) 129-137

Ikemi, Y. et al: Bloodflow Change by Autogenic Training - Including Observations in a Case of Gastric Fistula. In: Luthe, W. (Hrsg.) 1965

Iversen, G.: Autogenes Training und reaktivdepressive Verstimmungszustände als Krisensymptomatik. Therapiewoche 26 (1976) 4624-1634

Iversen, G.: Gegenüberstellung zweier Methoden der Entspannungstherapie - respiratorisches Feedback (n. Leuner) und Autogenes

Training (n. Schultz) - Gemeinsamkeiten und Unterschiede. Allgemeinarzt 10 (1988), 74-79

Jacobi, J.: Die Psychologie von C. G. Jung. Rascher, Zürich 1949

Jacobson, E.: Progressive Relaxation. University of Chicago Press, Chicago 1928

Janssen, P. L.: Psychoanalytische Therapie in der Klinik. Klett-Cotta, Stuttgart, 1987

Janus, L.: Die Funktion von Phantasien des Schreckens, des Grauens und der Qual in der Psychodynamik der Bewußtseinsentwicklung der Menschheit. In: Cremerius, J. u. a. (Hrsg.) Freiburger literaturpsychologische Gespräche Bd. 7: »Masochismus in der Literatur«. Königshausen & Neumann, Würzburg 1988

Jolowicz, E.: Die Suggestivtherapie. In: Birnbaum, K. (Hrsg.): Die psychischen Heilmethoden, Thieme, Leipzig 1927

Jung, C. G.: Die Beziehungen zwischen dem Ich und dem Unbewußten. Rascher, Zürich 1945 (G. W. Bd. VII)

Kanfer, F. H., Phillips, J. S.: Lerntheoretische Grundlagen der Verhaltenstherapie. Kindler, München 1975

Katz, D. und R.: Kleines Handbuch der Psychologie. Schwabe& Co., Stuttgart 1972

Kenter, H.: Das autogene Training in Prophylaxe und Therapie der Herzkrankheiten. In: Luthe, W. (Hrsg.) 1965

Kernberg, O. F.: Borderline-Störungen und pathologischer Narzißmus. Suhrkamp, Frankfurt 1978

Klinger, H.: Die Behandlung des Asthma bronchiale mit autogenem Training. Med. Diss., Jena 1969

Klotz-Wiesenhütter, U.: Selbstfindung über den Leib. Hippokrates, Stuttgart 1982

Kniffki, Ch.: Transzendentale Meditation und autogenes Training. Kindler, München, 1979

Kohut, H.: Narzißmus. Eine Theorie der psychoanalytischen Behandlung narzißtischer Persönlichkeitsstörungen. Suhrkamp, Frankfurt 1973

Kolig, C.: Das Paradies. Schriftenreihe des Museums für moderne Kunst, Wien 1985 27

Kraft, H. und S.: Pädagogische Aspekte bei der Vermittlung des autogenen Trainings. Prax. Psychother. 22 (1977) 217-225

Kraft, H.: Autogenes Training in der Gesundheitsvorsorge bei der Bundeswehr - Ergebnisse einer Studie bei 5 Einheiten eines Luftwaffengeschwaders. Wehrmed. Mschr. 22 (1978) 33-38

Kraft, H.: Autogenes Training für Fortgeschrittene - Überlegungen und Mitteilungen zu einer Erweiterung des Kursangebotes im autogenen Training. Psychother. med. Psychol. 30 (1980) 185-190

Kraft, H., Schötzau, P.: Das autogene Training in der Behandlung schizophrener Patienten. Fortschritte der Neurologie und Psychiatrie (1982) 297-304

Kraft, H.: Methodik und Didaktik des Autogenen Trainings aus psychoanalytischer Sicht. Schlesw.-Holst. Ärztebl. (1983) 714-720

Kraft, H.: Aktiv-klinische Psychotherapie und Psychoanalyse. Vortr. 39. Deutschen Therapiewoche Karlsruhe 29. 8.-3.9. 1987

Kraft, H.: Der Demiurg ist ein Zwitter - Aspekte der Initiation im Roman »Die andere Seite« von Alfred Kubin. In: Cremerius, J. u. a. (Hrsg.) Freiburger literaturpsychologische Gespräche, Bd. 8 Königshausert & Neumann, Würzburg 1989

Kraiker, Ch.: Handbuch der Verhaltenstherapie. Kindler, München 1974

Krapf, G.: Gedanken zum Autogenen Training - Praktische Hinweise zur Zurücknahme. Praxis Psychother. 15 (1970) 180-184

Krapf, G.: Autogenes Training aus der Praxis, ein Gruppenkurs. J. F. Lehmanns Verlag, München 1973

Krapf, G.: Autogenes Training in der ärztlichen Praxis - Gedanken und Erfahrungen. Fortsch. Med. 95 (1977) 542-546, 592

Krapf, G.: Die formelhaften Vorsatzbildungen des autogenen Trainings. In: Pesendorfer, F. (1987) 45-53

Krause, R.: Zur Onto- und Phylogenese des Affektsystems und ihrer Beziehung zu psychischen Störungen. Psyche 37 (1983) 1016-1043

Kreische, R.: Die Behandlung von drei unausgelesenen Gruppen neurotischer Patienten mit dem musikalischen katathymen Bilderleben. Med. Diss., Göttingen 1980

Kretschmer, E.: Medizinische Psychologie. Leipzig 1922. Neuauflage: Thieme, Stuttgart 1971

Kruse, W.: Der formelhafte Vorsatz und seine Bedeutung in der Therapie mit dem autogenen Training bei Kindern. Z. Psychother. med. Psychol. 28 (1978) 171-173

Kruse, W.: Einführung in das autogene Training mit Kindern. Deutscher Ärzte-Verlag, Köln 1980

Kruse, W.: Entspannung - autogenes Training für Kindern Deutscher Ärzte-Verlag, Köln, 4. Aufl.- 1984

Kugler, J.: Probleme der elektroencephalographischen Schlafdeskription. In: Jovanovic, U. J. (Hrsg.): Der Schlaf-neurophysiologische Aspekte. Barth, München 1969

Kühnel, G.: Verbindung von autogenem Training und Psychoanalyse. Nervenarzt 20 (1949) 77-81

Laberke, J. A.: Die vegetativen Neurosen und das autogene Training in der klinischen Medizin. In: Langen, D. (Hrsg.) 1976

Langen, D.: Das autogene Training in der klinischen Psychotherapie. In: Luthe, W. (Hrsg.) 1965

Langen, D.: Autogenes Training und gestufte Aktivhypnose - ein Vergleich. Med. Klinik 60 (1965) 348-350

Langen, D.: Die gestufte Aktivhypnose (2. Aufl.). Thieme, Stuttgart 1967

Langen, D.: Kompendium der medizinischen Hypnose (3. Aufl.). Karger, Basel/ München 1972

Langen, D.: Psychotherapie - Kompendium für Studierende und Ärzte. Thieme, Stuttgart 1973

Langen, D.: Bibliographie der Hypnose 1890-1969. Hippokrates, Stuttgart 1974

Langen, D. (Hrsg.): Der Weg des autogenen Trainings. Wissenschaftliche Buchgesellschaft, Darmstadt 1976

Langen, D.: Die Weiterentwicklung des autogenen Trainings. Therapiewoche 27 (1977) 5556-5558

Langen, D.: Formen der Selbstversenkung. Psychother. Psychosom. Med. Psychol. 30 (1980) 139-173

Leuner, Chr.: Polygraphische Untersuchungen eines respiratorischen Biofeedback-Systems am Menschen. Med. Diss., Göttingen 1973

Leuner, H.: Katathymes Bilderleben - Unterstufe. Thieme, Stuttgart 1970

Leuner, H.: Die Bedeutung der Musik in imaginativen Techniken der Psychotherapie. In Revers, W., Harrer, G., Simon, W.C.M. (Hrsg.) Neue Wege der Musiktherapie. Econ, Düsseldorf 1974, 178-200

Leuner, H., Schroeter: Indikation und spezielle Applikation der Hypnosebehandlung - ein Überblick. Huber, Bern/Stuttgart/Wien 1975

Leuner, H.: Selbstkontrolle vegetativer Funktionen durch Biofeedback-Methoden. Therapiewoche 27 (1977) 5512-5524

Leuner, H.: Biofeedback und autogenes Training. Therapiewoche 31 (1981) 3706-3711

Leuner, H. (Hrsg.): Katathymes Bilderleben - Ergebnisse in Theorie und Praxis. Huber, Bern/Stuttgart/Wien 1980

Leuner, H.: Zur Indikation und wissenschaftlichen Fundierung des Respiratorischen Feedback (rfb). rfb als Methode im Vorfeld der Psychotherapie. Allgemeinarzt 6 (1984) 344-354

Leuner, H., Kottje-Birnbacher, L. Sachse, U., Wächter, M.: Gruppenimagination - Gruppentherapie mit dem katathymen Bilderleben. Huber, Bern/Stuttgart/ Toronto 1986

Lévy, P. E.: L'éducation rationnelle de la volonté, son emploi thérapeutique. Paris 1898

Lindemann, H.: Allein über den Ocean. Societätsverlag, Frankfurt 1972

Lindemann, H.: Überleben im Stress - autogenes Training. Mosaik Verlag, München 1975

Loch, W.: Die Krankheitslehre der Psychoanalyse. Hirzel-Verlag, Stuttgart 1977

Lohmann, R.: Autogenes Training und Psychosomatik. In: Pesendorfer, F. (Hrsg.) 1987, 113-121

Lohmann, R.: Die Verdienste von J.H. Schultz um eine wissenschaftliche Fundierung der Hypnosetherapie. In: Pesendorfer, F. (Hrsg.) 1987

Lommel, A.: Schamanen und Medizinmänner. Callwey, München 1980

Lowen, A.: Bio-Energetik - Therapie der Seele durch Arbeit mit dem Körper. Rowohlt, Reinbek 1979

Lüders, U.: Traum und Selbst. Psyche 36 (1982), 813-829

Lüscher, M.: Der Lüscher Test. Rowohlt, Reinbek 1971

Luthe, W. (Hrsg.): Autogenes Training - Correlationes psychosomaticae. Thieme, Stuttgart 1965

Luthe, U.: The Clinical Significance of Visual Phenomena during Autogenic State In: Luthe, W. (Hrsg.) 1965, 171-191

Luthe, W.: Autogene Entladungen während der Unterstufenübungen. In: Luthe, W. (Hrsg.) 1965

Mader, F. H., Leuner, H.: Gegenüberstellung zweier Methoden der Entspannungstherapie. Der Allgemeinarzt 8 (1986), 568–574

Mager, R. F.: Lernziele und Unterricht. Beltz, Weinheim/Basel 1965

Mahler, M. S., F. Pine, A. Bergmann: Die psychische Geburt des Menschen. S. Fischer, Frankfurt 1980

Mann, K.: Autogenes Training und empirische Forschung. In: Pesendorfer, F. (Hrsg.) 1987, 103–111

McKenzie, R. E. et al.: The treatment of headache by means of electroencephalographic biofeedback. Headache 13 (1974) 164

Mensen, H.: Yoga und Autogenes Training. Therapiewoche 36 (1986), 309–320

Mensen, H.: Autogenes Training – Ein physiologisch-rationales Naturheilverfahren für Prävention und Rehabilitation. Perimed, Erlangen 1988

Mensen, H.: Bio-Feedback – Ein »modernes« Autogenes Training? Ärztez. für Naturheilverf. 29 (1988), 171–181

Mentzos, S. (Hrsg.): Angstneurose – Psychodynamische und psychotherapeutische Aspekten. 2. Aufl. S. Fischer, Frankfurt, 1985

Meyer, R.J., Haggerty, R.J.: Streptococcal infektions in families: Factors altering individual susceptibility. Pediatrics 29 (1962), 535–549

Miltner, W., Birbaumer, N., Gerber, W.-D.: Verhaltensmedizin. Springer, Berlin/Heidelberg/New York 1986

Mirsky, A.: Körperliche, seelische und soziale Faktoren bei psychosomatischen Störungen. Psyche 15 (1961) 26–37

Mitscherlich, A.: Zur psychoanalytischen Auffassung psychosomatischer Krankheitsentstehung. Psyche 7 (1954), 561–578

Mitscherlich, A.: Krankheit als Konflikt – Studien zur psychosomatischen Medizin (2 Bde.), 4. Aufl. Suhrkamp, Frankfurt 1969

Moeller, M.-L.: Selbsthilfegruppen in der Psychotherapie. Prax. Psychother. 20 (1975) 181–193

Moser, T.: Das erste Jahr – Eine psychoanalytische Behandlung. Suhrkamp, Frankfurt 1986

Moser, T.: Der unbeachtete Körper auf der Couch – Wider die elitäre Selbstgefälligkeit der Psychoanalyse. Frankf. Allg. Z. 11.7.87

Müller-Braunschweig, H.: Psychoanalyse und Körper. in: Brähler, E. (Hrsg.) , 1986

Müller-Braunschweig, H.: Bild, Körperbild und Psychoanalyse Vortr. Symp. »Reichweite der psychoanalytischen Therapie«, Essen, 22.–23.5.1987

Müller-Hegeman, D.: Medizinische Psychotherapie. Fischer, Stuttgart/New York 1976

Pankow, G.: Das Körperbild einer Asthmakranken. Z. Psychosom. Med. 5 (1959) 191–204

Pawlow, I. P.: Lectures on conditional reflexes. International Publishers, New York 1941

Pesendorfer, F. (Hrsg.): Johann Heinrich Schultz zum 100. Geburtstag. Literas Universitätsverlag, Wien 1987

Pesso, A.: Dramaturgie des Unbewußten – Eine Einführung in die psychomotorische Therapie. Klett-Cotta, Stuttgart 1986

Polzien, P.: Die Thermoregulation während der Schwereübung des autogenen Trainings. In: Luthe, W. (Hrsg.) 1965

Polzien, P.: EKG-Veränderungen während der Herzübung im autogenen Training. In: Luthe, W. (Hrsg.) 1965

Polzien, P.: Die Gesamtumschaltung in den autogenen Zustand. Ärztl. Prax. 26 (1974) 3717–3723

Prill, H. J.: Das autogene Training zur Geburtsschmerzerleichterung. Psychotherapie 1 (1956) 165–177

Prill, H. J.: Das autogene Training in der Geburtshilfe und Gynäkologie. In: Luthe, W. (Hrsg.) 1965

Prokop, H.: Autogenes Training – seine Bedeutung in Gegenwart und Zukunft. Perlinger, Wörgl/Österreich 1979

Prokop, H.: Die Unterstufe des Autogenen Trainings. In: Pesendorfer, F. (1987), 41–44

Prosch, P.: Leben und Ereignisse des Peter Prosch, eines Tyrolers von Ried im Zillertal. Oder Das wunderbare Schicksal. Geschrieben in den Zeiten der Aufklärung (1757), herausgeg. von K. Pörnbacher. München 1964

Rad, M. von: Psychoanalytische Konzepte psychosomatischer Symptombildung. Nervenarzt 51 (1980) 512–518

Rapaport, E. A.: The first dream in an erotizid transference. Int. J. Psychoanal 40 (1959), 240–245

Razran, G.: The observable Unconscious and the Indeferable Conscious in the Current Soviet Psychophysiology: Interoceptive Conditioning, Semantic Conditioning and the Orienting Reflex. Psychol. Rev. 68(1961) 81–147

Rechenberger, I.: Tiefenpsychologisch ausgerichtete Diagnostik und Behandlung von Hautkrankheiten. Vandenhoeck & Ruprecht, Göttingen 1976

Richter, H. E., Beckmann, D.: Herzneurose. Thieme, Stuttgart 1973

Richter, H. E.: Flüchten oder Standhalten. Rowohlt, Reinbek 1976

Ringel, E.: Selbstschädigung durch Neurose. Herder, Wien (5. Aufl.) 1980

Rohde-Dachser, Chr.: Das Borderline-Syndrom, 2. Aufl. Huber Bern Stuttgart Wien 1982

Rosa, K. R.: Das ist autogenes Training. Kindler, Zürich/München 1973

Rosa, K. R.: Das ist die Oberstufe des autogenen Trainings. Kindler, Zürich/München 1975

Salk, L.: The Role of the Heartbeat in the Relations between Mother and Infant. Scient. American (May 1973) 24–29

Sapir, M. u. a.: La Relaxation: son approche psychoanalytique. Bordas, Paris 1975

Schaeffer, G.: Das autogene Training in einer medizinischen Poliklinik. In: Luthe, W. (Hrsg.) 1965

Schaetzing, E.: Das Autogene Training in der Gynäkologie In: Binder, H. (Hrsg.) 1973, 49–59

Schepank, H. u.a.: Das Mannheimer Kohortenprojekt. Die Prävalenz psychogener Erkrankung in der Stadt. Z. Psychosom. Med. Psychoanal 30 (1984), 43–61

Schirndings, A. von: Überlegungen zur Motivation des Psychotherapiepatienten. Prax. Psychother. 20 (1975) 132–140

Schmidbauer, W.: Schamanismus und Psychotherapie. Psychol. Rundsch. 20 (1969), 29–47

Schneider, M.: Einführung in die Physiologie des Menschen. Springer Berlin/ Heidelberg 1966

Schröder M.: Arbeitsbericht, Gründung und Entwicklung der AG für musischkreative Psychotherapie und Edukation – MPE – auf dem Wege zu einer Effizienzkontrolle. Prax. Psychoth. Psychosom. 24 (1979) 149–151

Schüffel, W., Uexküll, Th. von: Ulcus duodeni In: Uexküll, Th. von (Hrsg.) 1986

Schultz, J.H.: Über Schichtenbildung im hypnotischen Selbstbeobachten. Mschr. Psychiat. 49 (1920) 137–143

Schultz, J.H.: Über Narkolyse und autogene Organübungen – zwei neue psychotherapeutische Methoden. Med. Klin. 22 (1926) 952–954

Schultz, J. H.: Über rationalisiertes autosuggestives Training (autogene Organübungen). In: Bericht über den 2. allgemeinen ärztlichen Kongreß der Psychotherapie in Bad Nauheim, 27.–30.4. 27. Hirzel, Leipzig 1927

Schultz, J.H.: Über autogenes Training. Dtsch. med. Wschr. 54 (1928) 1200–1201

Schultz, J.H.: Gehobene Aufgabenstufen im autogenen Training. In: Bericht über den 4. allgemeinen ärztlichen Kongreß für Psychotherapie in Bad Nauheim, 11.–14.4.1929. Hirzel, Leipzig 1929

Schultz, J. H.: Autogenes Training und Entbindung. Münch. Med. Wschr. 95 (1953) 151

Schultz, J. H.: Zur Technik autogener Asthmatherapie. Psychotherapie 2 (1957) 113

Schultz, J. H.: Wie entstand das autogene Training? Med. Klin. 61 (1966) 29–31

Schultz, J. H.: Übungsheft für das autogene Training (16. Aufl.). Thieme, Stuttgart 1973

Schultz, J.H.: Lebensbilderbuch eines Nervenarztes. Thieme, Stuttgart 1969

Schultz, J.H.: Das autogene Training – konzentrative Selbstentspannung (1. Aufl. 1932), 18. Aufl. Thieme, Stuttgart 1987

Schur, M.: Comments on the metapsychology of somatisation. Psychoanal Stud. Child 10 (1955)

Schwarz, D., Loers, V. (Hrsg.): Aktionsmalerei, Aktionismus Wien 1960–1965. Ritter, Klagenfurt 1988

Schwöbel, G.: Psychosomatische Therapie des Asthma bronchiale. Ärztliche Forschung 2 (1948) 24

Selye, H.: Einführung in die Lehre vom Adaptationssyndrom. Thieme, Stuttgart 1953

Shibata, J.I.: Limits of application of autogenic training to schizophrenia and selection of the patients. Amer. J. Clin. Hypn. 11 (1968) 99–100

Siebenthal, W. von: Eine vereinfachte Schwereübung des Schultzschen autogenen Trainings. Z. Psychother. med. Psychol. 2 (1952) 135–144 (Nachdruck in Langen, D. [Hrsg.] 1976)

Sifneos, P.E.: The prevalence of »alexithymie« characteristics in psychosomatic patients. Psychother. Psychosom. 22 (1973) 255–263

Silberer, H.: Symbolik des Erwachens und Schwellensymbolik überhaupt. Jb. psychoanal. psychopath. Forsch. 3 (1912) 621-660

Skinner, B.F.: Science and human behavior. Macmillan, New York 1953

Spitz, R.A.: Vom Säugling zum Kleinkind, 6. Aufl. Klett-Cotta, Stuttgart 1980

Starck, D., Frick, H.: Repetitorium anatomicum. Thieme, Stuttgart 1967

Steiner, S.: Das Phänomen der Übertragung im Autogenen Training. J.Autogenes Training u. Allg. Psychother.1976

Steinfeld, L.: Autogenes Training und katathymes Bilderleben mit einer Gruppe älterer Bäuerinnen. Psychother. Med. Psychol. 24 (1974) 104

Stephanos, S., Biebl, W., Plaum, F. G.: Die ambulante, analytisch orientierte Psychotherapie bei Patienten mit psychosomatischen Störungen. Psychother. Med. Psychol. 26 (1976) 38-48

Stern, D.: The interpersonal world of the infant. Basic Books, New York 1985

Stokvis, B.: Aktive Tonusregulierung als Entspannungstherapie. Z. Psychother. med. Psychol. 9 (1959) 134-140

Stokvis, B., Wiesenhütter, E.: Der Mensch in der Entspannung. Hippokrates, Stuttgart 1961

Stolze, H. (Hrsg.): Die Konzentrative Bewegungstherapie - Grundlagen und Erfahrungen. Mensch und Leben, Berlin 1984

Stucke, W.: Entwicklungstendenzen im autogenen Training. In: Pesendorfer, F. (Hrsg.) 1987, 95-101

Surwitt, R. S., Pilon, R. N., Fenton, C. H.: Behavioral Treatment of Raynaud's Disease. J. Behav. Med. 1 (1978) 323-335

Thomä, H. Psychoanalyse und Suggestion. Z. Psychosom. Med. Psychosomat. X (1977) 35-55

Thomä, H., Kächele, H.: Lehrbuch der psychoanalytischen Therapie. Springer, Berlin Heidelberg New York 1986

Thomas, K.: Praxis der Selbsthypnose des autogenen Trainings - Formelhafte Vorsatzbildung und Oberstufe. Thieme, Stuttgart 1967

Uexküll, Th. von: Psychosomatische Medizin, 3. Aufl. Urban und Schwarzenberg, München Wien Baltimore 1986

Vester, F.: Denken, Lernen, Vergessen. dva, Stuttgart 1975

Völgyesi, F.: Menschen- und Tierhypnose. Orell-Füssli, Zürich 1938

Wächter, H.-M.: Kombination der Gruppenimagination des katathymen Bilderlebens mit dem Psychodrama - ein integratives Modell. In: Leuner, H. u.a. (Hrsg.) 1986

Wallnöfer, H.: Seele ohne Angst - Hypnose, Autogenes Training, Entspannung. Hoffmann und Campe, Hamburg 1972

Wallnöfer, H.: Aufdecken durch Gestalten vor und nach dem autogenen Training. In: Langen, D. (Hrsg.): Hypnose und psychosomatische Medizin, Hippokrates, Stuttgart 1972

Wallnöfer, H.: Kathartisches und analytisches Geschehen im autogenen Training. In: Binder, H. (Hrsg.) 1973

Wallnöfer, H.: Analytische Techniken in der Oberstufe des Autogenen Trainings. J. A. T. und All-Psychother. 4 (1978) 75-96

Wallnöfer, H.: Die analytische Oberstufe des Autogenen Trainings. In: Pesendorfer (Hrsg.) 1987

Walser, R.: Die Anwendung des Yoga für die Psychotherapie. In: Eicke, D. (Hrsg.): Die Psychologie des 20. Jahrhunderts. Bd. III, Kindler, Zürich 1977 *Weizsäcker, V. von:* Körpergeschehen und Neurose. Klett, Stuttgart 1947

Weizsäcker, V. von: Körpergeschehen und Neurose. Klett, Stuttgart 1947a.

Weizsäcker, V. von: Der Gestaltkreis - Theorie der Einheit von Wahrnehmen und Bewegen, 3. Aufl. Thieme, Stuttgart 1947 b

Wetzel, E. M.: Bedeutung von Musikanwendung in der Geburtsvorbereitung und in der ersten nachgeburtlichen Phase. In: Fedor-Freybergh, P.G. (Hrsg) 1987, 420-432

Winnicott, D.W.: Übergangsobjekt und Übergangsphänomene. In: Winnicott, D.W.: Vom Spiel zur Kreativität, 2. Aufl. Klett-Cotta , Stuttgart 1979,

Wolf, S., Wolff, H.G.: Human gastric function. Oxford University Press, New York 1944

Wolpe, J.: Psychotherapy by reciprocal inhibition. Stanford University Press, Stanford 1958

Yazmajian, R.V.: First dreams directly representing the analyst. Psychoanal. Quart. 33 (1964) 536-551

7 Namensverzeichnis

8 Sachverzeichnis